# 超简单粤语入门

蒙丽莎　冯绍劲◎编著

中国宇航出版社
·北京·

图书在版编目（CIP）数据
超简单粤语入门 / 蒙丽莎，冯绍劲编著. -- 北京 : 中国宇航出版社，2024. 7. -- ISBN 978-7-5159-2394-9
Ⅰ. H178
中国国家版本馆CIP数据核字第20247HD370号

策划编辑 李琬琪　　封面设计 张亚群
责任编辑 李琬琪　　责任校对 李光燕

出版发行 中国宇航出版社
社址 北京市阜成路8号　　邮编 100830
(010) 68768548
网址 www.caphbook.com
经销 新华书店
发行部 (010) 68767386　(010) 68371900
(010) 68767382　(010) 88100613（传真）
零售店 读者服务部
(010) 68371105
承印 三河市君旺印务有限公司
版次 2024年7月第1版　2024年7月第1次印刷
规格 880×1230　开本 1/32
印张 10　字数 272千字
书号 ISBN 978-7-5159-2394-9
定价 49.80元

# 前言

随着粤港澳大湾区的飞速发展，越来越多的人来到这个宜居宜业宜游、充满活力的世界级城市群。在这里，学习粤语的人越来越多，粤文化也更深入人心。比如广东的餐前老火靓汤，深受很多北方朋友的喜爱，甚至有人学起了做粤菜。

科技与网络的发达也带来了语言学习的多样性，通过观看综艺、影视剧，或者听歌曲，抑或跟着会说粤语的人学习等。但是，这些方法最大的弊端是不系统、不连贯，仅知道些皮毛而已，有的时候连发音都不准，有些地方理解不到位甚至会闹笑话。为了让初学者更加系统全面地学好粤语，笔者结合多年的教学经验，特编写了《超简单粤语入门》这本书。

本书亮点如下。

1. 作者经验丰富，讲解具有针对性。笔者是具有十几年教学经验的粤语教师，一直秉承着“授人以鱼，不如授人以渔”的宗旨致力于粤文化推广和教学，深知初学者在粤语学习过程中的难点和疑惑点，尤其是发音部分，笔者给出切实可行的解决方案。在粤语发音部分，从汉语拼音和粤语拼音的区别，声调以及难读声母、韵母的拼读技巧等方面有针对性地讲解，从而使初学者快速入门。

2. 内容全面细致，符合学习规律。本书设置了粤语概况及发音、基础语法和句型、场景分类词语、口语化单句和日常实用会话等章节，结构设置合理，内容循序渐进。学会基础发音后，要想说出地道的粤语，还需要遵循基本的语法规则，笔者就基础句型等进行详细讲解，甚至有些总结成公式套用，以便更加高效地学好粤语。学好一门语言，词汇是基础，本书场景分类词语章节按照主题分为26类，将相关词汇进行归类记忆，有效提高初学者的词汇量。

3. 音视频助力，攻克粤语发音难关。本书第1章由笔者录制发音视频。第2～5章音频由笔者和深圳广电集团的资深粤语主持人录制，发音标准。每节设置一个二维码，方便利用碎片化时间，实现随时随地自由学习。第2章主要就粤语例句进行录音，第3～5章粤语部分均有录音，同时，第5章采取分角色对话的形式，场景式示范更加形象。

结合自身教授粤语的经历，笔者给想学好粤语的读者提一点学习的建议，那就是多听、多说、多练！熟练掌握一门语言不是一朝一夕就能成功的事情，需要日积月累的学习。诚愿通过本书的学习，大家能够“俾心机”学粤语，并收获多多！

蒙丽莎

# 目录

# 第1章

# 粤语概况及发音

# 一 粤语简介

粤语，又称白话、广东话，是汉族广府民系的母语。以珠江三角洲为中心，在中国的广东、广西、海南、香港、澳门，东南亚的新加坡、印度尼西亚、马来西亚、越南等，以及北美、欧洲和澳大利亚、新西兰等华人社区中广泛使用。粤语有完整的九声六调，较完美地保留了古汉语特征，拥有完善的文字系统，可以完全使用汉字（粤语字）表达，是除普通话外在外国大学有独立研究的中国汉语。

广府文化是中华文明的重要一脉——它是逾2000年岭南文化的本源。

一般认为，广府文化发源地为广东肇庆，发扬地为广州、佛山，名扬于港澳地区。广州作为广府文化的中心城市，自古以来是广东省乃至岭南区域的政治、经济、文化中心；在建筑、宗教、戏剧、音乐、文学、绘画、工艺、饮食、园林、风俗等各个文化领域，处处表现出悠久的历史渊源和鲜明的个性，给人以多层次、立体和丰富的感受，因此，广府文化在广东各民系文化中占有优势地位。

由于广府文化在广东民系文化中的突出地位，使其常被作为粤文化的代称，如广州话称为“粤语”，广州方言歌统称为“粤讴”，广州戏剧和音乐分别称为“粤剧”或“粤曲”“广东音乐”，广东饮食文化体系中虽有广州菜、潮州菜、客家菜之分，但“粤菜”常用以指广州菜，广州工艺品的重要品类被称为“粤绣”“广彩”“广雕”等。

再说粤语。一个粤语音节由声母、韵母、声调三部分组成，其中韵母和声调是必不可缺的，但是声母并非必不可缺。例如ngo$^{5}$我、ngoi$^{6}$外、ngeo$^{4}$牛、ngan$^{4}$颜，它们均可读成o$^{5}$、oi$^{6}$、eo$^{4}$、an$^{4}$，这种情况称为“零声母”，即把声母ng当成了零，直接读韵母。下面就分别介绍粤语音节中的三要素：声母、韵母与声调。

# 二 声母

1-01

| 声母表 | b | p | m | f | d | t | n | l | g | k | gu |
|---|---|---|---|---|---|---|---|---|---|---|---|
| | ku | ng | h | j | q | x | z | c | s | y | w |

1 大部分的粤语声母与普通话声母相同。在汉语拼音里，gu、ku是拼合音节，在粤语里则是圆唇化声母，属于声母部分。另外，粤语没有翘舌音，如r、zh、ch、sh等。

2 h是喉擦音，发音在喉咙处，较汉语拼音的h发音部位要靠后一些。比如“何”，粤语发音为“$ho^4$”。

3 当j、q、x及z、c、s作声母时，j、q、x只能用在韵母i、ü及以其开头的复韵母（两个以及三个韵母）之前；z、c、s则用在以a、e、o、u、ê、é及以其开头的复韵母之前。例如$ji^6$自、$qu^3$处、$xud^3$雪、$za^1$揸、$céng^2$请、$sêng^1$相等。

4 粤语的两个字母m、ng可独立构成音节，称为自成音节，这在汉语拼音中是没有的。例如$m^4$唔（汉语读音：wu）和$ng^5$五。

# 三 韵母

1-02

| 韵母表 | | | | | | | |
|---|---|---|---|---|---|---|---|
| a | | o | u | i | ü | ê | é |
| ai | ei | oi | ui | iu | | | éi |
| ao | eo | ou | | | | êu | |
| am | em | | | im | | | |
| an | en | on | un | in | ün | ên | |
| ang | eng | ong | ung | ing | | êng | éng |
| ab | eb | | | ib | | | |
| ad | ed | od | ud | id | üd | êd | |
| ag | eg | og | ug | ig | | êg | ég |
| m | ng | | | | | | |

1. 韵母共有51个，一个音节一般由声母、韵母和声调组成，韵母位于声母后面。（注：韵母通常为51个，以上韵母表中出现了53个，其中m、ng是自成音节，但也可以归类为韵母。）
2. 有些粤语的韵母读音和汉语拼音是一样的，比如a、ai、ao、an、ang、i、u、un、ou、ü、ün。有些则是读音相似，但是有区别，比如ei、eo、em、en、eng、eb、ed、eg。这里的e发音与汉语拼音a接近，比a开口度要小，读音在汉语拼音a与e之间，用喉咙发音，有振动感；音较短，发音部位较汉语拼音的e靠前一点，并且发音时感觉喉咙含有东西。
3. 以m和b结尾的韵母为闭口音，要求连起来读出前面字母后马上合上嘴巴。以m结尾的韵母带有鼻音，而以b结尾的则不单独发音，闭口音韵母共有am、

em、im、ab、eb、ib等6个。

4 粤语有入声字，也就是短促音，发音很短促。入声字由两个字母结合而成，并且以b、d、g结尾，除了以b结尾的发完第一个字母后要闭上嘴巴外，其余以d、g结尾的发完第一个字母后嘴巴不闭上，并且不单独发音。

5 韵母中出现ê、é的复韵母是为了区别复韵母ei、eo、em、en、eng、eb、ed、eg，上方标记不是声调，以ê开头的复韵母发音是汉语拼音中没有的。é系列复韵母的发音有些和汉语拼音一样，有些则相近但是有区别，比如éng的发音在汉语拼音eng与ian之间。

6 虽然有些韵母的发音和汉语拼音一样，但是写法不一样，比如ung、in、éi，对应汉语拼音则是ong、ing、ei。粤语中的o发音比汉语拼音的o开口要大，读音也比较硬朗。以o开头的复韵母oi、on、ong的发音也是汉语拼音中没有的。

7 êu、ên与ui、un读音相似，前者读音比较虚、快速，一滑而过，后者比较实。

# 四 发音要领

## 1 声母

| 声母 | 发音要领 |
| --- | --- |
| b | 嘴巴自然放松闭合，发音时轻轻抿住嘴巴，发完嘴巴呈 o 形 |
| p | 嘴巴自然放松闭合，发音时轻轻抿住嘴巴，发完嘴巴呈 o 形 |
| m | 嘴巴自然放松闭合，发音时轻轻抿住嘴巴，发完嘴巴呈 o 形 |
| f | 嘴巴自然放松闭合，发音时上齿轻轻叩住下唇 |
| d | 嘴巴自然放松闭合，舌尖向前轻轻抵住牙齿，发音时舌尖向后缩回 |
| t | 嘴巴自然放松闭合，舌尖向前轻轻抵住牙齿，发音时舌尖向后缩回，有轻微吐气 |
| n | 嘴巴自然放松闭合，舌尖向前轻轻抵住牙齿，发音时舌尖向后缩回，有鼻音 |
| l | 嘴巴自然放松闭合，舌尖向前轻轻抵住牙齿，发音时舌尖向后缩回 |
| g | 嘴巴自然放松闭合，发音时嘴角往两边做拉伸状，声音由喉咙发出 |
| k | 嘴巴自然放松闭合，发音时嘴角往两边做拉伸状，吐气发出 |
| gu | 嘴巴自然放松闭合，发音时嘴巴微张，呈 o 形，声音由喉咙发出 |
| ku | 嘴巴自然放松闭合，发音时嘴巴微张，呈 o 形，吐气发出 |
| ng | 嘴巴自然放松闭合，发音时嘴巴微张，舌尖不动，由舌根发音，往“嗯”方向发出 |
| h | 嘴巴自然放松闭合，发音时嘴角往两边做拉伸状，吐气发出 |

续表

| 声母 | 发音要领 |
| --- | --- |
| j | 嘴巴自然放松闭合，舌尖向前轻轻抵住牙齿，发音时嘴角往两边做拉伸状 |
| q | 嘴巴自然放松闭合，舌尖向前轻轻抵住牙齿，发音时嘴角往两边做拉伸状 |
| x | 嘴巴自然放松闭合，舌尖向前轻轻抵住牙齿，发音时嘴角往两边做拉伸状 |
| z | 嘴巴自然放松闭合，舌尖向前轻轻抵住牙齿，发音时嘴角往两边做拉伸状 |
| c | 嘴巴自然放松闭合，舌尖轻轻抵住牙齿，发音时嘴角往两边做拉伸状 |
| s | 嘴巴自然放松闭合，发音时嘴角往两边做拉伸状 |
| y | 嘴巴自然放松闭合，发音时嘴角往两边做拉伸状 |
| w | 嘴巴自然放松闭合，发音时嘴巴张开呈 o 形 |

## 2 韵母

| 韵母 | 发音要领 |
| --- | --- |
| a | 嘴巴张大，由喉咙发出，发普通话“啊”音 |
| ai | 嘴巴张大，由喉咙发出，发普通话“挨”音 |
| ao | 嘴巴张大，由喉咙发出，发普通话“凹”音 |
| am | 和汉语拼音 an 发音一样，但发完 an 后嘴巴闭上，拉长有鼻音 |
| an | 嘴巴张大，由喉咙发出，发普通话“安”音 |
| ang | 嘴巴张大，由喉咙发出，发普通话“盎”音 |

续表

| 韵母 | 发音要领 |
|---|---|
| ab | 嘴巴张大，先发“啊”音，发完嘴巴闭上，声调体现有力度的跳跃性，短促音 |
| ad | 嘴巴张大，先发“啊”音，方法与发“ab”一样，发完嘴巴不闭合，声调体现有力度的跳跃性，短促音 |
| ag | 嘴巴张大，先发“啊”音，发音时如喉咙有东西向下压，短促音 |
| m | 嘴巴闭合，由鼻子发音，鼻音厚重 |
| ei | 嘴巴微张开，由喉咙发出，与普通话“挨”加 a 音相似，音稍短促 |
| eo | 嘴巴微张开，由喉咙发出，与普通话“凹”音相似，音稍短促 |
| em | 嘴巴微张开，由喉咙发出，与普通话“恩姆”连读音相似，发完嘴巴闭上，有鼻音 |
| en | 嘴巴微张开，由喉咙发出，发音介于汉语拼音 an 与 en 之间 |
| eng | 嘴巴微张开，由喉咙发出，发音介于汉语拼音 ang 与 eng 之间 |
| eb | 嘴巴微张开，先发“厄”音，发完嘴巴合起来，声调体现有力度的跳跃性，短促音，与“ab”发音类似 |
| ed | 嘴巴微张开，先发“厄”音，方法与发“eb”一样，发完嘴巴不闭合，声调体现有力度的跳跃性，短促音 |
| eg | 嘴巴微张开，先发“厄”音，发音时如喉咙有东西向下压，方法与发“ag”一样，声调体现有力度的跳跃性，短促音 |
| ng | 嘴巴自然放松闭合，发音时嘴巴微张开，舌尖不动，由舌根发音，往“嗯”方向发出 |
| o | 嘴巴呈圆形，舌头自然放松，发音时舌头不动，由喉咙发出，可以用手触摸喉咙部位，有振动感即对，发普通话“哦”音 |
| oi | 嘴巴自然放松闭合，将汉语拼音 o 与 ai 的音连起来，形成一个音节 oai |

续表

| 韵母 | 发音要领 |
| --- | --- |
| ou | 嘴巴自然放松闭合，发音时，嘴巴呈 o 形，发“欧”音 |
| on | 嘴巴自然放松闭合，发音时嘴巴呈 o 形，发音和英文 on 一样，粤语取第一声 |
| ong | 嘴巴张大，由喉咙发出，发英文 hong 的音 |
| od | 嘴巴呈 o 形，发汉语拼音 u+o 音 |
| og | 嘴巴呈 o 形，口形不变，由喉咙发音，与“od”发音相似，音短促 |
| u | 嘴巴自然放松闭合，发音时嘴巴嘟起，发“乌”音 |
| ui | 嘴巴自然放松闭合，发音时嘴巴嘟起，与汉语拼音 ui 同音 |
| un | 嘴巴自然放松闭合，发音时嘴巴嘟起，发“乌晕”的连音 |
| ung | 嘴巴自然放松闭合，发音时嘴巴呈 o 形，与汉语拼音 ong 发音相同 |
| ud | 嘴巴自然放松闭合，发音时嘴巴嘟起，发“乌”音，然后嘴角向两边拉伸，呈微笑状，同时发 u 音，音短促 |
| ug | 嘴巴自然放松闭合，发音时嘴巴呈 o 形，由喉咙发出，类似汉字“怄”音，音短促有力 |
| i | 嘴巴自然放松闭合，发音时，嘴角向两边拉伸，发出“依”音 |
| iu | 嘴巴自然放松闭合，发音时，嘴角向两边拉伸，先发“依”音，后发英文 u 音，把两个音节连起来即可 |
| im | 嘴巴自然放松闭合，发音时，嘴角向两边拉伸，发“依”音的同时，嘴巴闭上，有鼻音 |
| in | 嘴巴自然放松闭合，发音时，嘴角向两边拉伸，往“依”音方向发出，发音方法与“im”一样，区别在于不闭嘴，没有鼻音 |
| ing | 嘴巴自然放松闭合，发音时嘴巴稍微张开，由喉咙发出，发英文 in 音，粤语取第一声 |

续表

| 韵母 | 发音要领 |
| --- | --- |
| ib | 嘴巴自然放松闭合，先发“依”音，发完后嘴巴闭上，音短促 |
| id | 嘴巴自然放松闭合，先发“依”音，嘴巴不动，音稍微往前收 |
| ig | 嘴巴自然放松闭合，先发“依”音，发完音往前收，音短促 |
| ü | 嘴巴自然放松闭合，发音时嘴巴嘟起，发普通话“于”音，取第一声 |
| ün | 嘴巴自然放松闭合，发音时嘴巴嘟起，发普通话“晕”音 |
| üd | 嘴巴自然放松闭合，发音时嘴巴嘟起，先发普通话“雨”音，同时嘴角向两边拉伸，音短促 |
| ê | 嘴巴微张呈 o 形，是汉语拼音 e 与普通话“约”音的连读 |
| êu | 嘴巴微张呈 o 形，先发汉语拼音 e 音，后发汉语拼音 ui 音，两个音节连起来读即可 |
| ên | 嘴巴微张呈 o 形，先发汉语拼音 e，再发粤语韵母“un”，两个音节连起来读即可 |
| êng | 嘴巴微张呈 o 形，由喉咙发出，先发普通话“于”音，后发普通话“央”音，两个音节连起来读即可 |
| êd | 嘴巴微张呈 o 形，发音类似“êu”音，区别在于“êd”为短促音 |
| êg | 嘴巴微张呈 o 形，先发普通话“约”音，后发普通话“腰”音，两个音节连起来读即可 |
| é | 嘴巴自然放松闭合，发音时，嘴巴微张，嘴角向两边拉伸，舌头向下压，先发“厄”再发“椰”，两个音连起来读即可 |
| éi | 嘴巴自然放松闭合，发音时，嘴巴微张，嘴角向两边拉伸，舌头向下压，发汉语拼音 ei 音 |

续表

| 韵母 | 发音要领 |
| --- | --- |
| éng | 嘴巴自然放松闭合，发音时，嘴巴微张，嘴角向两边拉伸，舌头向下压 |
| ég | 嘴巴自然放松闭合，发音时，嘴巴微张，嘴角向两边拉伸，舌头向下压，发音方法与“é”一样，音短促 |

# 五 声调

传统上，粤语有9个声调，后来为了简便，改为6个。

| 声调 | 调号 | 拼音 | 例字 | 调号示意图 |
|---|---|---|---|---|
| 第一声 | 阴平 | yi$^1$ | 依 | → |
| 第二声 | 阴上 | yi$^2$ | 椅 | ↗ |
| 第三声 | 阴去 | yi$^3$ | 意 | → |
| 第四声 | 阳平 | yi$^4$ | 移 | ↘ |
| 第五声 | 阳上 | yi$^5$ | 以 | ↗ |
| 第六声 | 阳去 | yi$^6$ | 易 | → |

1. 粤语的第一声与普通话的第一声相同。
2. 粤语的第二声、第五声与普通话的第二声相同，粤语第二声比第五声起音高一点，发音趋势与普通话第二声一样，音调向上走。
3. 粤语的第三声与第六声在普通话里没有相近的调值，按照普通话方式来讲，它们在第一声和第三声之间，但是发音偏向普通话第三声。
4. 粤语的第四声与普通话的第三声近似。发音取于普通话第三声的前半部分。

总体来说，和普通话一样，粤语也有变调，有时同一个字的读音与其在一句话里面读音会不一样，以“下”为例，“ha$^6$”是本音，但在一句话里面，如“俾我睇下。”（让我看一下。）中，“下”读“ha$^2$”，这样便于发音。

任何一个普通话中的字都有相应的粤语字发音。但粤语字有书面语和口语之分。书面语就是普通话直接对应的读音，口语则是经过“变形”得出。比如

"声"有两个读音，分别是"xing$^1$""séng$^1$"。韵母ing变éng就是书面语变口语。在"声音"里面读"xing$^1$"，而在"唔好咁大声。"（不要这么大声。）中读"séng$^1$"。除了"声"字外，还有听、青、请、名等字。但是也有发音不变的，比如"姓""星"等只有ing的读音。专有名词也只读ing，比如"我的名字叫小星。""小星"是专有名词，在粤语中的发音就是"xiu$^2$ xing$^1$"。

粤语中大部分使用的是我们熟悉的汉字，也有少部分的粤语字是在汉字的基础上加上偏旁构成。如果是口语一般会在同音字上加上"口"字旁，动词则加上"提手旁"。一部分只有语音没有字形的字会用普通字中的同音字代替，如听日ting$^1$ yed$^6$；或者用音近的字代替，如琴日kem$^4$ yed$^6$。香港人输入粤语会使用一些软件，比如仓颉、速成、九方输入法等等。但这些软件较为专业，要经过学习才能掌握，所以不懂的学习者可以按照普通话的输入法打字，比如嘅（gé$^3$）可以直接输入拼音ge（电脑版），如下图。

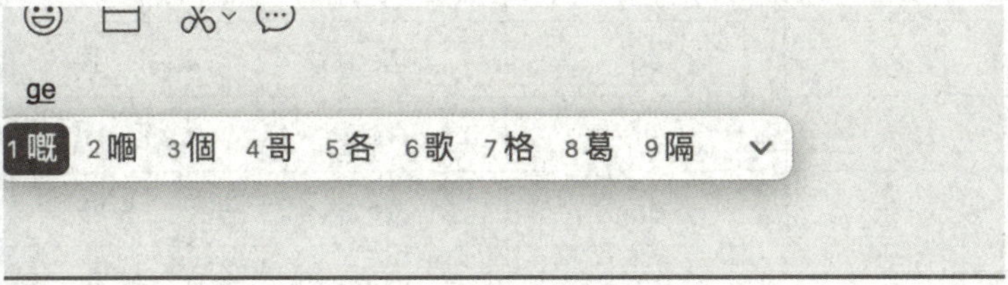


还有一些字，如果知道普通话怎么读，就可以直接输入拼音，以下是粤语常见字的普通话读音，如嬲（niao）、谂（shen）、佢（qu）、嚟（li）、冇（mao）、係（xi）、喺（xi）、唔（wu）、啲（di）等。

# 六 粤语拼音

1-03

| 声母 | 韵母 | 例字 | |
|---|---|---|---|
| y | a | ya1 | 呀 |
| d | ai | dai3 | 带 |
| g | ao | gao3 | 教 |
| s | am | sam1 | 衫 |
| s | an | san1 | 山 |
| c | ang | cang3 | 撑 |
| ng | ab | ngab3 | 鸭 |
| ng | ad | ngad3 | 押 |
| h | ag | hag3 | 客 |
| b | ei | bei3 | 闭 |
| g | eo | geo3 | 够 |
| s | em | sem1 | 心 |
| s | en | sen1 | 身 |
| d | eng | deng3 | 凳 |
| g | eb | geb1 | 急 |
| b | ed | bed1 | 不 |
| d | eg | deg1 | 得 |
| b | o | bo1 | 玻 |

续表

| 声母 | 韵母 | 例字 | |
|---|---|---|---|
| ng | oi | $ngoi^6$ | 外 |
| ng | ou | $ngou^3$ | 澳 |
| h | on | $hon^3$ | 看 |
| h | ong | $hong^1$ | 康 |
| h | od | $hod^3$ | 渴 |
| h | og | $hog^6$ | 学 |
| f | u | $fu^1$ | 肤 |
| b | ui | $bui^1$ | 杯 |
| b | un | $bun^3$ | 半 |
| t | ung | $tung^3$ | 痛 |
| f | ud | $fud^3$ | 阔 |
| z | ug | $zug^1$ | 祝 |
| q | i | $qi^4$ | 持 |
| t | iu | $tiu^3$ | 跳 |
| t | im | $tim^4$ | 甜 |
| t | in | $tin^1$ | 天 |
| g | ing | $ging^1$ | 惊 |
| j | ib | $jib^3$ | 接 |
| g | id | $gid^3$ | 结 |
| y | ig | $yig^1$ | 益 |
| x | ü | $xu^1$ | 书 |
| x | ün | $xun^3$ | 算 |

续表

| 声母 | 韵母 | 例字 | |
|---|---|---|---|
| j | üd | jud3 | 绝 |
| h | ê | hê1 | 靴 |
| h | êu | hêu3 | 去 |
| c | ên | cên1 | 春 |
| h | êng | hêng1 | 香 |
| c | êd | cêd1 | 出 |
| z | êg | zêg3 | 着 |
| c | é | cé1 | 车 |
| f | éi | féi1 | 非 |
| s | éng | séng1 | 声 |
| t | ég | tég3 | 踢 |

# 七 难读声母

## ng

1-04

### 1 看视频学发音

**重点提示**

此声母在汉语拼音里没有对应的声母。发音时嘴巴微张，舌尖不动，由舌根上颚发音。

### 2 读词语练发音

| | | | |
|---|---|---|---|
| 奶牛<br>nai$^{2}$ ngeo$^{4}$<br>奶牛 | 我哋<br>ngo$^{5}$ déi$^{6}$<br>我们 | 肚饿<br>tou$^{5}$ ngo$^{6}$<br>肚子饿 | 音乐<br>yem$^{1}$ ngog$^{6}$<br>音乐 |
| 岩石<br>ngam$^{4}$ ség$^{6}$<br>岩石 | 颜色<br>ngan$^{4}$ xig$^{1}$<br>颜色 | 按揭<br>ngon$^{3}$ kid$^{3}$<br>按揭 | 黑暗<br>heg$^{1}$ ngem$^{3}$<br>黑暗 |
| 金银<br>gem$^{1}$ ngen$^{4}$<br>金银 | 烧鹅<br>xiu$^{1}$ ngo$^{2}$<br>烧鹅 | 眼<br>ngan$^{5}$<br>眼睛 | 乐器<br>ngog$^{6}$ héi$^{3}$<br>乐器 |

# gu

1-05

## 1 看视频学发音

**重点提示**

汉语拼音里面的 gu 不是一个整体，而是由声母和韵母拼合而成。粤拼里面为了发音不偏离可按照汉语拼音的方式去拼读。发音时嘴巴微张，呈 o 形。

## 2 读词语练发音

| | | | |
|---|---|---|---|
| 挂住<br>gua³ ju⁶<br>想念 | 骨髓<br>gued¹ sêu⁵<br>骨髓 | 季节<br>guei³ jid³<br>季节 | 军人<br>guen¹ yen⁴<br>军人 |
| 光棍<br>guong¹ guen³<br>光棍 | 光线<br>guong¹ xin³<br>光线 | 广州<br>guong² zeo¹<br>广州 | 国家<br>guog³ ga¹<br>国家 |
| 季度<br>guei³ dou⁶<br>季度 | 中国<br>zung¹ guog³<br>中国 | 水果<br>sêu² guo²<br>水果 | 衣柜<br>yi¹ guei⁶<br>衣柜 |

# ku

1-06

## 1 看视频学发音

### 重点提示

汉语拼音里面的 ku 不是一个整体，而是由声母和韵母拼合而成。粤拼里为了发音不偏离可按照汉语拼音方式去拼读。发音时嘴巴微张，呈 o 形，需要吐气。

## 2 读词语练发音

| | | | |
|---|---|---|---|
| 葵花<br>kuei$^4$ fa$^1$<br>葵花 | 细菌<br>sei$^3$ kuen$^2$<br>细菌 | 扩展<br>kuog$^3$ jin$^2$<br>扩展 | 狂欢<br>kuong$^4$ fun$^1$<br>狂欢 |
| 相框<br>sêng$^3$ kuang$^1$<br>相框 | 群众<br>kuen$^4$ zung$^3$<br>群众 | 夸张<br>kua$^1$ zêng$^1$<br>夸张 | 昆明<br>kuen$^1$ ming$^4$<br>昆明 |
| 菌菇<br>kuen$^2$ gu$^1$<br>菌菇 | 人群<br>yen$^4$ kuen$^4$<br>人群 | 携带<br>kuei$^4$ dai$^3$<br>携带 | 裙摆<br>kuen$^4$ bai$^2$<br>裙摆 |

# 八 难读韵母

## a

1-07

### 1 看视频学发音

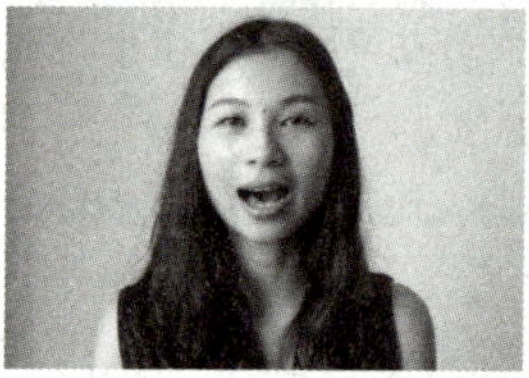

**重点提示**

嘴巴张大，音由喉咙发出，与普通话“啊”音相同。

### 2 读词语练发音

| | | | |
|---|---|---|---|
| 假期<br>ga³ kéi⁴<br>假期 | 打人<br>da² yen⁴<br>打人 | 麻烦<br>ma⁴ fan⁴<br>麻烦 | 听话<br>téng¹ wa⁶<br>听话 |
| 检查<br>gim² ca⁴<br>检查 | 趴低<br>pa¹ dei¹<br>趴下 | 牙齿<br>nga⁴ qi²<br>牙齿 | 瓦解<br>nga⁵ gai²<br>瓦解 |
| 打交<br>da² gao¹<br>打架 | 揸紧<br>za¹ gen²<br>握紧 | 楼下<br>leo⁴ ha⁶<br>楼下 | 青蛙<br>qing¹ wa¹<br>青蛙 |

# ai

1-08

## 1 看视频学发音

**重点提示**

嘴巴张大，音由喉咙发出。与普通话“挨”音相同。

## 2 读词语练发音

| | | | |
|---|---|---|---|
| 排队<br>pai4 dêu2<br>排队 | 挨住<br>ngai1 ju6<br>挨着 | 大学<br>dai6 hog6<br>大学 | 解释<br>gai2 xig1<br>解释 |
| 猜谜<br>cai1 mei4<br>猜谜 | 踩踏<br>cai2 dab6<br>踩踏 | 带领<br>dai3 ling5<br>带领 | 买卖<br>mai5 mai6<br>买卖 |
| 拉开<br>lai1 hoi1<br>拉开 | 街道<br>gai1 dou6<br>街道 | 阶梯<br>gai1 tei1<br>阶梯 | 太太<br>tai3 tai2<br>太太 |

# ei

1-09

## 1 看视频学发音

**重点提示**

接近普通话“挨”的发音，发音介于 ai 和 ei 之间。音由喉咙发出，稍微短促。

## 2 读词语练发音

| | | | |
|---|---|---|---|
| 高矮<br>gou1 ngei2<br>高矮 | 睇见<br>tei2 gin3<br>看见 | 洗手<br>sei2 seo2<br>洗手 | 弟弟<br>dei6 dei2<br>弟弟 |
| 提问<br>tei4 men6<br>提问 | 买米<br>mai5 mei2<br>买米 | 思维<br>xi1 wei4<br>思维 | 美丽<br>méi5 lei6<br>美丽 |
| 第日<br>dei6 yed6<br>改天 | 礼仪<br>lei5 yi4<br>礼仪 | 计算<br>gei3 xun3<br>计算 | 谜语<br>mei4 yu5<br>谜语 |

# ao

1-10

## 1 看视频学发音

**重点提示**

嘴巴张大，发普通话“凹”音，由喉咙发出。

## 2 读词语练发音

| | | | |
|---|---|---|---|
| 依靠<br>yi¹ kao³<br>依靠 | 相貌<br>sêng³ mao⁶<br>相貌 | 寻找<br>cem⁴ zao²<br>寻找 | 搞笑<br>gao² xiu³<br>搞笑 |
| 稍等<br>sao² deng²<br>稍等 | 考试<br>hao² xi³<br>考试 | 炒餸<br>cao² sung³<br>炒菜 | 教育<br>gao³ yug⁶<br>教育 |
| 捞起<br>lao⁴ héi²<br>捞起 | 跑步<br>pao² bou⁶<br>跑步 | 烧烤<br>xiu¹ hao¹<br>烧烤 | 炒股<br>cao² gu²<br>炒股 |

# eo

1-11

## 1 看视频学发音

**重点提示**

接近普通话“凹”的发音，发音介于 ao 和 ou 之间。音由喉咙发出，稍微短促。

## 2 读词语练发音

| | | | |
|---|---|---|---|
| 狗仔<br>geo² zei²<br>小狗 | 饮酒<br>yem² zeo²<br>喝酒 | 休息<br>yeo¹ xig¹<br>休息 | 贸易<br>meo⁶ yig⁶<br>贸易 |
| 救命<br>geo³ méng⁶<br>救命 | 后日<br>heo⁶ yed⁶<br>后天 | 出走<br>cêd¹ zeo²<br>出走 | 欧洲<br>ngeo¹ zeo¹<br>欧洲 |
| 茂盛<br>meo⁶ xing⁶<br>茂盛 | 幽静<br>yeo¹ jing⁶<br>幽静 | 流水<br>leo⁴ sêu²<br>流水 | 厚薄<br>heo⁵ bog⁶<br>厚薄 |

# am

1-12

## 1 看视频学发音

**重点提示**

和汉语拼音 an 发音一样，发完嘴巴闭上，有鼻音。

## 2 读词语练发音

| | | | |
|---|---|---|---|
| 衬衫<br>cen³ sam¹<br>衬衫 | 男人<br>nam⁴ yen²<br>男人 | 监督<br>gam¹ dug¹<br>监督 | 电缆<br>din⁶ lam⁶<br>电缆 |
| 啱啱<br>ngam¹ ngam¹<br>刚刚 | 参加<br>cam¹ ga¹<br>参加 | 三十<br>sam¹ seb⁶<br>三十 | 蓝色<br>lam⁴ xig¹<br>蓝色 |
| 篮球<br>lam⁴ keo⁴<br>篮球 | 减少<br>gam² xiu²<br>减少 | 担当<br>dam¹ dong¹<br>担当 | 南京<br>nam⁴ ging¹<br>南京 |

# em

1-13

## 1 看视频学发音

**重点提示**

嘴巴微张开，由喉咙发出，与普通话“恩姆”连读音相似，发完嘴巴闭上，有鼻音。

## 2 读词语练发音

| | | | |
|---|---|---|---|
| 侵略<br>cem¹ lêg⁶<br>侵略 | 浸会大学<br>zem³ wui² dai⁶ hog⁶<br>浸会大学 | 深度<br>sem¹ dou⁶<br>深度 | 树林<br>xu⁶ lem⁴<br>树林 |
| 金色<br>gem¹ xig¹<br>金色 | 饮料<br>yem² liu⁶<br>饮料 | 谂住<br>nem² ju⁶<br>想着 | 临摹<br>lem⁴ mou⁴<br>临摹 |
| 森林<br>sem¹ lem⁴<br>森林 | 谂起<br>nem² héi²<br>想起 | 甚至<br>sem⁶ ji³<br>甚至 | 斟酌<br>zem¹ zêg³<br>斟酌 |

# an

1-14

## 1 看视频学发音

**重点提示**

嘴巴张大，发普通话“安”音，由喉咙发出。

## 2 读词语练发音

| | | | |
|---|---|---|---|
| 慢啲<br>man⁶ did¹<br>慢点 | 行山<br>hang⁴ san¹<br>爬山 | 还钱<br>wan⁴ qin²<br>还钱 | 赞赏<br>zan³ sêng²<br>赞赏 |
| 简单<br>gan² dan¹<br>简单 | 茶餐厅<br>ca⁴ can¹ téng¹<br>茶餐厅 | 间中<br>gan³ zung¹<br>偶尔 | 休闲<br>yeo¹ han⁴<br>休闲 |
| 漫画<br>man⁶ wa²<br>漫画 | 灿烂<br>can³ lan⁶<br>灿烂 | 元旦<br>yun⁴ dan³<br>元旦 | 赞成<br>zan³ xing⁴<br>赞成 |

# en

1-15

## 1 看视频学发音

**重点提示**

嘴巴微张开，发音介于汉语拼音 an 和 en 之间，由喉咙发出。

## 2 读词语练发音

| | | | |
|---|---|---|---|
| 身体<br>sen$^{1}$ tei$^{2}$<br>身体 | 白云<br>bag$^{6}$ wen$^{4}$<br>白云 | 问题<br>men$^{6}$ tei$^{4}$<br>问题 | 银行<br>ngen$^{4}$ hong$^{4}$<br>银行 |
| 瞓觉<br>fen$^{3}$ gao$^{3}$<br>睡觉 | 亲近<br>cen$^{1}$ gen$^{6}$<br>亲近 | 新闻<br>sen$^{1}$ men$^{4}$<br>新闻 | 因为<br>yen$^{1}$ wei$^{6}$<br>因为 |
| 晨光<br>sen$^{4}$ guong$^{1}$<br>晨光 | 人民<br>yen$^{4}$ men$^{4}$<br>人民 | 忍受<br>yen$^{2}$ seo$^{6}$<br>忍受 | 根源<br>gen$^{1}$ yun$^{4}$<br>根源 |

# ang

1-16

## 1 看视频学发音

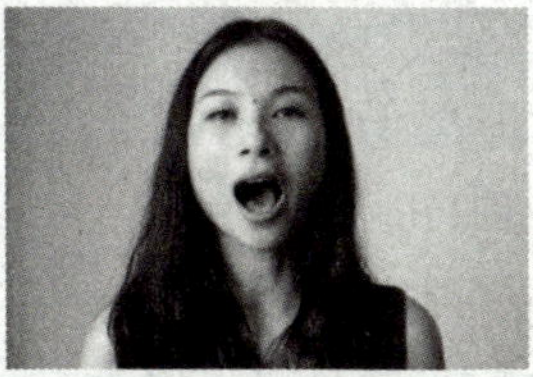

**重点提示**

嘴巴张大，发普通话“盎”音，由喉咙发出。

## 2 读词语练发音

| | | | |
|---|---|---|---|
| 行街<br>hang$^{4}$ gai$^{1}$<br>逛街 | 冷衫<br>lang$^{1}$ sam$^{1}$<br>毛衣 | 生意<br>sang$^{1}$ yi$^{3}$<br>生意 | 先生<br>xin$^{1}$ sang$^{1}$<br>先生 |
| 烹饪<br>pang$^{1}$ yem$^{6}$<br>烹饪 | 硬朗<br>ngang$^{6}$ long$^{5}$<br>硬朗 | 猛烈<br>mang$^{5}$ lid$^{6}$<br>猛烈 | 澎湃<br>pang$^{4}$ pai$^{3}$<br>澎湃 |
| 生日<br>sang$^{1}$ yed$^{6}$<br>生日 | 盲目<br>mang$^{4}$ mug$^{6}$<br>盲目 | 学生<br>hog$^{6}$ sang$^{1}$<br>学生 | 夯实<br>hang$^{1}$ sed$^{6}$<br>夯实 |

# eng

1-17

## 1 看视频学发音

**重点提示**

嘴巴微张开，发音介于汉语拼音 ang 和 eng 之间。

## 2 读词语练发音

| | | | |
|---|---|---|---|
| 行李<br>heng$^{4}$ léi$^{5}$<br>行李 | 幸福<br>heng$^{4}$ fug$^{1}$<br>幸福 | 财运亨通<br>coi$^{4}$ wen$^{6}$ heng$^{1}$ tung$^{1}$<br>财运亨通 | 永恒<br>wing$^{5}$ heng$^{4}$<br>永恒 |
| 更新<br>geng$^{1}$ sen$^{1}$<br>更新 | 旅行<br>lêu$^{5}$ heng$^{4}$<br>旅行 | 等待<br>deng$^{2}$ doi$^{6}$<br>等待 | 朋友<br>peng$^{4}$ yeo$^{5}$<br>朋友 |
| 灯笼<br>deng$^{1}$ lung$^{4}$<br>灯笼 | 行为<br>heng$^{4}$ wei$^{4}$<br>行为 | 肯定<br>heng$^{2}$ ding$^{6}$<br>肯定 | 萌芽<br>meng$^{4}$ nga$^{4}$<br>萌芽 |

# ab

1-18

## 1 看视频学发音

**重点提示**

嘴巴张大，先发“啊”音，发完嘴巴闭上，声调体现有力度的跳跃性，音短促。

## 2 读词语练发音

| | | | |
|---|---|---|---|
| 蜡烛<br>lab$^{6}$ zug$^{1}$<br>蜡烛 | 习惯<br>zab$^{6}$ guan$^{3}$<br>习惯 | 杂志<br>zab$^{6}$ ji$^{3}$<br>杂志 | 鸭肉<br>ngab$^{3}$ yug$^{6}$<br>鸭肉 |
| 夹餸<br>gab$^{6}$ sung$^{4}$<br>夹菜 | 搭车<br>dab$^{3}$ cé$^{1}$<br>搭车 | 垃圾<br>lab$^{6}$ sab$^{3}$<br>垃圾 | 宝塔<br>bou$^{2}$ tab$^{3}$<br>宝塔 |
| 腊肉<br>lab$^{6}$ yug$^{6}$<br>腊肉 | 搭配<br>dab$^{3}$ pui$^{3}$<br>搭配 | 闸口<br>zab$^{6}$ heo$^{2}$<br>闸口 | 集中<br>zab$^{6}$ zung$^{1}$<br>集中 |

# eb

1-19

## 1 看视频学发音

**重点提示**

嘴巴微微张开，先发“厄”音，然后嘴巴合起来，声调体现有力度的跳跃性，音短促，与发“ab”音类似。发音在汉语拼音 a 和 e 之间。

## 2 读词语练发音

| | | | |
|---|---|---|---|
| 心急<br>sem¹ geb¹<br>心急 | 立正<br>leb⁶ jing³<br>立正 | 乳鸽<br>yu² geb⁶<br>乳鸽 | 湿立立<br>seb¹ leb⁶ leb⁶<br>湿漉漉 |
| 凹凸<br>leb¹ ded⁶<br>凹凸 | 入嚟<br>yeb⁶ lei⁴<br>进来 | 执笠<br>zeb¹ leb¹<br>倒闭 | 果汁<br>guo² zeb¹<br>果汁 |
| 米粒<br>mei⁵ leb¹<br>米粒 | 及时<br>keb⁶ xi⁴<br>及时 | 级别<br>keb¹ bid⁶<br>级别 | 拾取<br>seb⁶ cêu²<br>拾取 |

# ad

1-20

## 1 看视频学发音

**重点提示**

嘴巴张大，先发“啊”音，方法与发“ab”一样，发完嘴巴不闭合。声调体现有力度的跳跃性，音短促。

## 2 读词语练发音

| | | | |
|---|---|---|---|
| 押金<br>ngad³ gem¹<br>押金 | 发达<br>fad³ dad³<br>发达 | 挖掘<br>wad³ gued³<br>挖掘 | 察觉<br>cad³ gog⁶<br>察觉 |
| 头发<br>teo⁴ fad³<br>头发 | 扎实<br>zad³ sed⁶<br>扎实 | 警察<br>ging² cad³<br>警察 | 抹台<br>mad³ toi²<br>擦桌子 |
| 刹那<br>sad³ na⁵<br>刹那 | 辣椒<br>lad⁶ jiu¹<br>辣椒 | 发现<br>fad³ yin⁶<br>发现 | 辣酱<br>lad⁶ zêng³<br>辣酱 |

# ed

1-21

## 1 看视频学发音

**重点提示**

嘴巴微微张开，先发“厄”音，主音在汉语拼音 a 和 e 之间，发音方法与“eb”相同，发完嘴巴不闭合，声调体现有力度的跳跃性，音短促。

## 2 读词语练发音

| | | | |
|---|---|---|---|
| 突显<br>ded⁶ hin²<br>突然 | 礼物<br>lei⁵ med⁶<br>礼物 | 油漆<br>yeo⁴ ced¹<br>油漆 | 办公室<br>ban⁶ gung¹ sed¹<br>办公室 |
| 咳嗽<br>ked¹ seo³<br>咳嗽 | 铅笔<br>yun⁴ bed¹<br>铅笔 | 质素<br>zed¹ sou³<br>素质 | 佛山<br>fed⁶ san¹<br>佛山 |
| 七夕<br>ced¹ jig⁶<br>七夕 | 膝头哥<br>sed¹ teo⁴ go¹<br>膝盖 | 忽视<br>fed¹ xi⁶<br>忽视 | 卧室<br>ngo⁶ sed¹<br>卧室 |

# ag

1-22

## 1 看视频学发音

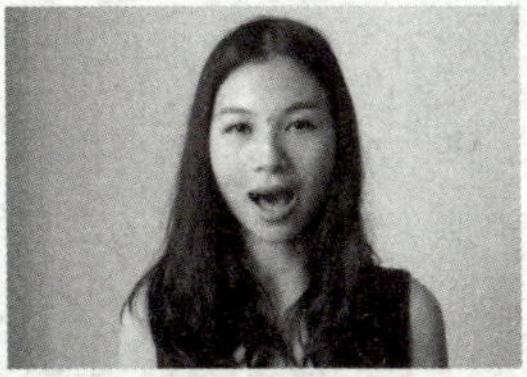

**重点提示**

嘴巴张大，先发“啊”音，发音方法与“ad”相同，发音时如喉咙有东西向下压。与声母相拼时 g 不发音。声调体现有力度的跳跃性，音短促。

## 2 读词语练发音

| | | | |
|---|---|---|---|
| 客人<br>hag³ yen⁴<br>客人 | 扼杀<br>ngag¹ sad³<br>扼杀 | 恐吓<br>hung² hag³<br>恐吓 | 伯伯<br>bag³ bag³<br>伯伯 |
| 拆迁<br>cag³ qin¹<br>拆迁 | 拍拖<br>pag³ to¹<br>谈恋爱 | 金额<br>gem¹ ngag⁶<br>金额 | 表格<br>biu² gag³<br>表格 |
| 额头<br>ngag⁶ teo⁴<br>额头 | 隔开<br>gag³ hoi¹<br>隔开 | 手鈪<br>seo² ngag²<br>手镯 | 家宅<br>ga¹ zag⁶<br>房屋 |

# eg

1-23

## 1 看视频学发音

**重点提示**

嘴巴微张开，先发“厄”音，发音方法与“ag”相同，发音时喉咙如有东西向下压。声调体现有力度的跳跃性，音短促。

## 2 读词语练发音

| | | | |
|---|---|---|---|
| 唔得<br>m$^{4}$ deg$^{1}$<br>不行 | 厄运<br>ngeg$^{1}$ wen$^{6}$<br>厄运 | 克服<br>heg$^{1}$ fug$^{6}$<br>克服 | 品德<br>ben$^{2}$ deg$^{1}$<br>品德 |
| 幽默<br>yeo$^{1}$ meg$^{6}$<br>幽默 | 墨水<br>meg$^{6}$ sêu$^{2}$<br>墨水 | 特别<br>deg$^{6}$ bid$^{6}$<br>特别 | 勒索<br>leg$^{6}$ sog$^{3}$<br>勒索 |
| 陌生<br>meg$^{6}$ seng$^{1}$<br>陌生 | 肋骨<br>leg$^{6}$ gued$^{1}$<br>肋骨 | 默读<br>meg$^{6}$ dug$^{6}$<br>默读 | 脉搏<br>meg$^{6}$ bog$^{3}$<br>脉搏 |

# o

1-24

## 1 看视频学发音

**重点提示**

嘴巴呈圆形，舌头自然放松，发普通话“哦”音，发音时舌头不动，由喉咙发出。可以用手触摸喉咙部位，有振动感即可。

## 2 读词语练发音

| | | | |
|---|---|---|---|
| 座位<br>zo6 wei2<br>座位 | 错误<br>co3 ng6<br>错误 | 攞住<br>lo2 ju6<br>拿着 | 坐低<br>co5 dei1<br>坐下 |
| 蔬菜<br>so1 coi3<br>蔬菜 | 老婆<br>lou5 po4<br>老婆 | 多少<br>do1 xiu2<br>多少 | 磨炼<br>mo4 lin6<br>磨炼 |
| 疏通<br>so1 tung1<br>疏通 | 每个<br>mui5 go3<br>每个 | 花朵<br>fa1 do2<br>花朵 | 售货员<br>seo3 fo3 yun4<br>售货员 |

# oi

1-25

## 1 看视频学发音

**重点提示**

嘴巴自然放松闭合，把汉语拼音 o 与 ai 的音连起来读，形成一个音节 oai。

## 2 读词语练发音

| | | | |
|---|---|---|---|
| 悲哀<br>béi¹ ngoi¹<br>悲哀 | 台湾<br>toi⁴ wan¹<br>台湾 | 开会<br>hoi¹ wui⁵<br>开会 | 再见<br>zoi³ gin³<br>再见 |
| 改变<br>goi² bin³<br>改变 | 比赛<br>béi² coi³<br>比赛 | 鱼鳃<br>yu⁴ soi¹<br>鱼鳃 | 唔该<br>m⁴ goi¹<br>谢谢 |
| 来往<br>loi⁴ wong⁵<br>来往 | 彩虹<br>coi² hung⁴<br>彩虹 | 袋鼠<br>doi⁶ xu²<br>袋鼠 | 大概<br>dai⁶ koi³<br>大概 |

# ou

1-26

## 1 看视频学发音

**重点提示**

嘴巴自然放松闭合，发音时，嘴巴呈 o 形，发“欧”音。

## 2 读词语练发音

| | | | |
|---|---|---|---|
| 澳门<br>ngou3 mun2<br>澳门 | 你好<br>néi5 hou2<br>你好 | 保护<br>bou2 wu6<br>保护 | 肚痛<br>tou5 tung3<br>肚子痛 |
| 措施<br>cou3 xi1<br>措施 | 牙膏<br>nga4 gou1<br>牙膏 | 心抱<br>sem1 pou5<br>儿媳妇 | 高兴<br>gou1 hing3<br>高兴 |
| 煎熬<br>jin1 ngou4<br>煎熬 | 翱翔<br>ngou4 cêng4<br>翱翔 | 铺开<br>pou1 hoi1<br>铺开 | 捞面<br>lou1 min6<br>拌面 |

# on

1-27

## 1 看视频学发音

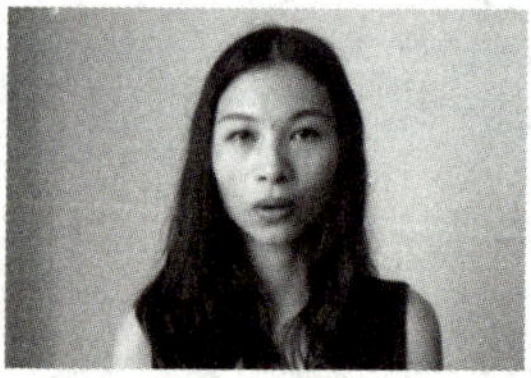

**重点提示**

嘴巴自然放松闭合，发音时嘴巴呈 o 形，发音和英文 on 一样，粤语取第一声。

## 2 读词语练发音

| | | | |
|---|---|---|---|
| 安全<br>ngon$^1$ qun$^4$<br>安全 | 飙汗<br>biu$^1$ hon$^6$<br>冒汗 | 韩国<br>hon$^4$ guog$^3$<br>韩国 | 看见<br>hon$^3$ gin$^3$<br>看见 |
| 干净<br>gon$^1$ zéng$^6$<br>干净 | 汉族<br>hon$^3$ zug$^6$<br>汉族 | 孤寒<br>gu$^1$ hon$^4$<br>吝啬 | 赶车<br>gon$^2$ cé$^1$<br>赶车 |
| 干部<br>gon$^3$ bou$^6$<br>干部 | 旱灾<br>hon$^5$ zoi$^1$<br>旱灾 | 焊接<br>hon$^6$ jib$^3$<br>焊接 | 报刊<br>bou$^3$ hon$^2$<br>报刊 |

# ong

1-28

## 1 看视频学发音

**重点提示**

嘴巴张大，音由喉咙发出，发音和韵母“on”接近，ong 是后鼻音，发音较硬朗。

## 2 读词语练发音

| | | | |
|---|---|---|---|
| 健康<br>gin³ hong¹<br>健康 | 工厂<br>gung¹ cong²<br>工厂 | 床上<br>cong⁴ sêng⁶<br>床上 | 网络<br>mong⁵ log⁶<br>网络 |
| 帮手<br>bong¹ seo²<br>帮忙 | 饮汤<br>yem² tong¹<br>喝汤 | 讲话<br>gong² wa⁶<br>讲话 | 旁边<br>pong⁴ bin¹<br>旁边 |
| 游荡<br>yeo⁴ dong⁶<br>游荡 | 新郎<br>sen¹ long⁴<br>新郎 | 池塘<br>qi⁴ tong⁴<br>池塘 | 杧果<br>mong¹ guo²<br>杧果 |

# od

1-29

## 1 看视频学发音

**重点提示**

嘴巴呈 o 形，发汉语拼音 u+o 的音，也与 wo 发音相似。

## 2 读词语练发音

| | | | |
|---|---|---|---|
| 口渴<br>heo$^{2}$ hod$^{3}$<br>口渴 | 分割<br>fen$^{1}$ god$^{3}$<br>分割 | 颈渴<br>géng$^{2}$ hod$^{3}$<br>口渴 | 割舍<br>god$^{3}$ sé$^{2}$<br>割舍 |
| 割让<br>god$^{3}$ yêng$^{6}$<br>割让 | 粉葛<br>fen$^{2}$ god$^{3}$<br>粉葛 | 渴望<br>hod$^{3}$ mong$^{6}$<br>渴望 | 渴求<br>hod$^{3}$ keo$^{4}$<br>渴求 |
| 诸葛亮<br>ju$^{1}$ god$^{3}$ lêng$^{6}$<br>诸葛亮 | 割草<br>god$^{3}$ cou$^{2}$<br>割草 | 割断<br>god$^{3}$ tün$^{5}$<br>割断 | 灰褐色<br>fui$^{1}$ hod$^{3}$ xig$^{1}$<br>灰褐色 |

# og

1-30

## 1 看视频学发音

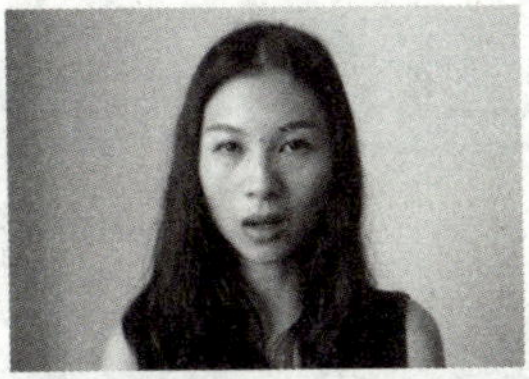

**重点提示**

嘴巴呈o形，发音时口形不变，由喉咙发出，与“od”的发音相似，音短促。

## 2 读词语练发音

| | | | |
|---|---|---|---|
| 返学<br>fan$^1$ hog$^6$<br>上学 | 发觉<br>fad$^3$ gog$^6$<br>发觉 | 朴素<br>pog$^3$ sou$^3$<br>朴素 | 帷幕<br>wei$^4$ mog$^6$<br>帷幕 |
| 汤壳<br>tong$^1$ hog$^3$<br>汤勺 | 阁楼<br>gog$^3$ leo$^2$<br>阁楼 | 托运<br>tog$^3$ wen$^6$<br>托运 | 作业<br>zog$^3$ yib$^6$<br>作业 |
| 乐趣<br>log$^6$ cêu$^3$<br>乐趣 | 莫非<br>mog$^6$ féi$^1$<br>莫非 | 获取<br>wog$^6$ cêu$^2$<br>获取 | 剥夺<br>mog$^1$ düd$^6$<br>剥夺 |

# u

1-31

## 1 看视频学发音

**重点提示**

嘴巴自然放松闭合，发音时嘴巴嘟起，发“乌”音。

## 2 读词语练发音

| | | | |
|---|---|---|---|
| 乌云<br>wu¹ wen⁴<br>乌云 | 姑妈<br>gu¹ ma¹<br>爸爸的姐姐 | 照顾<br>jiu³ gu³<br>照顾 | 蛊惑<br>gu² wag⁶<br>狡猾 |
| 锣鼓<br>lo⁴ gu²<br>锣鼓 | 箍住<br>ku¹ ju⁶<br>箍着 | 姑姐<br>gu¹ zé¹<br>爸爸的妹妹 | 古仔<br>gu² zei²<br>故事 |
| 皮肤<br>péi⁴ fu¹<br>皮肤 | 奔赴<br>ben¹ fu⁶<br>奔赴 | 夫妇<br>fu¹ fu⁵<br>夫妇 | 事故<br>xi⁶ gu³<br>事故 |

# ui

1-32

## 1 看视频学发音

**重点提示**

嘴巴自然放松闭合，发音时嘴巴嘟起，与汉语拼音 ui 同音。

## 2 读词语练发音

| | | | |
|---|---|---|---|
| 好攰<br>hou$^{2}$ gui$^{3}$<br>好累 | 每日<br>mui$^{5}$ yed$^{6}$<br>每天 | 发霉<br>fad$^{3}$ mui$^{4}$<br>发霉 | 后悔<br>heo$^{6}$ fui$^{3}$<br>后悔 |
| 茶杯<br>ca$^{4}$ bui$^{1}$<br>茶杯 | 妹妹<br>mui$^{4}$ mui$^{2}$<br>妹妹 | 梅花<br>mui$^{4}$ fa$^{1}$<br>梅花 | 背书<br>bui$^{6}$ xu$^{1}$<br>背书 |
| 培养<br>pui$^{4}$ yêng$^{5}$<br>培养 | 充沛<br>cung$^{1}$ pui$^{3}$<br>充沛 | 陪伴<br>pui$^{4}$ bun$^{6}$<br>陪伴 | 配合<br>pui$^{3}$ heb$^{6}$<br>配合 |

# un

1-33

## 1 看视频学发音

**重点提示**

嘴巴自然放松闭合，发音时嘴巴嘟起，发“乌晕”的连音。

## 2 读词语练发音

| | | | |
|---|---|---|---|
| 碗筷<br>wun$^{2}$ fai$^{3}$<br>碗筷 | 调换<br>diu$^{3}$ wun$^{6}$<br>调换 | 一般<br>yed$^{1}$ bun$^{1}$<br>一般 | 课本<br>fo$^{3}$ bun$^{2}$<br>课本 |
| 名媛<br>ming$^{4}$ wun$^{6}$<br>名媛 | 欢迎<br>fun$^{1}$ ying$^{4}$<br>欢迎 | 本事<br>bun$^{2}$ xi$^{6}$<br>本事 | 搬屋<br>bun$^{1}$ ngug$^{1}$<br>搬家 |
| 伴随<br>bun$^{6}$ cêu$^{4}$<br>伴随 | 背叛<br>bui$^{3}$ bun$^{6}$<br>背叛 | 肥胖<br>féi$^{4}$ bun$^{6}$<br>肥胖 | 官员<br>gun$^{1}$ yun$^{4}$<br>官员 |

# ung

1-34

## 1 看视频学发音

**重点提示**

嘴巴自然放松闭合，发音时嘴巴呈 o 形，与汉语拼音 ong 发音相同。

## 2 读词语练发音

| | | | |
|---|---|---|---|
| 冬天<br>dung¹ tin¹<br>冬天 | 红色<br>hung⁴ xig¹<br>红色 | 普通<br>pou² tung¹<br>普通 | 重要<br>zung⁶ yiu³<br>重要 |
| 懂事<br>dung² xi⁶<br>懂事 | 英雄<br>ying¹ hung⁴<br>英雄 | 东方<br>dung¹ fong<br>东方 | 风速<br>fung¹ cug¹<br>风速 |
| 龙凤<br>lung⁴ fung⁶<br>龙凤 | 冲动<br>cung¹ dung⁶<br>冲动 | 梦游<br>mung⁶ yeo⁴<br>梦游 | 童年<br>tung⁴ nin⁴<br>童年 |

# ud

1-35

## 1 看视频学发音

**重点提示**

嘴巴自然放松闭合，发音时嘴巴嘟起，先发“乌”音，继而嘴角向两边拉伸，呈微笑状，同时发 u 音，连起来读，音短促。

## 2 读词语练发音

| | | | |
|---|---|---|---|
| 生活<br>seng$^{1}$ wud$^{6}$<br>生活 | 活泼<br>wud$^{6}$ pud$^{3}$<br>活泼 | 拨打<br>bud$^{3}$ da$^{2}$<br>拨打 | 宽阔<br>fun$^{1}$ fud$^{6}$<br>宽阔 |
| 包括<br>bao$^{1}$ kud$^{3}$<br>包括 | 阔落<br>fud$^{3}$ log$^{6}$<br>宽敞 | 泼水<br>pud$^{6}$ sêu$^{2}$<br>泼水 | 活动<br>wud$^{3}$ dung$^{6}$<br>活动 |
| 括号<br>kud$^{3}$ hou$^{3}$<br>括号 | 泡沫<br>pou$^{5}$ mud$^{3}$<br>泡沫 | 涂抹<br>tou$^{4}$ mud$^{3}$<br>涂抹 | 没落<br>mud$^{6}$ log$^{6}$<br>没落 |

# ug

1-36

## 1 看视频学发音

**重点提示**

嘴巴自然放松闭合，发音时嘴巴呈 o 形，音由喉咙发出，发类似“怄”音，音短促有力。

## 2 读词语练发音

| | | | |
|---|---|---|---|
| 屋企<br>ngug$^1$ kéi$^5$<br>家里 | 忙碌<br>mong$^4$ lug$^1$<br>忙碌 | 车辘<br>cé$^1$ lug$^1$<br>车轮 | 鸡肉<br>gei$^1$ yug$^6$<br>鸡肉 |
| 侮辱<br>mou$^2$ yug$^6$<br>侮辱 | 绿柚<br>lug$^1$ yeo$^2$<br>柚子 | 绿化<br>lug$^6$ fa$^3$<br>绿化 | 目录<br>mug$^6$ lug$^6$<br>目录 |
| 祝福<br>zug$^1$ fug$^1$<br>祝福 | 促使<br>cug$^1$ xi$^2$<br>促使 | 触碰<br>zug$^1$ pung$^3$<br>触碰 | 秃头<br>tug$^1$ teo$^4$<br>秃头 |

# i

1-37

## 1 看视频学发音

**重点提示**

嘴巴自然放松闭合，发音时，嘴角向两边拉伸，发出“依”音。

## 2 读词语练发音

| | | | |
|---|---|---|---|
| 依靠<br>yi¹ kao⁴<br>依靠 | 支持<br>ji¹ qi⁴<br>支持 | 自己<br>ji⁶ géi²<br>自己 | 停止<br>ting⁴ ji²<br>停止 |
| 好似<br>hou² qi⁵<br>好像 | 衣服<br>yi¹ fug⁶<br>衣服 | 主持<br>ju² qi⁴<br>主持 | 知道<br>ji¹ dou⁶<br>知道 |
| 呢度<br>ni¹ dou⁶<br>这里 | 始终<br>qi² zung¹<br>始终 | 意思<br>yi³ xi¹<br>意思 | 已经<br>yi⁵ ging¹<br>已经 |

# iu

1-38

## 1 看视频学发音

**重点提示**

嘴巴自然放松闭合，发音时，嘴角向两边拉伸，先发“依”音，继而发英文 u 音，把两个音节连起来即可。

## 2 读词语练发音

| | | | |
|---|---|---|---|
| 妖怪<br>yiu² guai³<br>妖怪 | 要求<br>yiu¹ keo⁴<br>要求 | 度桥<br>dog⁶ kiu²<br>想计策 | 车票<br>cé¹ piu³<br>车票 |
| 寺庙<br>ji⁶ miu²<br>寺庙 | 邀请<br>yiu¹ qing²<br>邀请 | 跳舞<br>tiu³ mou⁵<br>跳舞 | 香蕉<br>hêng¹ jiu¹<br>香蕉 |
| 无聊<br>mou⁴ liu⁴<br>无聊 | 奇妙<br>kéi⁴ miu⁶<br>奇妙 | 凋零<br>diu¹ ling⁴<br>凋零 | 花轿<br>fa¹ kiu²<br>花轿 |

# im

1-39

## 1 看视频学发音

**重点提示**

嘴巴自然放松闭合，发音时，嘴角向两边拉伸，发“依”音的同时，嘴巴闭上，有鼻音。

## 2 读词语练发音

| | | | |
|---|---|---|---|
| 艳丽<br>yim$^6$ lei$^2$<br>艳丽 | 发炎<br>fad$^3$ yim$^4$<br>发炎 | 讨厌<br>tou$^2$ yim$^3$<br>讨厌 | 谦虚<br>him$^1$ hêu$^1$<br>谦虚 |
| 占领<br>jim$^3$ ling$^5$<br>占领 | 粘贴<br>nim$^1$ tib$^3$<br>粘贴 | 收敛<br>seo$^1$ lim$^5$<br>收敛 | 签字<br>qim$^1$ ji$^3$<br>签字 |
| 甜美<br>tim$^4$ méi$^5$<br>甜美 | 检验<br>gim$^2$ yim$^6$<br>检验 | 打尖<br>da$^2$ jim$^1$<br>插队 | 瞻仰<br>jim$^1$ yêng$^5$<br>瞻仰 |

# in

1-40

## 1 看视频学发音

**重点提示**

嘴巴自然放松闭合，发音时，嘴角向两边拉伸，发音与汉语拼音 in 相同。

## 2 读词语练发音

| | | | |
|---|---|---|---|
| 食烟<br>xig⁶ yin¹<br>抽烟 | 燕子<br>yin³ ji²<br>燕子 | 牵手<br>hin¹ seo²<br>牵手 | 练习<br>lin⁴ zab⁶<br>练习 |
| 深浅<br>sem¹ qin²<br>深浅 | 现代<br>yin⁶ doi⁶<br>现代 | 言语<br>yin⁴ yu⁵<br>言语 | 面粉<br>min⁶ fen²<br>面粉 |
| 旁边<br>pong⁴ bin¹<br>旁边 | 锻炼<br>dün³ lin⁶<br>锻炼 | 天地<br>tin¹ déi⁶<br>天地 | 年龄<br>nin⁴ ling⁴<br>年龄 |

# ing

1-41

## 1 看视频学发音

**重点提示**

嘴巴自然放松闭合，发音时嘴巴稍微张开，音由喉咙发出。发英文 in 音，粤语取第一声。

## 2 读词语练发音

| | | | |
|---|---|---|---|
| 应该<br>ying$^{1}$ goi$^{1}$<br>应该 | 欢迎<br>fun$^{1}$ ying$^{4}$<br>欢迎 | 听日<br>ting$^{1}$ yed$^{6}$<br>明天 | 清楚<br>qing$^{1}$ co$^{2}$<br>清楚 |
| 明白<br>ming$^{4}$ bag$^{3}$<br>明白 | 灵气<br>ling$^{4}$ héi$^{3}$<br>灵气 | 请求<br>qing$^{2}$ keo$^{4}$<br>请求 | 名气<br>ming$^{4}$ héi$^{3}$<br>名气 |
| 领导<br>ling$^{5}$ dou$^{6}$<br>领导 | 前程<br>qin$^{4}$ qing$^{4}$<br>前程 | 答应<br>dab$^{3}$ ying$^{3}$<br>答应 | 凌乱<br>ling$^{4}$ lün$^{6}$<br>凌乱 |

# ib

1-42

## 1 看视频学发音

**重点提示**

嘴巴自然放松闭合，先发“依”音，发完后嘴巴闭上，音短促。

## 2 读词语练发音

| | | | |
|---|---|---|---|
| 树叶<br>xu6 yib6<br>树叶 | 接触<br>jib3 zug1<br>接触 | 帖文<br>tib3 men2<br>帖文 | 怯懦<br>hib3 no6<br>怯懦 |
| 重叠<br>cung4 dib3<br>重叠 | 作业<br>zog3 yib6<br>作业 | 劫持<br>gib3 qi4<br>劫持 | 惬意<br>hib3 yi3<br>惬意 |
| 希腊<br>héi1 lib6<br>希腊 | 道歉<br>dou6 hib3<br>道歉 | 业绩<br>yib3 jig1<br>业绩 | 猎豹<br>lib6 pao3<br>猎豹 |

# id

1-43

## 1 看视频学发音

**重点提示**

嘴巴自然放松闭合，先发“依”音，嘴巴不动，舌尖抵住牙齿。

## 2 读词语练发音

| | | | |
|---|---|---|---|
| 热气<br>yid6 héi3<br>上火 | 节日<br>jid3 yed6<br>节日 | 清洁<br>qing1 gid3<br>清洁 | 跌倒<br>did3 dou2<br>摔倒 |
| 截止<br>jid6 ji2<br>截止 | 折扣<br>jid3 keo3<br>折扣 | 捷径<br>jid6 ging3<br>捷径 | 杰作<br>gid6 zog6<br>杰作 |
| 热烈<br>yid6 lid6<br>热烈 | 结果<br>gid3 guo2<br>结果 | 消灭<br>xiu1 mid6<br>消灭 | 揭晓<br>kid3 hiu2<br>揭晓 |

# ig

1-44

## 1 看视频学发音

**重点提示**

嘴巴自然放松闭合，先发“依”音，发完音往前收，音短促。

## 2 读词语练发音

| | | | |
|---|---|---|---|
| 利益<br>léi$^6$ yig$^1$<br>利益 | 亲戚<br>cen$^1$ qig$^1$<br>亲戚 | 疫苗<br>yig$^6$ miu$^4$<br>疫苗 | 勤力<br>ken$^4$ lig$^6$<br>勤快 |
| 日历<br>yed$^6$ lig$^6$<br>日历 | 亿万<br>yig$^1$ man$^6$<br>亿万 | 鸡翼<br>gei$^1$ yig$^6$<br>鸡翅 | 毅力<br>ngei$^6$ lig$^6$<br>毅力 |
| 精力<br>jing$^1$ lig$^6$<br>精力 | 积极<br>jig$^1$ gig$^6$<br>积极 | 交易<br>gao$^1$ yig$^6$<br>交易 | 历史<br>lig$^6$ xi$^2$<br>历史 |

# ü

1-45

## 1 看视频学发音

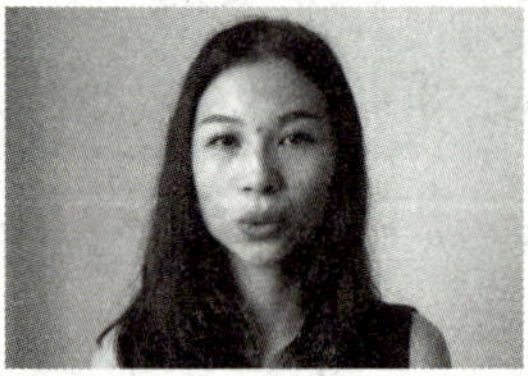

**重点提示**

嘴巴自然放松闭合，发音时嘴巴嘟起，发普通话“于”音，取第一声。在与 j、q、x、y 相拼时，ü 两点去掉。

## 2 读词语练发音

| | | | |
|---|---|---|---|
| 落雨<br>log⁶ yu⁵<br>下雨 | 语音<br>yu⁵ yem¹<br>语音 | 住宿<br>ju⁶ sug¹<br>住宿 | 煮饭<br>ju² fan⁶<br>煮饭 |
| 厨房<br>qu⁴ fong²<br>厨房 | 多余<br>do¹ yu⁴<br>多余 | 于是<br>yu¹ xi⁶<br>于是 | 到处<br>dou³ qu³<br>到处 |
| 书本<br>xu¹ bun²<br>书本 | 警署<br>ging² qu⁵<br>警署 | 暑假<br>xu² ga³<br>暑假 | 猪肉<br>ju¹ yug⁶<br>猪肉 |

# ün

1-46

## 1 看视频学发音

**重点提示**

嘴巴自然放松闭合，发音时嘴巴嘟起，发普通话“晕”音。

## 2 读词语练发音

| | | | |
|---|---|---|---|
| 冤枉<br>yun¹ wong²<br>冤枉 | 埋怨<br>mai⁴ yun³<br>埋怨 | 远方<br>yun⁵ fong¹<br>远方 | 愿意<br>yun⁶ yi³<br>愿意 |
| 公园<br>gung¹ yun²<br>公园 | 全部<br>qun⁴ bou⁶<br>全部 | 传真<br>qun⁴ zen¹<br>传真 | 旋转<br>xun⁴ jun²<br>旋转 |
| 计算<br>gei³ xun³<br>计算 | 权力<br>kün⁴ lig⁶<br>权力 | 圈层<br>hün¹ ceng⁴<br>圈层 | 海豚<br>hoi² tün⁴<br>海豚 |

# üd

1-47

## 1 看视频学发音

**重点提示**

嘴巴自然放松闭合，发音时嘴巴嘟起，先发普通话“雨”音，同时嘴角向两边拉伸，音短促。

## 2 读词语练发音

| | | | |
|---|---|---|---|
| 月光<br>yud$^6$ guong$^1$<br>月亮 | 阅历<br>yud$^6$ lig$^6$<br>阅历 | 落雪<br>log$^6$ xud$^3$<br>下雪 | 决定<br>küd$^3$ ding$^6$<br>决定 |
| 粤语<br>yud$^6$ yu$^5$<br>粤语 | 绝对<br>jud$^6$ dêu$^3$<br>绝对 | 缺点<br>küd$^3$ dim$^2$<br>缺点 | 小说<br>xiu$^2$ xud$^3$<br>小说 |
| 啜泣<br>jud$^3$ yeb$^1$<br>啜泣 | 喜悦<br>héi$^2$ yud$^6$<br>喜悦 | 穴位<br>yud$^6$ wei$^2$<br>穴位 | 血迹<br>hüd$^3$ jig$^1$<br>血迹 |

# ê

1-48

## 1 看视频学发音

**重点提示**

嘴巴微张呈 o 形，是汉语拼音 e 与普通话“约”音的连读。

## 2 读词语练发音

| | | | |
|---|---|---|---|
| 皮靴<br>péi$^{4}$ hê$^{1}$<br>皮靴 | 铁锯<br>tid$^{3}$ gê$^{3}$<br>铁锯 | 雪靴<br>xud$^{6}$ hê$^{1}$<br>雪靴 | 啲啲咗<br>did$^{1}$ did$^{1}$ dê$^{1}$<br>一点点 |

# êu

1-49

## 1 看视频学发音

### 重点提示

嘴巴微张呈 o 形，先发汉语拼音 e 音，后发 ui 音，两个音节连起来读即可。

## 2 读词语练发音

| | | | |
|---|---|---|---|
| 心虚<br>sem$^{1}$ hêu$^{1}$<br>心虚 | 聚会<br>zêu$^{6}$ wui$^{6}$<br>聚会 | 推打<br>têu$^{1}$ da$^{2}$<br>推打 | 脆弱<br>cêu$^{3}$ yêg$^{3}$<br>脆弱 |
| 睿智<br>yêu$^{4}$ ji$^{6}$<br>睿智 | 饮水<br>yem$^{5}$ sêu$^{2}$<br>喝水 | 退步<br>têu$^{3}$ bou$^{6}$<br>退步 | 驳嘴<br>bog$^{6}$ zêu$^{2}$<br>顶嘴 |
| 随便<br>cêu$^{4}$ bin$^{2}$<br>随便 | 劳累<br>lou$^{4}$ lêu$^{6}$<br>劳累 | 佢哋<br>kêu$^{5}$ déi$^{6}$<br>他们 | 去除<br>hêu$^{3}$ cêu$^{4}$<br>去除 |

# ên

1-50

## 1 看视频学发音

**重点提示**

嘴巴微张呈 o 形，先发汉语拼音 e，再发粤语韵母“un”的读音，两个音节连起来即可。

## 2 读词语练发音

| | | | |
|---|---|---|---|
| 春天<br>cên¹ tin¹<br>春天 | 咨询<br>ji¹ sên¹<br>咨询 | 顺利<br>sên⁶ léi⁶<br>顺利 | 单纯<br>dan¹ sên⁴<br>单纯 |
| 秦始皇<br>cên⁴ qi² wong⁴<br>秦始皇 | 信息<br>sên³ xig¹<br>信息 | 通讯<br>tung¹ sên³<br>通讯 | 矛盾<br>mao⁴ tên⁵<br>矛盾 |
| 资讯<br>jin¹ sên³<br>资讯 | 谈论<br>tam⁴ lên⁶<br>谈论 | 遵守<br>zên¹ seo²<br>遵守 | 纯度<br>sên⁴ dou⁶<br>纯度 |

# êng

1-51

## 1 看视频学发音

**重点提示**

嘴巴微张呈 o 形，音由喉咙发出，先发普通话“于”音，后发普通话“央”音，两个音节连起来读即可。

## 2 读词语练发音

| | | | |
|---|---|---|---|
| 香港<br>hêng$^1$ gong$^2$<br>香港 | 杨树<br>yêng$^4$ xu$^6$<br>杨树 | 影响<br>ying$^2$ hêng$^2$<br>影响 | 坚强<br>gin$^1$ kêng$^4$<br>坚强 |
| 家乡<br>ga$^1$ hêng$^1$<br>家乡 | 方向<br>fong$^1$ hêng$^3$<br>方向 | 羊肉<br>yêng$^4$ yug$^6$<br>羊肉 | 窗户<br>cêng$^1$ wu$^6$<br>窗户 |
| 栋梁<br>dung$^6$ lêng$^4$<br>栋梁 | 向往<br>hêng$^3$ wong$^5$<br>向往 | 抢购<br>cêng$^2$ keo$^3$<br>抢购 | 场面<br>cêng$^4$ min$^2$<br>场面 |

# êd

1-52

## 1 看视频学发音

**重点提示**

嘴巴微张呈 o 形，发音类似“êu”音，区别在于“êd”为短促音。

## 2 读词语练发音

| | | | |
|---|---|---|---|
| 律师<br>lêd⁶ xi¹<br>律师 | 栗子<br>lêd⁶ ji²<br>栗子 | 纪律<br>géi² lêd⁶<br>纪律 | 手术<br>seo² sêd⁶<br>手术 |
| 卒之<br>zêd¹ ji¹<br>终于 | 出去<br>cêd¹ hêu³<br>出去 | 率领<br>sêd¹ ling⁵<br>率领 | 出现<br>cêd¹ yin⁶<br>出现 |
| 描述<br>miu⁴ sêd⁶<br>描述 | 日出<br>yêd⁶ cêd¹<br>日出 | 美术<br>méi⁵ sêd⁶<br>美术 | 蟋蟀<br>xig¹ sêd¹<br>蟋蟀 |

# êg

1-53

## 1 看视频学发音

**重点提示**

嘴巴微张呈o形，先发普通话“约”音，后发普通话“腰”音，两个音节连起来读即可。

## 2 读词语练发音

| | | | |
|---|---|---|---|
| 脚步<br>gêg6 bou6<br>脚步 | 雕琢<br>diu1 dêg3<br>雕琢 | 约会<br>yêg6 wui6<br>约会 | 忽略<br>fed1 lêg6<br>忽略 |
| 大约<br>dai6 yêg3<br>大约 | 啄木鸟<br>dêg3 mug6 niu5<br>啄木鸟 | 掠过<br>lêg6 guo3<br>掠过 | 卓越<br>cêg3 yud6<br>卓越 |
| 弱势<br>yêg6 sei3<br>弱势 | 药品<br>yêg6 ben2<br>药品 | 侵略<br>cem1 lêg6<br>侵略 | 若果<br>yêg6 guo2<br>如果 |

# é

1-54

## 1 看视频学发音

### 重点提示

嘴巴自然放松闭合，发音时，嘴巴微张，嘴角向两边拉伸，舌头向下压，先发“厄”音再发“椰”音，两个音连起来即可。

## 2 读词语练发音

| | | | |
|---|---|---|---|
| 揸车<br>za1 cé1<br>开车 | 姐姐<br>zé4 zé1<br>姐姐 | 骑马<br>ké4 ma5<br>骑马 | 夜晚<br>yé6 man5<br>夜晚 |
| 食嘢<br>xig6 yé2<br>吃东西 | 啤酒<br>bé1 zeo2<br>啤酒 | 咖啡<br>ga3 fé1<br>咖啡 | 爹妈<br>dé1 ma1<br>爹妈 |
| 爷爷<br>yé4 yé2<br>爷爷 | 车展<br>cé1 jin2<br>车展 | 啤牌<br>pé1 pai2<br>扑克牌 | 孭带<br>mé1 dai2<br>背带 |

# éi

1-55

## 1 看视频学发音

**重点提示**

嘴巴自然放松闭合，发音时，嘴巴微张，嘴角向两边拉伸，舌头向下压，发汉语拼音 ei 音。

## 2 读词语练发音

| | | | |
|---|---|---|---|
| 非常<br>féi¹ sêng⁴<br>非常 | 自卑<br>ji⁶ béi¹<br>自卑 | 慈悲<br>qi⁴ béi¹<br>慈悲 | 汽车<br>héi³ cé¹<br>汽车 |
| 准备<br>zên² béi⁶<br>准备 | 减肥<br>gam² féi⁴<br>减肥 | 翡翠<br>féi² cêu³<br>翡翠 | 冚被<br>kem⁵ péi²<br>盖被子 |
| 被动<br>béi⁶ dung⁶<br>被动 | 美丽<br>méi⁵ lei⁶<br>美丽 | 离开<br>léi⁴ hoi¹<br>离开 | 既然<br>géi³ yin⁴<br>既然 |

# éng

1-56

## 1 看视频学发音

**重点提示**

嘴巴自然放松闭合，发音时，嘴巴微张，嘴角向两边拉伸，舌头向下压。

## 2 读词语练发音

| | | | |
|---|---|---|---|
| 听讲<br>téng[1] gong[2]<br>听说 | 搏命<br>bog[3] méng[6]<br>拼命 | 游艇<br>yeo[4] téng[5]<br>游艇 | 请假<br>céng[2] ga[3]<br>请假 |
| 青菜<br>céng[1] coi[3]<br>青菜 | 大声<br>dai[6] séng[1]<br>大声 | 病人<br>béng[6] yen[4]<br>病人 | 白领<br>bag[3] léng[5]<br>白领 |
| 镜片<br>géng[3] pin[2]<br>镜片 | 腥味<br>séng[1] méi[6]<br>腥味 | 郑州<br>zéng[6] zeo[1]<br>郑州 | 井水<br>zéng[2] sêu[2]<br>井水 |

# ég

1-57

## 1 看视频学发音

**重点提示**

嘴巴自然放松闭合，发音时，嘴巴微张，嘴角向两边拉伸，舌头向下压，发音方法与 é 一样，音短促。

## 2 读词语练发音

| | | | |
|---|---|---|---|
| 踢波<br>tég³ bo¹<br>踢球 | 无锡<br>mou⁴ ség³<br>无锡 | 赤裸<br>cég³ lo²<br>赤裸 | 硕士<br>ség⁶ xi⁶<br>硕士 |
| 两只<br>lêng⁵ zég⁶<br>两只 | 赤脚<br>cég³ gêg³<br>赤脚 | 竹席<br>zug¹ zég⁶<br>竹席 | 尺度<br>cég³ dou⁶<br>尺度 |
| 笛子<br>dég⁶ ji²<br>笛子 | 头赤<br>teo⁴ cég³<br>头痛 | 石头<br>ség⁶ teo⁴<br>石头 | 背脊<br>bui³ zég³<br>脊背 |

# 第2章

# 基础语法和句型

一　基础语法

二　惯用句型

三　句末语气词

# 一 基础语法

粤语语法与普通话语法的不同，体现在虚词、副词、部分形容词、助词及其在句中的位置上。另外，复杂而不可或缺的语气助词也是粤语的一个特色。尽管粤语与普通话在语法上有些不一样，但是它们的句型主体结构基本相同，都是主—谓—宾式结构，所以总体来看大概有60% 是相同的。

2-01

## （一）动词时态

粤语动词有时态的范畴，常用时态有进行时和完成时两种。进行时用“紧”“开”“喺度”表示动作的持续，动词后加“住”表示该动作的暂时性。表示完成时要在动词后加“咗”，表示完成了某动作时在动词后加“过”。

### 1 表示进行

**1** “紧”加在动词后表示动作正在进行。

例句 我食紧饭。（我正在吃饭。）

**2** “开”加在动词后表示动作正在进行。此外，还有表示习惯的意思，即事情之前发生过，今后还要继续进行下去。

例句 我饮开红茶。（我习惯了喝红茶。）

我食开呢个牌子嘅烟。（我习惯抽这个牌子的烟。）

**3** “喺度”加在动词前，表示动作正在进行，是“喺呢度（在这里）”的简写。“喺度”经常与“紧”连用。

例句 我喺度食饭。（我正在吃饭。）

我喺度食紧饭。（我正在吃饭。）

如表示在路上时，多用动词加“紧”的形式表达。

例句

我嚟紧。（我正在来的路上。）

我去紧机场。（我正在去机场的路上。）

**4** “住”加在动词后表示动作暂时持续。

例句

佢望住我。（他望着我。）

你手里便攞住乜嘢？（你手里拿着什么？）

咪行住。（先别走。）

借住100文俾我先。（先借100元给我。）

## 2 表示完成

**1** “咗”加在动词后，表示动作已经完成。

例句

我食咗饭。（我吃过饭了。）

你食咗饭未？（你吃过饭了吗？）

你去咗边度？（你去哪里了？）

**2** “过”加在动词后表示经历、经验。这点和普通话相同，但当遇到趋向动词时，要把“过”放在趋向动词的两个字之间。

例句

我去过香港。（我去过香港。）

我食过芝士蛋糕。（我吃过芝士蛋糕。）

我入过去啦。（我进去过了。）

我啱啱出过去。（我刚出去过。）

# （二）程度与结果的相关表达

2-02

粤语经常使用一些词语附加于述语（表示行为动作，主要由动词和动词性短语组成）之前或者之后，陈述动作行为发生的种种情况和状态。这些词有的相当于副词，有的像后缀，跟在述语的末尾。

## 1 表示程度

**1** 在粤语中，用“过头”“得滞”表示程度深，超出了正常范围，相当于普通话的“太+形容词”。

例句
呢啲桔酸过头。（这些橘子太酸了。）
佢精过头。（他太精明了。）
今日热得滞。（今天太热了。）
饱得滞。（太饱了。）

**2** 用“交关”“犀利”“鬼噉”“乜嘢噉”“死”表示极端程度，意为“严重，厉害”。其中，“交关”“犀利”跟在“得”后面；“鬼噉”“乜嘢噉”“死”跟在“到”后面。有时，这些词也可以省略，靠对方意会。

例句
今日热得好交关。（今天热得好厉害。）
今日冻得好犀利。（今天冷得好厉害。）
今日热到鬼噉。（今天热得好厉害。）
你睇佢，开心到乜嘢噉。（你看他，开心得不得了。）
今日烦到死。（今天烦得不得了。）

**3** “晒”表示“完全，全部”。

例句
你将啲嘢食晒佢。（你把这些东西全吃完。）
我洗晒啲衫啦。（我把衣服全洗完啦。）（啲：表示复数。）
呢本书你睇晒未啊？（你看完这本书没有啊？）

**4** “晒”可以放在句末，表示强调，使表达的感情更浓厚。

例句
多谢晒！（太感谢你了！）
唔该晒！（太麻烦你了！）

## 2 表示结果

**1 “埋”跟在动词后表示“向前，靠拢”，有时也可以省略。跟在连词或者介词后表示“由此及彼”，相当于普通话的“连……也……”。**

例句
等埋我。（等等我。）
连佢都去埋。（连他也去了。）
佢行埋嚟问我做紧乜嘢。（他走过来问我正在做什么。）
下次你哋搞活动记得预埋我啊。（下次你们搞活动记得算上我。）
呢啲嘢加埋用咗200文。（这些东西加起来花了200元。）
我同埋妈咪一齐去行街。（我和妈妈一起去逛街。）（此处“埋”可以省略。）
我哋喺埋一齐。（我们在一起。）

**2 “返”用在动词后面，表示通过动作使某事恢复到原来状态。**

例句
冚返好只盖。（把盖子盖好。）（盖子本来是盖着的。）
找返钱俾你。（把钱还给你。）（钱本来是属于你的。）
返屋企。（回家。）（本来在家里，出去了才有回家一说。）

## （三）指示代词

2-03

在粤语中，指示代词可以省略，但是量词不能省略，且粤语名词前需加量词。

**粤语中最常见的指示代词有两个，为“呢”“嗰”，分别对应普通话“这”“那”的意思。**

例句
（呢）本书係我嘅。（这本书是我的。）
（呢）间房好乱，快啲执返好。（这个房间好乱，快点收拾好。）
（嗰）件事好麻烦。（那件事很麻烦。）
呢杯茶好好饮。（这杯茶很好喝。）
边个把遮放喺度？（谁的雨伞放在这里了？）（“遮”作名词时是“雨伞”的意思，作动词时是“遮挡”的意思。）

## （四）助动词

2-04

助动词辅助主要动词，使用时多跟在动词后面。有些助动词既有语法意义，又有词汇意义，有些则仅有语法意义。下面介绍两个助动词“咗”与“亲”，前者既有语法意义又有词汇意义，后者仅有语法意义。

### 1 “咗”

**1** “咗”除了表示动作完成，还可以构成祈使句，表示“……了”。

例句
啲嘢对身体好，快啲食咗佢。（这些东西对身体好，快点把它吃了。）
件衫咁污糟，快啲换咗佢。（这件衣服这么脏，快把它换了。）
啲药唔好，你最好就停咗佢。（这种药不好，你最好把它停了。）

**2** “咗”可以取代“把”字，后接宾语，构成“动词+咗+（量词）+名词”句式，普通话意思为“把……怎么样”。

例句
食咗个面包啦。（把整个面包吃了。）
掉咗件衫。（把这件衣服扔了。）
熄咗佢。（把它关了。）

### 2 “亲”

**1** “亲”跟在动词后面，表示生病、受伤等负面结果。

例句
出便好冻，因住冻亲。（外面很冷，当心着凉。）
唔好食咁快，因住髀亲。（别吃这么快，当心噎着。）
慢慢饮，因住浊亲。（慢慢喝，当心呛到。）

**2** “亲”可以表示一有某种情况发生，就会引起相应的结果。

例句
去亲咖啡厅，佢都点摩卡。（他只要去咖啡厅，就会点摩卡。）
开亲会，佢都瞌眼瞓。（只要一开会，她就会打瞌睡。）
只脚受咗伤，郁亲都痛。（这只脚受了伤，一动就痛。）

# （五）其他常见字用法

2-05

## 1 “先”

“先”字有两种用法，一种表示“才”，另一种就是它本身的意思“先”。在粤语中，表示“先”的意思时常跟在动词或者动宾短语后。这是粤语一个很特别的语法，与普通话“先”的用法不一样。

**1 表示“才”的用法。**

例句

我啱啱先落班。（我刚刚才下班。）

呢件衫先200文。（这件衣服才200元。）

我身上先得10文。（我身上才有10元。）

我而家先出发。（我现在才出发。）

**2 表示“先”的用法。**

例句

我落班先。（我先下班。）

我冲完凉先食饭。（我先洗完澡再吃饭。）

埋咗单先上菜。（先结账再上菜。）

食咗先去啦。（先吃了再去吧。）

我仲未做完，你哋走先。（我还没有做完，你们先走。）

## 2 “落，低，下”

“下”字在普通话中十分常用，其表达的语义也多种多样。在粤语中，当要表达普通话中的“下”的语义时，有时却不使用这个字，用其他字代替，具体主要有以下3 种情况。

**1 表达普通话动词“下”之意时，粤语中使用“落（$log^6$）”。**

例词

落车（下车）　　落楼（下楼）　　落班（下班）

**2** 表达普通话中的助动词“下”时，即在普通话中，“下”字跟在相应动词后作该动词的辅助语时，粤语中使用“低（$dei^1$）”。

例词 坐低（坐下）　　留低（留下）　　瞓低（躺下）

**3** 表达普通话方位词的“下”时，粤语中也用“下（$ha^6$）”。

例词 楼下（楼下）　　下便（下边）

## 3 “係”

**1** “係”意思为“是”。

① 表示肯定。

例句
A：你係唔係要出去？（你是不是要出去？）
B：係啊。（是啊。）

② 表示突然想起某件事，转换话题。

例句 係啦，我阵间要去买嘢，你可唔可以陪我去啊？（对了，我一会儿要出去买东西，你可不可以陪我去啊？）

**2** “係”，本音读$hei^6$，当变调为$hei^2$时表示疑问，相当于普通话的“是吗”“真的吗”。

例句
A：我攞到咗嗰间公司嘅录取通知书啦。（我拿到那个公司的录取通知书啦。）
B：係？恭喜晒你啊。（真的吗？恭喜你啊。）

**3** “真係”用在句中，表示“真的……”。

例句
今日真係好热啊。（今天真的好热啊。）
呢件事真係冇办法㗎啦？（这件事真的没办法啦？）

**4 “係”还可以表示其他意思。**

**① 表示象征性、马虎、随便。**

例句 A：屋企卫生仲未搞好，我可能去唔到啦。（家里卫生还没弄好，我可能去不了了。）

B：係咁意搞下就出门啦，我等你嚟啊。（随便搞一下就出门吧，我等你来啊。）

**② 表示没什么变化，和以前一样。**

例句 A：好耐冇见，你而家点啊？（好久没见，你现在怎么样啊？）

B：又咪係噉。（还是跟之前一样。字面翻译：还不是那样。咪mei4：不是，是“唔係”的连音。）

**③ 表示“一定要，非要”。**

例句 都叫咗你冇去，你係都要去。（都叫你不要去的，你非要去。）（这里大多数情况是因为没有听劝，已经发生了不好的事情后，对其进行说教。）

# 二 惯用句型

粤语中有很多句型与普通话不尽相同，它们表现在比较句、处置句、存在句、双宾句、被动句、判断句、否定句、疑问句等形式上。

## 1 比较句

2-06

粤语中的比较句经常先在两个比较项之间用形容词表示出比较结果，然后再加上“过”，构成句型“名词 + 形容词 + 过+ 名词（+ 副词）”，表示“谁比谁怎么样”。

例句

我高过你。（我比你高。）

小明肥过小清。（小明比小清胖。）

佢大过我好多。（他比我大好多。）

## 2 处置句

处置句，又称“把字句”。普通话中有“把”字句，粤语中则没有。粤语把“把”都换成介词“将”，使用介词“将”把处置者与被处置对象连接起来。另外，被处置的对象（如下面例句中的水果）置于动词后再加一个“佢”来表达，普通话中不存在这个用法。

例句

我将字典俾咗细妹。（我把字典给了妹妹。）

将本书放好。（把这本书放好。）

将啲水果食晒佢。（把这些水果吃完。）

## 3 存在句

存在句用来表示人或事物的存在、出现等。普通话中，会使用“有”表达拥有某物或者某物存在，在粤语中，除了会使用“有”表达拥有某物或者某物存在外，也常用“有……”或者“有……过”来表示曾经做过某事。后面可以接动作性的宾语成分。

例句
佢有还返啲钱俾我。（他还钱给我了。）
我今日有去揾过佢。（我今天去找过他。）
我有去过广州。（我去过广州。）

## 4 双宾句

双宾语由直接宾语和间接宾语构成。在粤语双宾句中，当表达“施受”关系时，常用如下句型表示。

**1 陈述句：主语+动词+物体+受者**

例句
爸爸俾杯水我。（爸爸给我一杯水。）

**2 疑问句：主语+ 有冇+动词+物体+受者，或者在句末加个“未”表示疑问语气。**

例句
爸爸有冇俾水你？（爸爸有没有给你水？）
爸爸俾咗水你未？（爸爸给你水了吗？）

**3 肯定句：主语+ 有/冇+动词+物体+受者**

例句
爸爸有俾水我。（爸爸给我水了。）
爸爸冇俾水我。（爸爸没有给我水。）

**4 如果一个双宾句中存在两个动词，句式为：主语+动词+物体+动词+受者**

例句
爸爸买咗本书俾我。（爸爸买了一本书给我。）
佢攞咗好多书俾我。（他拿了很多书给我。）

## 5 被动句

1 粤语中的被动句与普通话句式相同，只是普通话用“被”，而粤语用“俾”。

例句
我嘅苹果俾佢食咗。（我的苹果被他吃了。）
我部手机俾人偷咗。（我的手机被人偷了。）
本簿俾佢画花咗。（本子被他画花了。）

2 在普通话中，“被”后面可以省略施动者，而粤语中不能。如果没有施动者，或者施动者未知，则用“人”来补充这一位置。

例句
佢俾人打咗一餐。（他挨了一顿打。）

## 6 判断句

粤语中，判断句常用“係……嚟㗎”表示，相当于普通话中的“是……（的）”。

例句
我唔係坏人嚟㗎。（我不是坏人。）
我係广东人嚟㗎。（我是广东人。）
佢係香港人嚟㗎。（他是香港人。）

## 7 否定句

粤语中，表示否定一般用“冇”“未”“唔”等词。“冇”与“未”均表示“没有”，但是“冇”是直接否定，而“未”是表示在某一时刻某动作或事物尚未完成。

例句
我冇食饭。（我没有吃饭。）
我未食饭。（我还没有吃饭。）
我唔食得辣。（我不能吃辣。）

## 8 疑问句

粤语中，表达疑问时较多使用正反疑问句，多用“未”“咩”等表疑问的语气词提示。而普通话里的疑问句通常在句末加“吗”，这与粤语里的“咩”用法相同。

### 1 正疑问句

例句

你结咗婚未？（你结婚了吗？）

你出门未？（你出门了吗？）

### 2 反疑问句

例句

你唔知道咩？（你不知道吗？）

有我唔俾你咩？（有的话我不给你吗？）

# 三 句末语气词

粤语中的句末语气词很多，一般来说固定句式会有一些习惯搭配。下面列举一些比较常用的语气词。

2-07

## 1 表示“肯定强调”的句末语气词有“㗎/嘅”和“个波”。

这里“㗎”与“嘅”的意思都是“的”，但是“嘅”不仅可以用在句末，还可以用在句中，而“㗎”则只能用在句末。

例句

呢本书係我㗎/嘅。（这本书是我的。）

呢本係我嘅书。（这本是我的书。）

我都係呢间学校毕业个波/㗎/嘅。（我也是这所学校毕业的呢。）

## 2 表示“正反疑问”的句末语气词有“啩”“未”“咩”和“啊嘛”。

“咩”“啩”“啊嘛”是反疑问词，在反问之中隐藏着惊讶的语气。

例句

唔係啩？（不是吧？）

你嚟咗未？（你来了吗？）

你冇去咩？（你没去吗？）

唔係啊嘛？（不是吧？）

## 3 表示“不满”的句末语气词有“咋”。

例句

我先食咗一个面包咋。（我才吃了一个面包呀。）

我啱买返嚟咋。（我才买回来呀。）

我啱忙完咋，你就净係识得催我。（我才忙完呀，你就会催我。）

## 4 表示“不以为意”的句末语气词有“啫”和“之嘛”。

例句

几文啫。（几块钱而已。）

小事啫。（小事而已。）

淋咗雨之嘛，冇事嘅。（淋了雨而已，没事的。）

**5** “嗍”相当于普通话的“呢”，常跟“仲”连用，构成“仲……嗍”句式，意为“还……呢”。

例句
我唔单只食咗一碗饭，仲食咗个面包嗍。（我不只吃了一碗饭，还吃了个面包呢。）
佢病咗仲加班嗍。（他病了还加班呢。）
我仲谂住同你去嗍。（我还想和你一起去呢。）

**6** “涡”作为句末语气词，有两种用法。

① 表“转述”，读“wo²”，意为把第三方的意思转述给对方。

例句
妈咪话佢唔返嚟食饭涡。（妈妈说她不回来吃饭。）
细佬话要加班涡。（弟弟说要在公司加班。）
佢话学校有事涡。（他说学校有事。）

② 用法与普通话“哦”相同，有轻微强调的语气，读“wo⁴”。

例句
唔係涡。（不是哦。）
食晒了涡。（吃完了哦。）
我唔知涡。（我不知道哦。）
去过了涡。（去过了哦。）

## tips

关于用字方面，粤语和普通话有很多词语用字都不一样。比如一个词语中，普通话中会选用其中一个字来表达意思，而粤语则会选用另外一个字来表达。

2-08

**1** 生长

呢个小朋友生得好似佢爸爸。（这个小朋友长得很像她爸爸。）

佢生得真係靓啦。（她长得真美。）

**2** 凶恶

佢好恶，我好惊佢。（他好凶，我好怕他。）

佢睇起身係恶，不过人好好。（他看起来凶，不过人很好。）

**3** 宽阔

你间房都几阔喔。（你的房间也挺宽敞的。）

间屋好阔落，住得好舒服。（这房子很宽敞，住得很舒服。）

**4** 浸泡

浸咗咁耐，都坏咗啦。（泡了这么久，都坏掉啦。）

将啲衫浸住先啦。（先把那些衣服泡着。）

**5** 疯癫

佢颠咗了。（他疯掉了。）

佢喺度发颠。（他在发疯。）

**6** 光亮

天光啦。（天亮啦。）

呢盏灯唔够光。（这盏灯不够亮。）

**7** 使用

你唔使咁麻烦㗎。（你不用这么麻烦的。）

你使咗咁多钱。（你用了这么多钱。）

## 关于多音字

粤语的多音字，有时可以理解为是书面语和口语的区别。有些是有规律的韵母转换。

2-09

**1** 书面语ing（多数组词用），口语éng。

声xing$^{1}$（声音，声乐，声母，声调，声明）

我觉得我冇学声乐嘅天分。（我觉得我没有学声乐的天赋。）

我声明，我冇参与呢件事。（我声明，我没有参与这起事件。）

声séng$^{1}$

你冇咁大声啦。（你别这么大声啦。）

你把声好好听啊。（你的声音好好听啊。）（声音的量词为“把ba$^{2}$”）

近gen$^{6}$/ken$^{2}$

近gen$^{6}$（附近，将近，近代，近视）

你屋企附近有冇地铁？（你家附近有没有地铁？）

我近视睇唔清楚。（我近视，看不清楚。）

近ken$^{2}$

我哋离得好近。（我们离得很近。）

我屋企去公司唔近㗎，差唔多成个钟。（我家到公司不近的，差不多要1个小时。）（成séng$^{4}$：整个，后面加量词，表示接近整数。）

**2** 动词与名词的多音字。

玩wan$^{2}$（动词）

你听日想去边度玩啊？（你明天想去哪里玩啊？）

净係想去玩，唔想做嘢。（只想去玩，不想工作。）

玩wun$^{6}$（名词）

执好你啲玩具啦。（收拾好你的玩具吧。）（执zeb$^{1}$：收拾，整理。啲did$^{1}$：些，表示复数。）

**3** 关于变调。

粤语有些字会变调，但是跟普通话不一样的是，当一个词语都是第三声的时候，第一个字普通话会变成第二声。像普通话“你好、怂恿”等，但是粤语遇到一个词语都是第三声的时候，第一个字不会变调，像粤语“未来、钱财”等。即使出现变调也是出现在一句话的情况下。例句：

呢件衫几钱啊？（这件衣服多少钱啊？）（钱qin$^4$，句子里则变调为“qin$^2$”）

我睇下点咯。（我看一下怎么样吧。）（下ha$^6$，句子里则变调为“ha$^2$”）

**4** 发音小技巧。

很多学习者在学习中遇到的发音问题基本都是韵母“u”系列的拼读，这一系列的组合发音读不准，原因是没有找到规律。

杯bui$^1$、欢fun$^1$、搬bun$^1$、观gun$^1$、fud$^3$阔

以上例字大多数学习者都会读成：杯bei、欢fan、搬ban、观guan、阔fěi。

技巧：把复韵母ui、un、ud分开跟声母拼，比如杯bu—i、欢fu—n、搬bu—n、观gu—n、阔fu—d，先将声母与u拼出来，然后再延伸。这样的方法就是让重音出现，从而使发音不偏离。

**5** 普通话和粤语字发音转化技巧。

一个人粤语说得是否标准，除了从闭口音、入声字（短促音）这些细节去辨别外，还要注意粤语独有的“e”列韵母的发音。因为粤语“a”列和“e”列发音接近，初学者容易混淆。在不确定是“a”列还是“e”列的韵母时，就以这个字在普通话的韵母里是否有“a”来判断。如果普通话韵母没有“a”，但听着像“a”，那么粤语基本上都不会是“a”列里面的发音，那便是“e”列的韵母发音了。

教gao$^3$、饱bao$^2$、靠kao$^3$。这三个字在普通话里面的拼音分别是：教jiao、饱bao、靠kao，韵母都有“a”，所以对应为粤语也是有“a”，那就是在“a”列里面的发音。

口heo$^2$、偷teo$^1$、刘leo$^4$。这三个字在粤语里面发音接近“口（豪hao）”“偷（掏tao）”“刘（老lao）”，那么如何确定发音不是“ao”，而是“eo”呢？就是这三个字在普通话里面的韵母没有“a”，所以就算听着很像“a”列里面的发音，也可以推断其是“e”列里面的发音。

# 第 3 章

# 场景分类词语

一　国家城市
二　家庭称呼
三　身体部位
四　房屋住所
五　居家物品
六　厨房用品
七　服装饰品
八　时间日期
九　数字金钱
十　五颜六色
十一　天气气候
十二　常见水果
十三　常见蔬菜
十四　各国美食
十五　酒水饮料
十六　自然风光
十七　动物世界
十八　花草树木
十九　交通工具
二十　道路交通
二十一　公共场所
二十二　常见疾病
二十三　各种职业
二十四　办公用品
二十五　体育项目
二十六　节日文化

# 一 国家城市

3-01

| | | | | |
|---|---|---|---|---|
| 粤语 | 中国 | 北京 | 上海 | 广州 |
| 粤拼 | zung¹ guog³ | beg¹ ging¹ | sêng⁶ hoi² | guong² zeo¹ |
| 普通话 | 中国 | 北京 | 上海 | 广州 |

| | | | | |
|---|---|---|---|---|
| 粤语 | 英国 | 伦敦 | 伯明翰 | 英格兰 |
| 粤拼 | ying¹ guog³ | lên⁴ dên¹ | bag³ ming⁴ hon⁶ | ying¹ gag³ lan⁴ |
| 普通话 | 英国 | 伦敦 | 伯明翰 | 英格兰 |

| | | | | |
|---|---|---|---|---|
| 粤语 | 美国 | 纽约 | 华盛顿 | 洛杉矶 |
| 粤拼 | méi⁵ guog³ | neo² yêg³ | wa⁴ xing⁶ dên⁶ | log³ cam³ géi¹ |
| 普通话 | 美国 | 纽约 | 华盛顿 | 洛杉矶 |

| | | | | |
|---|---|---|---|---|
| 粤语 | 法国 | 巴黎 | 德国 | 柏林 |
| 粤拼 | fad³ guog³ | ba¹ lei⁴ | deg¹ guog³ | pag³ lem⁴ |
| 普通话 | 法国 | 巴黎 | 德国 | 柏林 |

| | | | | |
|---|---|---|---|---|
| 粤语 | 泰国 | 曼谷 | 韩国 | 首尔 |
| 粤拼 | tai³ guog³ | man⁶ gug¹ | hon⁴ guog³ | seo² yi⁵ |
| 普通话 | 泰国 | 曼谷 | 韩国 | 首尔 |

| | | | | |
|---|---|---|---|---|
| 粤语 | 朝鲜 | 日本 | 东京 | 越南 |
| 粤拼 | $qiu^4 xin^1$ | $yed^6 bun^2$ | $dung^1 ging^1$ | $yud^6 nam^4$ |
| 普通话 | 朝鲜 | 日本 | 东京 | 越南 |

| | | | | |
|---|---|---|---|---|
| 粤语 | 菲律宾 | 马来西亚 | 新加坡 | 加拿大 |
| 粤拼 | $\text{féi}^1 \text{lêd}^6 ben^1$ | $ma^5 loi^4 sei^1 nga^3$ | $sen^1 ga^3 bo^1$ | $ga^1 na^4 dai^6$ |
| 普通话 | 菲律宾 | 马来西亚 | 新加坡 | 加拿大 |

| | | | | |
|---|---|---|---|---|
| 粤语 | 新西兰 | 西班牙 | 马德里 | 意大利 |
| 粤拼 | $sen^1 sei^1 lan^4$ | $sei^1 ban^1 nga^4$ | $ma^5 deg^1 \text{léi}^5$ | $yi^3 dai^6 \text{léi}^4$ |
| 普通话 | 新西兰 | 西班牙 | 马德里 | 意大利 |

| | | | | |
|---|---|---|---|---|
| 粤语 | 葡萄牙 | 俄罗斯 | 莫斯科 | 澳大利亚 |
| 粤拼 | $pou^4 tou^4 nga^4$ | $ngo^4 lo^4 xi^1$ | $mog^6 xi^1 fo^1$ | $ngou^3 dai^6 \text{léi}^6 nga^3$ |
| 普通话 | 葡萄牙 | 俄罗斯 | 莫斯科 | 澳大利亚 |

| | | | | |
|---|---|---|---|---|
| 粤语 | 墨尔本 | 埃及 | 印度 | 巴西 |
| 粤拼 | $med^6 yi^5 bun^2$ | $ngei^1 keb^6$ | $yen^3 dou^6$ | $ba^1 sei^1$ |
| 普通话 | 墨尔本 | 埃及 | 印度 | 巴西 |

| | | | | |
|---|---|---|---|---|
| 粤语 | 希腊 | 杜拜 | 芬兰 | 南非 |
| 粤拼 | $\text{héi}^1 lib^6$ | $dou^6 bai^3$ | $fen^1 lan^4$ | $nam^4 \text{féi}^1$ |
| 普通话 | 希腊 | 迪拜 | 芬兰 | 南非 |

# 二 家庭称呼

3-02

| 粤语 | 爸爸 | 妈妈 | 爷爷 | 嬷嬷 |
|---|---|---|---|---|
| 粤拼 | ba⁴ ba¹ | ma⁴ ma¹ | yé⁴ yé⁴ | ma⁴ ma⁴ |
| 普通话 | 爸爸 | 妈妈 | 爷爷 | 奶奶 |

| 粤语 | 公公 | 婆婆 | 家公 | 家婆 |
|---|---|---|---|---|
| 粤拼 | gung⁴ gung¹ | po⁴ po² | ga¹ gung¹ | ga¹ po² |
| 普通话 | 外公 | 外婆 | 公公 | 婆婆 |

| 粤语 | 外父 | 外母 | 伯伯 | 伯娘 |
|---|---|---|---|---|
| 粤拼 | ngoi⁶ fu² | ngoi⁶ mou⁵ | bag³ bag³ | bag³ nêng⁴ |
| 普通话 | 岳父 | 岳母 | 伯父 | 伯母 |

| 粤语 | 叔叔 | 阿婶 | 舅父 | 舅母 |
|---|---|---|---|---|
| 粤拼 | sug¹ sug¹ | a³ sem² | keo⁵ fu² | keo⁵ mou⁵ |
| 普通话 | 叔叔 | 婶婶 | 舅舅 | 舅妈 |

| 粤语 | 姨妈 | 姨丈 | 阿姨 | 姑妈 |
|---|---|---|---|---|
| 粤拼 | yi⁴ ma¹ | yi⁴ zêng² | a³ yi¹ | gu¹ ma¹ |
| 普通话 | 姨妈 | 姨父 | 小姨 | 姑妈（爸爸的姐姐） |

| 粤语 | 姑丈 | 姑姑 | 哥哥 | 大佬 |
| --- | --- | --- | --- | --- |
| 粤拼 | gu¹ zêng² | gu¹ gu¹ | go⁴ go¹ | dai⁶ lou² |
| 普通话 | 姑父 | 姑姑 | 哥哥 | 哥哥 |

| 粤语 | 家姐 | 弟弟 | 细佬 | 妹妹 |
| --- | --- | --- | --- | --- |
| 粤拼 | ga¹ zé¹ | dei⁴ dei² | sei³ lou² | mui⁴ mui² |
| 普通话 | 姐姐 | 弟弟 | 弟弟 | 妹妹 |

| 粤语 | 细妹 | 表哥 | 表姐 | 表妹 |
| --- | --- | --- | --- | --- |
| 粤拼 | sei³ mui² | biu² go¹ | biu² zé² | biu² mui² |
| 普通话 | 妹妹 | 表哥 | 表姐 | 表妹 |

| 粤语 | 堂兄弟 | 表兄妹 | 心抱 | 太嫲 |
| --- | --- | --- | --- | --- |
| 粤拼 | tong⁴ hing¹ dei⁶ | biu² hing¹ mui² | sem¹ pou⁵ | tai⁴ ma⁴ |
| 普通话 | 堂兄弟 | 表兄妹 | 儿媳妇 | 曾祖母 |

| 粤语 | 太爷 | 孙仔 | 孙女 | 外甥 |
| --- | --- | --- | --- | --- |
| 粤拼 | tai⁴ yé⁴ | xun¹ zei² | xun¹ nêu⁵ | ngoi⁶ sang¹ |
| 普通话 | 曾祖父 | 孙子 | 孙女 | 外甥 |

| 粤语 | 侄仔 | 老公 / 婆 | 仔 | 女 |
| --- | --- | --- | --- | --- |
| 粤拼 | zed⁶ zei² | lou⁵ gung¹/po⁴ | zei² | nêu⁵ |
| 普通话 | 侄子 | 老公 / 老婆 | 儿子 | 女儿 |

# 三 身体部位

3-03

| | | | | |
|---|---|---|---|---|
| 粤语 | 头 | 头发 | 面 | 额头 |
| 粤拼 | teo⁴ | teo⁴ fad³ | min⁶ | ngag⁶ teo⁴ |
| 普通话 | 头 | 头发 | 脸 | 额头 |

| | | | | |
|---|---|---|---|---|
| 粤语 | 眉毛 | 眼 | 眼睫毛 | 耳仔 |
| 粤拼 | méi⁶ mou⁴ | ngan⁵ | ngan⁵ jid³ mou⁴ | yi⁵ zei² |
| 普通话 | 眉毛 | 眼睛 | 睫毛 | 耳朵 |

| | | | | |
|---|---|---|---|---|
| 粤语 | 鼻哥 | 嘴 | 牙齿 | 脷 |
| 粤拼 | béi⁶ go¹ | zêu² | nga⁴ qi² | léi⁶ |
| 普通话 | 鼻子 | 嘴 | 牙齿 | 舌头 |

| | | | | |
|---|---|---|---|---|
| 粤语 | 喉咙 | 下爬 | 颈 | 颈椎 |
| 粤拼 | heo⁴ lung⁴ | ha⁶ pa⁴ | géng² | géng² zêu¹ |
| 普通话 | 喉咙 | 下巴 | 脖子 | 颈椎 |

| | | | | |
|---|---|---|---|---|
| 粤语 | 膊头 | 手臂 | 手踭 | 手指 |
| 粤拼 | bog³ teo⁴ | seo² béi³ | seo² zang¹ | seo² ji² |
| 普通话 | 肩膀 | 手臂 | 手肘 | 手指 |

| 粤语 | 手掌 | 指甲 | 乳房 | 肋骨 |
| --- | --- | --- | --- | --- |
| 粤拼 | seo$^{2}$ zêng$^{2}$ | ji$^{2}$ gab$^{3}$ | yu$^{5}$ fong$^{4}$ | lag$^{6}$ gued$^{1}$ |
| 普通话 | 手掌 | 指甲 | 乳房 | 肋骨 |

| 粤语 | 肚 | 肚脐 | 肠 | 胃 |
| --- | --- | --- | --- | --- |
| 粤拼 | tou$^{5}$ | tou$^{5}$ qi$^{4}$ | cêng$^{2}$ | wei$^{6}$ |
| 普通话 | 肚子 | 肚脐 | 肠 | 胃 |

| 粤语 | 心脏 | 脾 | 肾 | 胆囊 |
| --- | --- | --- | --- | --- |
| 粤拼 | sem$^{1}$ zong$^{6}$ | péi$^{4}$ | sen$^{6}$ | dam$^{2}$ nong$^{4}$ |
| 普通话 | 心脏 | 脾 | 肾 | 胆囊 |

| 粤语 | 背脊 | 腰 | 屎忽 | 大髀 |
| --- | --- | --- | --- | --- |
| 粤拼 | bui$^{3}$ zég$^{3}$ | yiu$^{1}$ | xi$^{2}$ fed$^{1}$ | dai$^{6}$ béi$^{2}$ |
| 普通话 | 脊背 | 腰 | 屁股 | 大腿 |

| 粤语 | 膝头哥 | 小腿 | 脚踭 | 脚板底 |
| --- | --- | --- | --- | --- |
| 粤拼 | sed$^{1}$ teo$^{4}$ go$^{1}$ | xiu$^{2}$ têu$^{2}$ | gêg$^{3}$ zang$^{1}$ | gêg$^{3}$ ban$^{2}$ dei$^{2}$ |
| 普通话 | 膝盖 | 小腿 | 脚跟 | 脚底 |

| 粤语 | 肝 | 肺 | 眼珠 | 后尾枕 |
| --- | --- | --- | --- | --- |
| 粤拼 | gon$^{1}$ | fei$^{3}$ | ngan$^{5}$ ju$^{1}$ | heo$^{6}$ méi$^{5}$ zem$^{2}$ |
| 普通话 | 肝 | 肺 | 眼珠 | 后脑勺 |

# 四 房屋住所

3-04

| | | | | |
|---|---|---|---|---|
| 粤语 | 别墅 | 公寓 | 单身公寓 | 酒店公寓 |
| 粤拼 | bid3 sêu6 | gong1 yu6 | dan1 sen1 gong1 yu6 | zeo2 dim3 gung1 yu6 |
| 普通话 | 别墅 | 公寓 | 单身公寓 | 酒店公寓 |

| | | | | |
|---|---|---|---|---|
| 粤语 | 复式楼 | 民房 | 商品房 | 高层住宅 |
| 粤拼 | fug1 xig1 leo2 | men4 fong4 | sêng1 ben2 fong2 | gou1 ceng4 ju6 zag2 |
| 普通话 | 复式楼 | 民房（楼梯房） | 商品房 | 高层住宅 |

| | | | | |
|---|---|---|---|---|
| 粤语 | 楼梯 | 楼层 | 阳台 | 天井 |
| 粤拼 | leo4 tei1 | leo4 ceng4 | yêng4 toi2 | tin1 zéng2 |
| 普通话 | 楼梯 | 楼层 | 阳台 | 天井 |

| | | | | |
|---|---|---|---|---|
| 粤语 | 房间 | 阁楼 | 客厅 | 客房 |
| 粤拼 | fong4 gan1 | gog3 leo2 | hag3 téng1 | hag3 fong2 |
| 普通话 | 房间 | 阁楼 | 客厅 | 客房 |

| | | | | |
|---|---|---|---|---|
| 粤语 | 睡房 | 卧室 | 主卧 | 次卧 |
| 粤拼 | sêu6 fong2 | ngo6 sed1 | ju2 ngo6 | qi3 ngo6 |
| 普通话 | 睡房 | 卧室 | 主卧 | 次卧 |

| 粤语 | 书房 | 工人房 | 厨房 | 食饭厅 |
|---|---|---|---|---|
| 粤拼 | xu$^1$ fong$^2$ | gung$^1$ yen$^4$ fong$^2$ | cêu$^4$ fong$^2$ | xig$^6$ fan$^6$ téng$^1$ |
| 普通话 | 书房 | 保姆房 | 厨房 | 餐厅 |

| 粤语 | 洗手间 | 杂物房 | 仓库 | 车库 |
|---|---|---|---|---|
| 粤拼 | sei$^2$ seo$^2$ gan$^1$ | zab$^6$ med$^6$ fong$^2$ | cong$^1$ fu$^3$ | cé$^1$ fu$^3$ |
| 普通话 | 洗手间 | 杂物间 | 仓库 | 车库 |

| 粤语 | 地下室 | 酒窖 | 游泳池 | 院 |
|---|---|---|---|---|
| 粤拼 | déi$^6$ ha$^6$ sed$^1$ | zeo$^2$ gao$^3$ | yeo$^4$ wing$^6$ qi$^3$ | yun$^2$ |
| 普通话 | 地下室 | 酒窖 | 游泳池 | 院子 |

| 粤语 | 私家花园 | 铁闸 | 草坪 | 洗衣房 |
|---|---|---|---|---|
| 粤拼 | xi$^1$ ga$^1$ fa$^1$ yun$^2$ | tid$^3$ zab$^6$ | cou$^2$ ping$^4$ | sei$^2$ yi$^1$ fong$^4$ |
| 普通话 | 私家花园 | 铁门 | 草坪 | 洗衣房 |

| 粤语 | 健身房 | 落地窗 | 地板 | 地砖 |
|---|---|---|---|---|
| 粤拼 | gin$^3$ sen$^1$ fong$^4$ | log$^6$ déi$^6$ cêng$^1$ | déi$^6$ ban$^2$ | déi$^6$ jun$^1$ |
| 普通话 | 健身房 | 落地窗 | 地板 | 地砖 |

| 粤语 | 墙纸 | 天花板 | 吊灯 | 围墙 |
|---|---|---|---|---|
| 粤拼 | cêng$^4$ ji$^2$ | tin$^1$ fa$^1$ ban$^2$ | diu$^3$ deng$^1$ | wei$^4$ cêng$^4$ |
| 普通话 | 墙纸 | 天花板 | 吊灯 | 围墙 |

# 五 居家物品

3-05

| | | | | |
|---|---|---|---|---|
| 粤语 | 电视机 | 洗手盆 | 冷气机 | 书台 |
| 粤拼 | $din^6$ $xi^6$ $géi^1$ | $sei^2$ $seo^2$ $pun^4$ | $lang^5$ $héi^3$ $géi^1$ | $xu^1$ $toi^2$ |
| 普通话 | 电视 | 洗手盆 | 空调 | 书桌 |

| | | | | |
|---|---|---|---|---|
| 粤语 | 梳化 | 床 | 床垫 | 枕头 |
| 粤拼 | $so^1$ $fa^2$ | $cong^4$ | $cong^4$ $din^3$ | $zem^2$ $teo^4$ |
| 普通话 | 沙发 | 床 | 床垫 | 枕头 |

| | | | | |
|---|---|---|---|---|
| 粤语 | 被单 | 棉被 | 衣柜 | 地毡 |
| 粤拼 | $péi^5$ $dan^1$ | $min^4$ $péi^5$ | $yi^1$ $guei^6$ | $déi^6$ $jin^1$ |
| 普通话 | 被单 | 棉被 | 衣柜 | 地毯 |

| | | | | |
|---|---|---|---|---|
| 粤语 | 茶几 | 电视柜 | 浴缸 | 凳 |
| 粤拼 | $ca^4$ $géi^1$ | $din^6$ $xi^6$ $guei^6$ | $yug^6$ $gong^1$ | $deng^3$ |
| 普通话 | 茶几 | 电视柜 | 浴缸 | 凳子 |

| | | | | |
|---|---|---|---|---|
| 粤语 | 花洒 | 水喉 | 番枧 | 洗手液 |
| 粤拼 | $fa^1$ $sa^2$ | $sêu^2$ $heo^4$ | $fan^1$ $gan^2$ | $sei^2$ $seo^2$ $yig^6$ |
| 普通话 | 莲蓬头 | 水龙头 | 肥皂 | 洗手液 |

| 粤语 | 沐浴露 | 洗头水 | 牙膏 | 毛巾 |
|---|---|---|---|---|
| 粤拼 | mug⁶ yug⁶ lou⁶ | sei² teo⁴ sêu² | nga⁴ gou¹ | mou⁴ gen¹ |
| 普通话 | 沐浴露 | 洗发水 | 牙膏 | 毛巾 |

| 粤语 | 牙刷 | 水杯 | 遮 | 马桶 |
|---|---|---|---|---|
| 粤拼 | nga⁴ cad² | sêu² bui¹ | zé¹ | ma⁵ tung² |
| 普通话 | 牙刷 | 水杯 | 伞 | 马桶 |

| 粤语 | 纸巾 | 窗帘 | 风筒 | 风扇 |
|---|---|---|---|---|
| 粤拼 | ji² gen¹ | cêng¹ lim² | fung¹ tung² | fung¹ xin³ |
| 普通话 | 纸巾 | 窗帘 | 吹风机 | 风扇 |

| 粤语 | 花樽 | 电话 | 收音机 | 电灯胆 |
|---|---|---|---|---|
| 粤拼 | fa¹ zên¹ | din⁶ wa² | seo¹ yem¹ géi¹ | din⁶ deng¹ dam² |
| 普通话 | 花瓶 | 电话 | 收音机 | 电灯泡 |

| 粤语 | 台灯 | 螺丝批 | 士吧拿 | 指甲钳 |
|---|---|---|---|---|
| 粤拼 | toi⁴ deng¹ | lo⁴ xi¹ pei¹ | xi⁶ ba¹ na² | ji² gab³ kim² |
| 普通话 | 台灯 | 螺丝刀 | 扳手 | 指甲剪 |

| 粤语 | 电钻 | 锤仔 | 书柜 | 按摩椅 |
|---|---|---|---|---|
| 粤拼 | din⁶ jun³ | cêu² zei² | xu¹ guei⁶ | ngon³ mo¹ yi² |
| 普通话 | 电钻 | 锤子 | 书柜 | 按摩椅 |

# 六 厨房用品

3-06

| | | | | |
|---|---|---|---|---|
| 粤语 | 煤气炉 | 电磁炉 | 炒镬 | 汤煲 |
| 粤拼 | mui4 héi3 lou4 | din6 qi4 lou4 | cao2 wog6 | tong1 bou1 |
| 普通话 | 煤气炉 | 电磁炉 | 炒锅 | 汤锅 |

| | | | | |
|---|---|---|---|---|
| 粤语 | 镬铲 | 洗碗机 | 匙更 | 汤殻 |
| 粤拼 | wog6 can2 | sei2 wun2 géi1 | qi4 geng1 | tong1 hog3 |
| 普通话 | 锅铲 | 洗碗机 | 小勺子 | 汤勺 |

| | | | | |
|---|---|---|---|---|
| 粤语 | 雪柜 | 碗 | 碟 | 筷子 |
| 粤拼 | xud3 guei6 | wun2 | dib6 | fai3 ji2 |
| 普通话 | 冰箱 | 碗 | 碟 | 筷子 |

| | | | | |
|---|---|---|---|---|
| 粤语 | 捞筛 | 兜 | 刀叉 | 铰剪 |
| 粤拼 | lao4 sai1 | deo1 | dou1 ca1 | gao3 jin2 |
| 普通话 | 漏勺 | （深一点的）碟子 | 刀叉 | 剪刀 |

| | | | | |
|---|---|---|---|---|
| 粤语 | 砧板 | 盐 | 糖 | 鼓油 |
| 粤拼 | zem1 ban2 | yim4 | tong4 | xi4 yeo4 |
| 普通话 | 砧板 | 盐 | 糖 | 酱油 |

| 粤语 | 蚝油 | 麻油 | 陈醋 | 胡椒粉 |
|---|---|---|---|---|
| 粤拼 | hou4 yeo4 | ma4 yeo4 | cen4 cou3 | wu4 jiu1 fen2 |
| 普通话 | 蚝油 | 麻油 | 陈醋 | 胡椒粉 |

| 粤语 | 生粉 | 辣椒酱 | 电饭煲 | 焗炉 |
|---|---|---|---|---|
| 粤拼 | sang1 fen2 | lad6 jiu1 zêng3 | din6 fan6 bou1 | gug6 lou4 |
| 普通话 | 生粉 | 辣椒酱 | 电饭锅 | 烤箱 |

| 粤语 | 微波炉 | 油烟机 | 洗洁精 | 抹台布 |
|---|---|---|---|---|
| 粤拼 | méi4 bou1 lou4 | yeo4 yin1 géi1 | sei2 gid3 jing1 | mad3 toi2 bou3 |
| 普通话 | 微波炉 | 油烟机 | 洗洁精 | 抹布 |

| 粤语 | 榨汁机 | 豆浆机 | 保鲜膜 / 袋 |
|---|---|---|---|
| 粤拼 | za3 zeb1 géi1 | deo6 zêng1 géi1 | bou2 xin1 mog2/doi2 |
| 普通话 | 榨汁机 | 豆浆机 | 保鲜膜 / 袋 |

| 粤语 | 隔热手套 | 钢丝球 | 打蛋器 |
|---|---|---|---|
| 粤拼 | gag3 yid6 seo2 tou3 | gong3 xi1 keo4 | da2 dan2 héi3 |
| 普通话 | 隔热手套 | 钢丝球 | 打蛋器 |

| 粤语 | 蒸架 | 磨刀石 | 空气炸锅 |
|---|---|---|---|
| 粤拼 | jing1 ga2 | mo4 dou1 ség6 | hung1 héi3 za3 wo1 |
| 普通话 | 蒸架 | 磨刀石 | 空气炸锅 |

# 七 服装饰品

3-07

| | | | | |
|---|---|---|---|---|
| 粤语 | 西装 | 外套 | 职业装 | 晚礼服 |
| 粤拼 | sei$^{1}$ zong$^{1}$ | ngoi$^{6}$ tou$^{3}$ | jig$^{1}$ yib$^{6}$ zong$^{1}$ | man$^{5}$ lei$^{5}$ fug$^{6}$ |
| 普通话 | 西装 | 外套 | 职业装 | 晚礼服 |

| | | | | |
|---|---|---|---|---|
| 粤语 | 吊带衫 | 连衣裙 | T 恤 | 衬衫 |
| 粤拼 | diu$^{3}$ dai$^{2}$ sam$^{1}$ | lin$^{4}$ yi$^{1}$ kuen$^{4}$ | T sêd$^{1}$ | cen$^{3}$ sam$^{1}$ |
| 普通话 | 吊带衫 | 连衣裙 | T 恤 | 衬衫 |

| | | | | |
|---|---|---|---|---|
| 粤语 | 冷衫 | 牛仔裤 | 睡衣 | 底衫裤 |
| 粤拼 | lang$^{1}$ sam$^{1}$ | ngeo$^{4}$ zei$^{2}$ fu$^{3}$ | sêu$^{3}$ yi$^{1}$ | dei$^{2}$ sam$^{1}$ fu$^{3}$ |
| 普通话 | 毛衣 | 牛仔裤 | 睡衣 | 内衣裤 |

| | | | | |
|---|---|---|---|---|
| 粤语 | 打底裤 | 泳衣 | 浴袍 | 背心 |
| 粤拼 | da$^{2}$ dei$^{2}$ fu$^{3}$ | wing$^{6}$ yi$^{1}$ | yug$^{6}$ pou$^{4}$ | bui$^{3}$ sem$^{1}$ |
| 普通话 | 打底裤 | 泳衣 | 浴袍 | 背心 |

| | | | | |
|---|---|---|---|---|
| 粤语 | 短裤 | 手提袋 | 耳环 | 颈链 |
| 粤拼 | dün$^{2}$ fu$^{3}$ | seo$^{2}$ tei$^{4}$ doi$^{2}$ | yi$^{2}$ wan$^{2}$ | géng$^{2}$ lin$^{2}$ |
| 普通话 | 短裤 | 手提包 | 耳环 | 项链 |

| | | | | |
|---|---|---|---|---|
| 粤语 | 手链 | 手鈪 | 发箍 | 手表 |
| 粤拼 | seo2 lin2 | seo2 ngag2 | fad3 ku1 | seo2 biu1 |
| 普通话 | 手链 | 手镯 | 发箍 | 手表 |

| | | | | |
|---|---|---|---|---|
| 粤语 | 高踭鞋 | 波鞋 | 皮鞋 | 拖鞋 |
| 粤拼 | gou1 zang1 hai4 | bo1 hai4 | péi4 hai4 | to1 hai2 |
| 普通话 | 高跟鞋 | 球鞋 | 皮鞋 | 拖鞋 |

| | | | | |
|---|---|---|---|---|
| 粤语 | 棉袜 | 丝袜 | 呔 | 皮带 |
| 粤拼 | min4 med6 | xi1 med6 | tai1 | péi4 dai2 |
| 普通话 | 棉袜 | 丝袜 | 领带 | 皮带 |

| | | | | |
|---|---|---|---|---|
| 粤语 | 腰带 | 围巾 | 帽 | 羽绒 |
| 粤拼 | yiu1 dai2 | géng2 gen1 | mou2 | yu5 yung2 |
| 普通话 | 腰带 | 围巾 | 帽子 | 羽绒服 |

| | | | | |
|---|---|---|---|---|
| 粤语 | 手套 | 雨衣 | 水鞋 | 褸 |
| 粤拼 | seo2 tou3 | yu5 yi1 | sêu2 hai4 | leo1 |
| 普通话 | 手套 | 雨衣 | 雨鞋 | 大衣 |

| | | | | |
|---|---|---|---|---|
| 粤语 | 棉衲 | 背囊 | 运动套装 | 瑜伽裤 |
| 粤拼 | min4 lab6 | bui3 nong4 | wen6 dung6 tou3 zong1 | yu4 ga1 fu3 |
| 普通话 | 棉袄 | 背包 | 运动套装 | 瑜伽裤 |

# 八 时间日期

3-08

| | | | | |
|---|---|---|---|---|
| 粤语 | 朝早 | 上昼 | 晏昼 | 下昼 |
| 粤拼 | jiu1 zou2 | sêng6 zeo3 | ngan3 zeo3 | ha6 zeo3 |
| 普通话 | 早上 | 上午 | 中午 | 下午 |

| | | | | |
|---|---|---|---|---|
| 粤语 | 挨晚 | 晚黑 | 半夜 | 今日 |
| 粤拼 | ngai1 man5 | man5 heg1 | bun3 yé3 | gem1 yed6 |
| 普通话 | 傍晚 | 晚上 | 半夜 | 今天 |

| | | | | |
|---|---|---|---|---|
| 粤语 | 听日 | 琴日 | 后日 | 前日 |
| 粤拼 | ting1 yed6 | kem4 yed6 | heo6 yed6 | qin4 yed6 |
| 普通话 | 明天 | 昨天 | 后天 | 前天 |

| | | | | |
|---|---|---|---|---|
| 粤语 | 琴晚 | 今朝 | 周末 | 星期六 |
| 粤拼 | kem4 man5 | gem1 jiu1 | zeo1 mud6 | xing1 kéi4 lug6 |
| 普通话 | 昨晚 | 今天早上 | 周末 | 星期六 |

| | | | | |
|---|---|---|---|---|
| 粤语 | 礼拜日 | 上个礼拜 | 今年 | 旧年 |
| 粤拼 | lei5 bai3 yed6 | sêng6 go3 lei5 bai3 | gem1 nin2 | geo6 nin2 |
| 普通话 | 星期天 | 上周 | 今年 | 去年 |

| 粤语 | 出年 | 前年 | 后年 | 年初 / 头 |
|---|---|---|---|---|
| 粤拼 | cêd1 nin2 | qin4 nin2 | heo6 nin2 | nin4 co1/teo4 |
| 普通话 | 明年 | 前年 | 后年 | 年初 |

| 粤语 | 年底 / 尾 | 一月 | 十二月 | 月头 |
|---|---|---|---|---|
| 粤拼 | nin4 dei2/méi5 | yed1 yud6 | seb6 yi6 yud6 | yud6 teo4 |
| 普通话 | 年底 | 一月 | 十二月 | 月初 |

| 粤语 | 月尾 | 日期 | 季节 | 春天 |
|---|---|---|---|---|
| 粤拼 | yud6 méi5 | yed6 kéi4 | guei3 jid3 | cên1 tin1 |
| 普通话 | 月末 | 日期 | 季节 | 春天 |

| 粤语 | 夏天 | 秋天 | 冬天 | 两个钟头 |
|---|---|---|---|---|
| 粤拼 | ha6 tin1 | ceo1 tin1 | dung1 tin1 | lêng5 go3 zung1 teo4 |
| 普通话 | 夏天 | 秋天 | 冬天 | 两个小时 |

| 粤语 | 个半钟 | 三个字 | 分钟 | 秒 |
|---|---|---|---|---|
| 粤拼 | go3 bun3 zung1 | sam1 go3 ji6 | fen1 zung1 | miu2 |
| 普通话 | 一个半小时 | 十五分钟 | 分钟 | 秒 |

| 粤语 | 半个钟 | 十点正 | 每年 | 日日 |
|---|---|---|---|---|
| 粤拼 | bun3 go3 zung1 | seb6 dim2 jing3 | mui5 nin4 | yed6 yed6 |
| 普通话 | 半个小时 | 十点整 | 每年 | 天天 |

# 九 数字金钱

3-09

| | | | | |
|---|---|---|---|---|
| 粤语 | 一 | 二 | 三 | 四 |
| 粤拼 | yed$^{1}$ | yi$^{6}$ | sam$^{1}$ | séi$^{3}$ |
| 普通话 | 一 | 二 | 三 | 四 |

| | | | | |
|---|---|---|---|---|
| 粤语 | 五 | 六 | 七 | 八 |
| 粤拼 | ng$^{5}$ | lug$^{6}$ | ced$^{1}$ | bad$^{3}$ |
| 普通话 | 五 | 六 | 七 | 八 |

| | | | | |
|---|---|---|---|---|
| 粤语 | 九 | 十 | 百 | 千 |
| 粤拼 | geo$^{2}$ | seb$^{6}$ | bag$^{3}$ | qin$^{1}$ |
| 普通话 | 九 | 十 | 百 | 千 |

| | | | | |
|---|---|---|---|---|
| 粤语 | 万 | 亿 | 一百六十八 | 第九个 |
| 粤拼 | man$^{6}$ | yig$^{1}$ | yed$^{1}$ bag$^{3}$ lug$^{6}$ seb$^{6}$ bad$^{3}$ | dei$^{6}$ geo$^{2}$ go$^{3}$ |
| 普通话 | 万 | 亿 | 一百六十八 | 第九个 |

| | | | |
|---|---|---|---|
| 粤语 | 十五号 | 廿四 / 二十四 | 卅七 / 三十七 |
| 粤拼 | seb$^{6}$ ng$^{5}$ hou$^{6}$ | ya$^{6}$ séi$^{3}$/yi$^{6}$ seb$^{3}$ séi$^{3}$ | sa$^{1}$ ced$^{1}$/sam$^{1}$ seb$^{3}$ ced$^{1}$ |
| 普通话 | 十五号 | 二十四 | 三十七 |

| | | | |
|---|---|---|---|
| 粤语 | 九十九 | 一百 | 一百零八 |
| 粤拼 | geo$^{2}$ seb$^{6}$ geo$^{2}$/geo$^{2}$ a$^{3}$ geo$^{2}$ | yed$^{1}$ bag$^{3}$ | yed$^{1}$ bag$^{3}$ ling$^{4}$ bad$^{3}$ |
| 普通话 | 九十九 | 一百 | 一百零八 |

| | | | |
|---|---|---|---|
| 粤语 | 现金 | 散纸 | 银纸 |
| 粤拼 | yin$^{6}$ gem$^{1}$ | san$^{2}$ ji$^{2}$ | ngen$^{4}$ ji$^{2}$ |
| 普通话 | 现金 | 零钱 | 钞票 |

| | | | | |
|---|---|---|---|---|
| 粤语 | 文 | 毫子 | 分 | 银仔 |
| 粤拼 | men$^{1}$ | hou$^{4}$ ji$^{2}$ | fen$^{1}$ | ngen$^{2}$ zei$^{2}$ |
| 普通话 | 元 | 角 | 分 | 硬币 |

| | | | |
|---|---|---|---|
| 粤语 | 三千三百文 | 三十五文半 | 三个半 |
| 粤拼 | sam$^{1}$ qin$^{1}$ sam$^{1}$ bag$^{3}$ men$^{1}$ | sam$^{1}$ seb$^{6}$ ng$^{5}$ men$^{1}$ bun$^{3}$ | sam$^{1}$ go$^{3}$ bun$^{3}$ |
| 普通话 | 三千三百元 | 三十五元五角 | 三元五角 |

| | | | | |
|---|---|---|---|---|
| 粤语 | 一千文 | 找钱 | 美元 | 英镑 |
| 粤拼 | yed$^{1}$ qin$^{1}$ men$^{1}$ | zao$^{2}$ qin$^{2}$ | méi$^{5}$ yun$^{4}$ | ying$^{1}$ bong$^{6}$ |
| 普通话 | 一千元 | 找钱 | 美元 | 英镑 |

| | | | | |
|---|---|---|---|---|
| 粤语 | 港纸 | 人民币 | 欧元 | 卢布 |
| 粤拼 | gong$^{2}$ ji$^{2}$ | yen$^{4}$ men$^{4}$ bei$^{6}$ | ngeo$^{1}$ yun$^{4}$ | lou$^{4}$ bou$^{3}$ |
| 普通话 | 港币 | 人民币 | 欧元 | 卢布 |

# 十 五颜六色

3-10

| | | | | |
|---|---|---|---|---|
| 粤语 | 颜色 | 色调 | 蓝色 | 黑色 |
| 粤拼 | ngan4 xig1 | xig1 diu6 | lam4 xig1 | heg1 xig1 |
| 普通话 | 颜色 | 色调 | 蓝色 | 黑色 |

| | | | | |
|---|---|---|---|---|
| 粤语 | 红色 | 白色 | 灰色 | 紫色 |
| 粤拼 | hung4 xig1 | bag6 xig1 | fui1 xig1 | ji2 xig1 |
| 普通话 | 红色 | 白色 | 灰色 | 紫色 |

| | | | | |
|---|---|---|---|---|
| 粤语 | 棕色 | 咖啡色 | 粉红色 | 黄色 |
| 粤拼 | zung1 xig1 | ga3 fé1 xig1 | fen2 hung4 xig1 | wong4 xig1 |
| 普通话 | 棕色 | 咖啡色 | 粉红色 | 黄色 |

| | | | | |
|---|---|---|---|---|
| 粤语 | 橙色 | 绿色 | 湖蓝色 | 宝蓝色 |
| 粤拼 | cang2 xig1 | lug6 xig1 | wu4 lam4 xig1 | bou2 lam4 xig1 |
| 普通话 | 橙色 | 绿色 | 湖蓝色 | 宝蓝色 |

| | | | | |
|---|---|---|---|---|
| 粤语 | 淡蓝色 | 渐变色 | 玫红色 | 深红色 |
| 粤拼 | tam5 lam4 xig1 | jim6 bin3 xig1 | mui4 hung4 xig1 | sem1 hung4 xig1 |
| 普通话 | 淡蓝色 | 渐变色 | 玫红色 | 深红色 |

| | | | | |
|---|---|---|---|---|
| 粤语 | 奶白色 | 米黄色 | 粉紫色 | 金黄色 |
| 粤拼 | nai2 bag6 xig1 | mei2 wong4 xig1 | fen2 ji2 xig1 | gem1 wong4 xig1 |
| 普通话 | 乳白色 | 米黄色 | 粉紫色 | 金黄色 |

| | | | | |
|---|---|---|---|---|
| 粤语 | 银色 | 墨绿色 | 天蓝色 | 蓝绿色 |
| 粤拼 | ngen4 xig1 | meg6 lug6 xig1 | tin1 lam4 xig1 | lam4 lug6 xig1 |
| 普通话 | 银色 | 墨绿色 | 天蓝色 | 蓝绿色 |

| | | | | |
|---|---|---|---|---|
| 粤语 | 鲜红色 | 紫罗兰色 | 银灰色 | 翠绿色 |
| 粤拼 | xin1 hung4 xig1 | ji2 lo4 lan4 xig1 | ngen4 fui1 xig1 | cêu3 lug6 xig1 |
| 普通话 | 鲜红色 | 紫罗兰色 | 银灰色 | 翠绿色 |

| | | | | |
|---|---|---|---|---|
| 粤语 | 香槟色 | 暗红色 | 土黄色 | 红棕色 |
| 粤拼 | hêng1 ben1 xig1 | ngem3 hung4 xig1 | tou2 wong4 xig1 | hung4 zung1 xig1 |
| 普通话 | 香槟色 | 暗红色 | 土黄色 | 红棕色 |

| | | | | |
|---|---|---|---|---|
| 粤语 | 蔚蓝色 | 浅色 | 孔雀蓝 | 五颜六色 |
| 粤拼 | wei3 lam4 xig1 | qin2 xig1 | hung2 zêg3 lam4 | ng5 ngan4 lug6 xig1 |
| 普通话 | 蔚蓝色 | 浅色 | 孔雀蓝 | 五颜六色 |

| | | | | |
|---|---|---|---|---|
| 粤语 | 桃红色 | 淡紫色 | 竹青色 | 灰褐色 |
| 粤拼 | tou4 hung4 xig1 | tam5 ji2 xig1 | zug1 céng1 xig1 | fui1 hod3 xig1 |
| 普通话 | 桃红色 | 淡紫色 | 竹青色 | 灰褐色 |

# 十一 天气气候

3-11

| 粤语 | 天晴 | 阴天 | 多云 | 翻风 |
|---|---|---|---|---|
| 粤拼 | tin¹ qing⁴ | yem¹ tin¹ | do¹ wen⁴ | fan¹ fung¹ |
| 普通话 | 晴天 | 阴天 | 多云 | 起风 |

| 粤语 | 打台风 | 落雨 | 雨微 | 暴雨 |
|---|---|---|---|---|
| 粤拼 | da² toi⁴ fung¹ | log⁶ yu⁵ | yu⁵ méi¹ | bou⁶ yu⁵ |
| 普通话 | 刮台风 | 下雨 | 毛毛雨 | 暴雨 |

| 粤语 | 阵雨 | 狂风暴雨 | 行雷 | 闪电 |
|---|---|---|---|---|
| 粤拼 | zen⁶ yu⁵ | kuong⁴ fung¹ bou⁶ yu⁵ | hang⁴ lêu⁴ | xim² din⁶ |
| 普通话 | 阵雨 | 狂风暴雨 | 打雷 | 闪电 |

| 粤语 | 冰雹 | 落雪 | 雾霾 | 露水 |
|---|---|---|---|---|
| 粤拼 | bing¹ bog⁶ | log⁶ xud³ | mou⁶ mei⁴ | lou⁶ sêu² |
| 普通话 | 冰雹 | 下雪 | 雾霾 | 露水 |

| 粤语 | 海啸 | 地震 | 沙尘暴 | 龙卷风 |
|---|---|---|---|---|
| 粤拼 | hoi² xiu³ | déi⁶ zen³ | sa¹ cen⁴ bou⁶ | lung⁴ gün² fung¹ |
| 普通话 | 海啸 | 地震 | 沙尘暴 | 龙卷风 |

| 粤语 | 雨夹雪 | 干燥 | 干旱 | 水灾 |
|---|---|---|---|---|
| 粤拼 | yu⁵ gab³ xud³ | gon¹ cou³ | gon¹ hon⁵ | sêu² zoi¹ |
| 普通话 | 雨夹雪 | 干燥 | 干旱 | 水灾 |

| 粤语 | 洪水 | 水浸 | 温度 | 最高温度 |
|---|---|---|---|---|
| 粤拼 | hung⁴ sêu² | sêu² zem³ | wen¹ dou⁶ | zêu³ gou¹ wen¹ dou⁶ |
| 普通话 | 洪水 | 泡水 | 温度 | 最高温度 |

| 粤语 | 冷空气 | 降温 | 霜冻 | 结冰 |
|---|---|---|---|---|
| 粤拼 | lang⁵ hung¹ héi³ | gong³ wen¹ | sêng¹ dung³ | gid³ bing¹ |
| 普通话 | 冷空气 | 降温 | 霜冻 | 结冰 |

| 粤语 | 回南天 | 凉爽 | 翳焗 | 潮湿 |
|---|---|---|---|---|
| 粤拼 | wui⁴ nam⁴ tin¹ | lêng⁴ song² | ngei⁴ gug⁶ | qiu⁴ seb¹ |
| 普通话 | 梅雨天 | 凉快 | 闷热 | 潮湿 |

| 粤语 | 气流 | 气压 | 摄氏度 | 华氏度 |
|---|---|---|---|---|
| 粤拼 | héi³ leo⁴ | héi³ ngad³ | xib³ xi⁶ dou⁶ | wa⁴ xi⁶ dou⁶ |
| 普通话 | 气流 | 气压 | 摄氏度 | 华氏度 |

| 粤语 | 湿润 | 薄雾 | 季风 | 暖流 |
|---|---|---|---|---|
| 粤拼 | seb¹ yên⁶ | bog⁶ mou⁶ | guei³ fung¹ | nün⁵ leo⁴ |
| 普通话 | 湿润 | 薄雾 | 季风 | 暖流 |

# 十二 常见水果

3-12

| 粤语 | 苹果 | 雪梨 | 橙 | 桔 |
|---|---|---|---|---|
| 粤拼 | ping$^4$ guo$^2$ | xud$^3$ léi$^4$ | cang$^2$ | ged$^1$ |
| 普通话 | 苹果 | 雪梨 | 橙子 | 橘子 |

| 粤语 | 西瓜 | 哈密瓜 | 水蜜桃 | 葡萄 |
|---|---|---|---|---|
| 粤拼 | sei$^1$ gua$^1$ | ha$^1$ med$^6$ gua$^1$ | sêu$^2$ med$^6$ tou$^4$ | pou$^4$ tou$^4$ |
| 普通话 | 西瓜 | 哈密瓜 | 水蜜桃 | 葡萄 |

| 粤语 | 火龙果 | 山竹 | 榴梿 | 车厘子 |
|---|---|---|---|---|
| 粤拼 | fo$^2$ lung$^4$ guo$^2$ | san$^1$ zug$^1$ | leo$^4$ lin$^4$ | cé$^1$ léi$^4$ ji$^2$ |
| 普通话 | 火龙果 | 山竹 | 榴梿 | 樱桃 |

| 粤语 | 士多啤梨 | 蓝莓 | 提子 | 牛油果 |
|---|---|---|---|---|
| 粤拼 | xi$^6$ do$^1$ bé$^1$ léi$^2$ | lam$^4$ mui$^4$ | tei$^4$ ji$^2$ | ngeo$^4$ yeo$^4$ guo$^2$ |
| 普通话 | 草莓 | 蓝莓 | 提子 | 牛油果 |

| 粤语 | 蛇果 | 绿柚 | 西柚 | 杧果 |
|---|---|---|---|---|
| 粤拼 | sé$^4$ guo$^2$ | lug$^1$ yeo$^2$ | sei$^1$ you$^2$ | mong$^1$ guo$^2$ |
| 普通话 | 蛇果 | 柚子 | 西柚 | 杧果 |

| | | | | |
|---|---|---|---|---|
| 粤语 | 奇异果 | 龙眼 | 荔枝 | 枣 |
| 粤拼 | kéi4 yi6 guo2 | lung4 ngan5 | lei4 ji1 | zou2 |
| 普通话 | 猕猴桃 | 龙眼 | 荔枝 | 枣 |

| | | | | |
|---|---|---|---|---|
| 粤语 | 香蕉 | 椰子 | 无花果 | 油桃 |
| 粤拼 | hêng1 jiu1 | yé3 ji2 | mou4 fa1 guo2 | yeo4 tou4 |
| 普通话 | 香蕉 | 椰子 | 无花果 | 油桃 |

| | | | | |
|---|---|---|---|---|
| 粤语 | 李子 | 菠萝 / 凤梨 | 圣女果 | 蔓越莓 |
| 粤拼 | léi2 ji2 | bo1 lo4/fung6 léi4 | xing6 nêu5 guo2 | man6 yud6 mui4 |
| 普通话 | 李子 | 菠萝 | 圣女果 | 蔓越莓 |

| | | | | |
|---|---|---|---|---|
| 粤语 | 山楂 | 石榴 | 番石榴 | 柠檬 |
| 粤拼 | san1 za1 | ség6 leo4 | fan1 ség6 leo4 | ning4 mung1 |
| 普通话 | 山楂 | 石榴 | 番石榴 | 柠檬 |

| | | | | |
|---|---|---|---|---|
| 粤语 | 桑葚 | 木瓜 | 枇杷 | 甘蔗 |
| 粤拼 | song1 sem6 | mug6 gua1 | péi4 pa4 | gem1 zé3 |
| 普通话 | 桑葚 | 木瓜 | 枇杷 | 甘蔗 |

| | | | | |
|---|---|---|---|---|
| 粤语 | 杨梅 | 莲雾 | 西梅 | 桃 |
| 粤拼 | yêng4 mui4 | lin4 mou6 | sei1 mui4 | tou4 |
| 普通话 | 杨梅 | 莲雾 | 西梅 | 桃子 |

# 十三 常见蔬菜

3-13

| 粤语 | 蔬菜 | 白菜 | 番茄 | 矮瓜 / 茄瓜 |
|---|---|---|---|---|
| 粤拼 | so$^{1}$ coi$^{3}$ | bag$^{6}$ coi$^{3}$ | fan$^{1}$ ké$^{2}$ | ngei$^{2}$ gua$^{1}$/ké$^{2}$ gua$^{1}$ |
| 普通话 | 蔬菜 | 白菜 | 西红柿 | 茄子 |

| 粤语 | 西芹 | 芫茜 | 香葱 | 蒜苗 |
|---|---|---|---|---|
| 粤拼 | sei$^{1}$ ken$^{2}$ | yim$^{4}$ sei$^{1}$ | hêng$^{1}$ cung$^{1}$ | xun$^{3}$ miu$^{4}$ |
| 普通话 | 西芹 | 香菜 | 香葱 | 蒜苗 |

| 粤语 | 韭菜 | 生菜 | 莜麦菜 | 芋头 |
|---|---|---|---|---|
| 粤拼 | geo$^{2}$ coi$^{3}$ | sang$^{1}$ coi$^{3}$ | yeo$^{4}$ meg$^{6}$ coi$^{3}$ | wu$^{6}$ teo$^{2}$ |
| 普通话 | 韭菜 | 生菜 | 莜麦菜 | 芋头 |

| 粤语 | 番薯 | 通菜 / 蕹菜 | 洋葱 | 蘑菇 |
|---|---|---|---|---|
| 粤拼 | fan$^{1}$ xu$^{2}$ | tung$^{1}$ coi$^{3}$/ngong$^{6}$ coi$^{3}$ | yêng$^{4}$ cung$^{1}$ | mo$^{4}$ gu$^{1}$ |
| 普通话 | 红薯 | 空心菜 | 洋葱 | 蘑菇 |

| 粤语 | 冬菇 | 胜瓜 | 莲藕 | 萝卜 |
|---|---|---|---|---|
| 粤拼 | dung$^{1}$ gu$^{1}$ | xing$^{3}$ gua$^{1}$ | lin$^{4}$ ngeo$^{2}$ | lo$^{4}$ bag$^{6}$ |
| 普通话 | 香菇 | 丝瓜 | 莲藕 | 萝卜 |

| 粤语 | 胡萝卜 | 冬瓜 | 凉瓜 | 姜 |
|---|---|---|---|---|
| 粤拼 | wu4 lo4 bag6 | dung1 gua1 | lêng4 gua1 | gêng1 |
| 普通话 | 胡萝卜 | 冬瓜 | 苦瓜 | 姜 |

| 粤语 | 辣椒 | 海带 | 竹笋 | 芦笋 |
|---|---|---|---|---|
| 粤拼 | lad6 jiu1 | hoi2 dai3 | zug1 sên2 | lou4 sên2 |
| 普通话 | 辣椒 | 海带 | 竹笋 | 芦笋 |

| 粤语 | 木耳 | 荷兰豆 | 四季豆 | 豆角 |
|---|---|---|---|---|
| 粤拼 | mug6 yi2 | ho4 lan1 deo2 | séi3 guei3 deo2 | deo4 gog6 |
| 普通话 | 木耳 | 荷兰豆 | 四季豆 | 豆角 |

| 粤语 | 南瓜 | 菠菜 | 粟米 | 芥菜 |
|---|---|---|---|---|
| 粤拼 | nam4 gua1 | bo1 coi3 | sug1 mei5 | gai4 coi3 |
| 普通话 | 南瓜 | 菠菜 | 玉米 | 芥菜 |

| 粤语 | 西兰花 | 花菜 | 豆芽 | 青瓜 |
|---|---|---|---|---|
| 粤拼 | sei1 lan4 fa1 | fa1 coi3 | deo4 nga4 | céng1 gua1 |
| 普通话 | 西兰花 | 花菜 | 豆芽 | 黄瓜 |

| 粤语 | 西葫芦 | 薯仔 | 卷心菜 | 油菜 |
|---|---|---|---|---|
| 粤拼 | sei1 wu4 lou4 | xu4 zei2 | gün2 sem1 coi3 | yeo4 coi3 |
| 普通话 | 西葫芦 | 土豆 | 卷心菜 | 油菜 |

# 十四 各国美食

3-14

| | | | |
|---|---|---|---|
| 粤语 | 北京烤鸭 | 重庆火锅 | 东坡肉 |
| 粤拼 | beg¹ ging¹ hao¹ ngab³ | cung⁶ hing³ fo² wo¹ | dung¹ bo¹ yug⁶ |
| 普通话 | 北京烤鸭 | 重庆火锅 | 东坡肉 |

| | | | |
|---|---|---|---|
| 粤语 | 豉汁排骨 | 椒盐鸭下爬 | 艇仔粥 |
| 粤拼 | xi⁶ zeb¹ pai⁴ gued¹ | jiu¹ yim⁴ ngab³ ha⁴ pa⁴ | téng⁵ zei² zug¹ |
| 普通话 | 豉汁排骨 | 椒盐鸭下巴 | 广州特色粥 |

| | | | |
|---|---|---|---|
| 粤语 | 肠粉 | 客家酿豆腐 | 米饭 |
| 粤拼 | cêng² fen² | hag³ ga¹ yêng⁶ deo⁶ fu⁶ | mei² fan⁶ |
| 普通话 | 肠粉 | 客家酿豆腐 | 米饭 |

| | | | | |
|---|---|---|---|---|
| 粤语 | 馒头 | 水饺 | 凉皮 | 粉面 |
| 粤拼 | man⁶ teo⁴ | sêu² gao² | lêng⁴ péi⁴ | fen² min⁶ |
| 普通话 | 馒头 | 水饺 | 凉皮 | 粉面 |

| | | | | |
|---|---|---|---|---|
| 粤语 | 酸菜鱼 | 臭豆腐 | 海鲜 | 龙虾 |
| 粤拼 | xun¹ coi³ yu² | ceo³ dou⁶ fu⁶ | hoi² xin¹ | lung⁴ ha¹ |
| 普通话 | 酸菜鱼 | 臭豆腐 | 海鲜 | 龙虾 |

| | | | | |
|---|---|---|---|---|
| 粤语 | 燕窝 | 裹蒸粽 | 鲍鱼 | 鱼翅 |
| 粤拼 | yin$^4$ wo$^1$ | guo$^2$ jing$^1$ zong$^2$ | bao$^1$ yu$^4$ | yu$^4$ qi$^4$ |
| 普通话 | 燕窝 | 裹蒸粽 | 鲍鱼 | 鱼翅 |

| | | | | |
|---|---|---|---|---|
| 粤语 | 杭帮菜 | 粤菜 | 披萨 | 烧鹅 |
| 粤拼 | hong$^4$ bong$^1$ coi$^3$ | yud$^6$ coi$^3$ | pi$^1$ sa$^3$ | xiu$^1$ ngo$^2$ |
| 普通话 | 杭帮菜 | 粤菜 | 比萨 | 烧鹅 |

| | | | | |
|---|---|---|---|---|
| 粤语 | 沙律 | 寿司 | 年糕 | 泡菜 |
| 粤拼 | sa$^1$ lêd$^2$ | seo$^3$ xi$^1$ | nin$^4$ gou$^1$ | pao$^4$ coi$^3$ |
| 普通话 | 沙拉 | 寿司 | 年糕 | 泡菜 |

| | | | | |
|---|---|---|---|---|
| 粤语 | 牛扒 | 烤羊肉 | 三文治 | 伊面 |
| 粤拼 | ngeo$^4$ pa$^2$ | hao$^1$ yêng$^4$ yug$^6$ | sam$^1$ men$^4$ ji$^6$ | yi$^1$ min$^6$ |
| 普通话 | 牛排 | 烤羊肉 | 三明治 | 意大利面 |

| | | | | |
|---|---|---|---|---|
| 粤语 | 朱古力 | 炸薯条 | 汉堡包 | 冬荫功 |
| 粤拼 | ju$^1$ gu$^1$ lig$^1$ | za$^3$ xu$^3$ tiu$^2$ | hon$^3$ bou$^2$ bao$^1$ | dung$^1$ yem$^1$ gung$^1$ |
| 普通话 | 巧克力 | 炸薯条 | 汉堡包 | 冬荫功 |

| | | | | |
|---|---|---|---|---|
| 粤语 | 咖喱虾 | 雪糕 | 德国香肠 | 牛肉卷 |
| 粤拼 | ga$^3$ léi$^1$ ha$^1$ | xud$^3$ gou$^1$ | deg$^1$ guog$^3$ hêng$^1$ cêng$^2$ | ngeo$^4$ yug$^6$ gün$^2$ |
| 普通话 | 咖喱虾 | 冰激凌 | 德国香肠 | 牛肉卷 |

# 十五 酒水饮料

3-15

| 粤语 | 啤酒 | 红酒 | 白酒 | 洋酒 |
|---|---|---|---|---|
| 粤拼 | bé¹ zeo² | hung⁴ zeo² | bag⁶ zeo² | yêng⁴ zeo² |
| 普通话 | 啤酒 | 红酒 | 白酒 | 洋酒 |

| 粤语 | 鸡尾酒 | 马丁尼 | 白兰地 | 清酒 |
|---|---|---|---|---|
| 粤拼 | gei¹ méi⁵ zeo² | ma⁵ ding¹ néi⁴ | bag⁶ lan¹ déi² | qing¹ zeo² |
| 普通话 | 鸡尾酒 | 马丁尼 | 白兰地 | 清酒 |

| 粤语 | 开胃酒 | 香槟 | 长岛冰茶 | 可乐 |
|---|---|---|---|---|
| 粤拼 | hoi¹ wei⁶ zeo² | hêng¹ ben¹ | cêng⁴ dou² bing¹ ca⁴ | ho² log⁶ |
| 普通话 | 开胃酒 | 香槟 | 长岛冰茶 | 可乐 |

| 粤语 | 雪碧 | 橙汁 | 酸奶 | 牛奶 |
|---|---|---|---|---|
| 粤拼 | xud³ big¹ | cang² zeb¹ | xun¹ nai² | ngeo⁴ nai² |
| 普通话 | 雪碧 | 橙汁 | 酸奶 | 牛奶 |

| 粤语 | 果汁 | 红茶 | 绿茶 | 乌龙茶 |
|---|---|---|---|---|
| 粤拼 | guo² zeb¹ | hung⁴ ca⁴ | lug⁶ ca⁴ | wu¹ lung² ca⁴ |
| 普通话 | 果汁 | 红茶 | 绿茶 | 乌龙茶 |

| 粤语 | 铁观音 | 普洱 | 花茶 | 凉茶 |
|---|---|---|---|---|
| 粤拼 | tid3 gun1 yem1 | pou2 léi5 | fa1 ca4 | lêng4 ca4 |
| 普通话 | 铁观音 | 普洱 | 花茶 | 凉茶 |

| 粤语 | 奶昔 | 豆浆 | 矿泉水 | 柠檬水 |
|---|---|---|---|---|
| 粤拼 | nai2 xig1 | deo6 zêng1 | kuong3 qun4 sêu2 | ning6 mung1 sêu2 |
| 普通话 | 奶昔 | 豆浆 | 矿泉水 | 柠檬水 |

| 粤语 | 咖啡 | 意式浓缩咖啡 | 冰水 |
|---|---|---|---|
| 粤拼 | ga3 fé1 | yi3 xig1 nung4 sug1 ga3 fé1 | bing1 sêu2 |
| 普通话 | 咖啡 | 意式浓缩咖啡 | 冰水 |

| 粤语 | 蒸馏水 | 酸梅汁 | 工夫茶 | 碳酸饮料 |
|---|---|---|---|---|
| 粤拼 | jing1 leo4 sêu2 | xun1 mui4 zeb1 | gung1 fu1 ca4 | tan3 xun1 yem2 liu2 |
| 普通话 | 蒸馏水 | 酸梅汁 | 工夫茶 | 碳酸饮料 |

| 粤语 | 芬达 | 奶茶 | 冻柠茶 |
|---|---|---|---|
| 粤拼 | fen1 dad6 | nai2 ca4 | dung3 ning2 ca4 |
| 普通话 | 芬达 | 奶茶 | 柠檬片加红茶 |

| 粤语 | 冻柠乐 | 杨枝甘露 | 梳打水 |
|---|---|---|---|
| 粤拼 | dung3 ning2 log6 | yêng4 ji1 gem1 lou6 | so1 da2 sêu2 |
| 普通话 | 柠檬片加可乐 | 杨枝甘露 | 苏打水 |

# 十六 自然风光

3-16

| | | | | |
|---|---|---|---|---|
| 粤语 | 地形 | 盆地 | 丘陵 | 平原 |
| 粤拼 | déi6 ying4 | pun4 déi6 | yeo1 ling4 | ping4 yun4 |
| 普通话 | 地形 | 盆地 | 丘陵 | 平原 |

| | | | | |
|---|---|---|---|---|
| 粤语 | 高原 | 群岛 | 沙滩 | 绿洲 |
| 粤拼 | gou1 yun4 | kuen4 dou2 | sa1 tan1 | lug6 zeo1 |
| 普通话 | 高原 | 群岛 | 沙滩 | 绿洲 |

| | | | | |
|---|---|---|---|---|
| 粤语 | 悬崖 | 沙漠 | 森林 | 树林 |
| 粤拼 | yun4 ngai4 | sa1 mog6 | sem1 lem4 | xu6 lem4 |
| 普通话 | 悬崖 | 沙漠 | 森林 | 树林 |

| | | | | |
|---|---|---|---|---|
| 粤语 | 大海 | 浪花 | 湖泊 | 江河 |
| 粤拼 | dai6 hoi2 | long4 fa1 | wu4 bog6 | gong1 ho4 |
| 普通话 | 大海 | 浪花 | 湖泊 | 江河 |

| | | | | |
|---|---|---|---|---|
| 粤语 | 小溪 | 草地 | 草原 | 温泉 |
| 粤拼 | xiu2 kei1 | cou2 déi6 | cou2 yun4 | wen1 qun4 |
| 普通话 | 小溪 | 草地 | 草原 | 温泉 |

| 粤语 | 高山 | 山脉 | 山峰 | 冰川 |
|---|---|---|---|---|
| 粤拼 | gou1 san1 | san1 meg6 | san1 fung1 | bing1 qun1 |
| 普通话 | 高山 | 山脉 | 山峰 | 冰川 |

| 粤语 | 山川 | 蓝天 | 天空 | 白云 |
|---|---|---|---|---|
| 粤拼 | san1 qun1 | lam4 tin1 | tin1 hung1 | bag6 wen4 |
| 普通话 | 山川 | 蓝天 | 天空 | 白云 |

| 粤语 | 瀑布 | 火山 | 山谷 | 海峡 |
|---|---|---|---|---|
| 粤拼 | bog6 bou3 | fo2 san1 | san1 gug1 | hoi2 hab6 |
| 普通话 | 瀑布 | 火山 | 山谷 | 海峡 |

| 粤语 | 湿地 | 漂流 | 山洞 | 溶洞 |
|---|---|---|---|---|
| 粤拼 | seb1 déi6 | piu1 leo4 | san1 dung6 | yung4 dung6 |
| 普通话 | 湿地 | 漂流 | 山洞 | 溶洞 |

| 粤语 | 丹霞 | 日出 | 日落 | 长白山 |
|---|---|---|---|---|
| 粤拼 | dan1 ha4 | yed6 cêd1 | yed6 log6 | cêng4 bag6 san1 |
| 普通话 | 丹霞地貌 | 日出 | 日落 | 长白山 |

| 粤语 | 白云山 | 日月潭 | 苏州园林 | 蒙古草原 |
|---|---|---|---|---|
| 粤拼 | bag6 wen4 san1 | yed6 yud6 tam4 | sou1 zeo1 yun4 lem4 | mung4 gu2 cou2 yun4 |
| 普通话 | 白云山 | 日月潭 | 苏州园林 | 蒙古草原 |

# 十七 动物世界

3-17

| 粤语 | 猪 | 狗 | 马 | 孔雀 |
|---|---|---|---|---|
| 粤拼 | ju1 | geo2 | ma5 | hung2 zêg3 |
| 普通话 | 猪 | 狗 | 马 | 孔雀 |

| 粤语 | 奶牛 | 羊 | 鸡 | 鸭 |
|---|---|---|---|---|
| 粤拼 | nai2 ngeo4 | yêng4 | gei1 | ngab3 |
| 普通话 | 奶牛 | 羊 | 鸡 | 鸭 |

| 粤语 | 蛇 | 兔 | 马骝（口语） | 猴子 |
|---|---|---|---|---|
| 粤拼 | sé4 | tou3 | ma1 leo1 | heo4 zi2 |
| 普通话 | 蛇 | 兔 | 猴子 | 猴子 |

| 粤语 | 大象 | 犀牛 | 河马 | 老虎 |
|---|---|---|---|---|
| 粤拼 | dai6 zêng4 | sei1 ngeo4 | ho4 ma5 | lou2 fu2 |
| 普通话 | 大象 | 犀牛 | 河马 | 老虎 |

| 粤语 | 骆驼 | 狮子 | 猎豹 | 恐龙 |
|---|---|---|---|---|
| 粤拼 | log6 to4 | xi1 ji2 | lib6 pao3 | hung2 lung4 |
| 普通话 | 骆驼 | 狮子 | 猎豹 | 恐龙 |

| | | | | |
|---|---|---|---|---|
| 粤语 | 企鹅 | 熊猫 | 狐狸 | 刺猬 |
| 粤拼 | kéi5 ngo4 | hung4 mao1 | wu4 léi2 | qi3 wei6 |
| 普通话 | 企鹅 | 熊猫 | 狐狸 | 刺猬 |

| | | | | |
|---|---|---|---|---|
| 粤语 | 老鼠 | 松鼠 | 白鸽 | 鹦鹉 |
| 粤拼 | lou2 xu2 | cung4 xu2 | bag6 geb3 | ying1 mou2 |
| 普通话 | 老鼠 | 松鼠 | 白鸽 | 鹦鹉 |

| | | | | |
|---|---|---|---|---|
| 粤语 | 乌鸦 | 丹顶鹤 | 猫头鹰 | 雀仔 |
| 粤拼 | wu1 nga1 | dan1 ding2 hog6 | mao1 teo4 ying1 | zêg3 zei2 |
| 普通话 | 乌鸦 | 丹顶鹤 | 猫头鹰 | 小鸟 |

| | | | | |
|---|---|---|---|---|
| 粤语 | 斑马 | 长颈鹿 | 鲸鱼 | 鳄鱼 |
| 粤拼 | ban1 ma5 | cêng4 géng2 lug6 | king4 yu4 | ngog6 yu4 |
| 普通话 | 斑马 | 长颈鹿 | 鲸鱼 | 鳄鱼 |

| | | | | |
|---|---|---|---|---|
| 粤语 | 鲨鱼 | 水母 | 青蛙 | 海龟 |
| 粤拼 | sa1 yu4 | sêu2 mou2 | qing1 wa1 | hoi2 guei1 |
| 普通话 | 鲨鱼 | 水母 | 青蛙 | 海龟 |

| | | | | |
|---|---|---|---|---|
| 粤语 | 猩猩 | 海马 | 海豚 | 北极狐 |
| 粤拼 | xing1 xing1 | hoi2 ma5 | hoi2 tün4 | beg1 gig6 wu4 |
| 普通话 | 猩猩 | 海马 | 海豚 | 北极狐 |

# 十八 花草树木

3-18

| | | | | |
|---|---|---|---|---|
| 粤语 | 鲜花 | 玫瑰 | 百合 | 梅花 |
| 粤拼 | xin$^1$ fa$^1$ | mui$^4$ guei$^3$ | bag$^6$ heb$^6$ | mui$^4$ fa$^1$ |
| 普通话 | 鲜花 | 玫瑰 | 百合 | 梅花 |

| | | | | |
|---|---|---|---|---|
| 粤语 | 杜鹃花 | 荷花 | 菊花 | 康乃馨 |
| 粤拼 | dou$^6$ gün$^1$ fa$^1$ | ho$^4$ fa$^1$ | gug$^1$ fa$^1$ | hong$^1$ nai$^2$ hing$^1$ |
| 普通话 | 杜鹃花 | 荷花 | 菊花 | 康乃馨 |

| | | | | |
|---|---|---|---|---|
| 粤语 | 满天星 | 芦荟 | 仙人掌 | 水仙花 |
| 粤拼 | mun$^2$ tin$^1$ xing$^1$ | lou$^4$ wui$^3$ | xin$^1$ yen$^4$ zêng$^2$ | sêu$^2$ xin$^1$ fa$^1$ |
| 普通话 | 满天星 | 芦荟 | 仙人掌 | 水仙花 |

| | | | | |
|---|---|---|---|---|
| 粤语 | 薰衣草 | 茉莉 | 兰花 | 海棠花 |
| 粤拼 | fen$^1$ yi$^1$ cou$^2$ | mud$^3$ léi$^2$ | lan$^4$ fa$^1$ | hoi$^2$ tong$^4$ fa$^1$ |
| 普通话 | 薰衣草 | 茉莉 | 兰花 | 海棠花 |

| | | | | |
|---|---|---|---|---|
| 粤语 | 桂花 | 牡丹 | 木棉花 | 紫荆花 |
| 粤拼 | guei$^3$ fa$^1$ | meo$^2$ dan$^1$ | mug$^6$ min$^4$ fa$^1$ | ji$^2$ ging$^1$ fa$^1$ |
| 普通话 | 桂花 | 牡丹 | 木棉花 | 紫荆花 |

| | | | | |
|---|---|---|---|---|
| 粤语 | 向日葵 | 牵牛花 | 蒲公英 | 风信子 |
| 粤拼 | hêng³ yed⁶ kuei⁴ | hin¹ ngeo⁴ fa¹ | pou⁴ gung¹ ying¹ | fung¹ sên³ zi² |
| 普通话 | 向日葵 | 牵牛花 | 蒲公英 | 风信子 |

| | | | | |
|---|---|---|---|---|
| 粤语 | 丁香花 | 樱花 | 山茶花 | 郁金香 |
| 粤拼 | ding¹ hêng¹ fa¹ | ying¹ fa¹ | san¹ ca⁴ fa¹ | wed¹ gem¹ hêng¹ |
| 普通话 | 丁香花 | 樱花 | 山茶花 | 郁金香 |

| | | | | |
|---|---|---|---|---|
| 粤语 | 紫罗兰 | 月季 | 松树 | 枫树 |
| 粤拼 | ji² lo⁴ lan⁴ | yud⁶ guei³ | cung⁴ xu⁶ | fung¹ xu⁶ |
| 普通话 | 紫罗兰 | 月季 | 松树 | 枫树 |

| | | | | |
|---|---|---|---|---|
| 粤语 | 橡树 | 槐树 | 梧桐 | 柳树 |
| 粤拼 | zêng⁶ xu⁶ | wai⁴ xu⁶ | m⁴ tung⁴ | leo² xu⁶ |
| 普通话 | 橡树 | 槐树 | 梧桐 | 柳树 |

| | | | | |
|---|---|---|---|---|
| 粤语 | 桦树 | 银杏 | 白杨 | 棕榈树 |
| 粤拼 | wa³ xu⁶ | ngen⁴ heng⁶ | bag⁶ yêng⁴ | zung¹ lêu² xu⁶ |
| 普通话 | 桦树 | 银杏 | 白杨 | 棕榈树 |

| | | | | |
|---|---|---|---|---|
| 粤语 | 椰树 | 雪松 | 竹 | 红杉 |
| 粤拼 | yé³ xu⁶ | xud³ cung⁴ | zug¹ | hung⁴ cam³ |
| 普通话 | 椰树 | 雪松 | 竹子 | 红杉 |

# 十九 交通工具

3-19

| | | | | |
|---|---|---|---|---|
| 粤语 | 飞机 | 火车 | 高铁 | 的士 |
| 粤拼 | féi$^1$ géi$^1$ | fo$^2$ cé$^1$ | gou$^1$ tid$^3$ | dig$^1$ xi$^2$ |
| 普通话 | 飞机 | 火车 | 高铁 | 出租车 |

| | | | | |
|---|---|---|---|---|
| 粤语 | 巴士 | 单车 | 私家车 | 摩托车 |
| 粤拼 | ba$^1$ xi$^2$ | dan$^1$ cé$^1$ | xi$^1$ ga$^1$ cé$^1$ | mo$^1$ tog$^6$ cé$^1$ |
| 普通话 | 公交车 | 自行车 | 私家车 | 摩托车 |

| | | | | |
|---|---|---|---|---|
| 粤语 | 缆车 | 轮船 | 游艇 | 游轮 |
| 粤拼 | lam$^6$ cé$^1$ | lên$^4$ xun$^4$ | yeo$^4$ téng$^2$ | yeo$^4$ lên$^4$ |
| 普通话 | 缆车 | 轮船 | 游艇 | 游轮 |

| | | | | |
|---|---|---|---|---|
| 粤语 | 渡轮 | 地铁 | 轻轨 | 拖拉机 |
| 粤拼 | dou$^6$ lên$^4$ | déi$^6$ tid$^3$ | hing$^1$ guei$^2$ | to$^1$ lai$^1$ géi$^1$ |
| 普通话 | 渡轮 | 地铁 | 轻轨 | 拖拉机 |

| | | | | |
|---|---|---|---|---|
| 粤语 | 电车 | 马车 | 跑车 | 越野车 |
| 粤拼 | din$^6$ cé$^1$ | ma$^5$ cé$^1$ | pao$^2$ cé$^1$ | yud$^3$ yé$^2$ cé |
| 普通话 | 电车 | 马车 | 跑车 | 越野车 |

| 粤语 | 平衡车 | 旅游大巴 | 货车 |
|---|---|---|---|
| 粤拼 | ping4 heng4 cé1 | lêu5 yeo4 dai6 ba1 | fo3 cé1 |
| 普通话 | 平衡车 | 旅游大巴 | 货车 |

| 粤语 | 新能源汽车 | 电动车 | 直升机 |
|---|---|---|---|
| 粤拼 | sen1 neng4 yun4 héi3 cé1 | din6 dung4 cé1 | jig6 xing1 géi1 |
| 普通话 | 新能源汽车 | 电动车 | 直升机 |

| 粤语 | 吉普车 | 房车 | 汽车 | 三轮车 |
|---|---|---|---|---|
| 粤拼 | ged1 pou2 cé1 | fong4 cé1 | héi3 cé1 | sam1 lên4 cé1 |
| 普通话 | 吉普车 | 房车 | 汽车 | 三轮车 |

| 粤语 | 软卧 | 硬座 | 观光车 | 赛车 |
|---|---|---|---|---|
| 粤拼 | yun5 ngo6 | ngang6 zo6 | gun1 guong1 cé1 | coi3 cé1 |
| 普通话 | 软卧 | 硬座 | 观光车 | 赛车 |

| 粤语 | 人力车 | 花轿 | 潜水艇 | 磁悬浮列车 |
|---|---|---|---|---|
| 粤拼 | yen4 lig6 cé1 | fa1 giu2 | qim4 sêu2 téng2 | qi4 yun4 feo4 lid6 cé1 |
| 普通话 | 人力车 | 花轿 | 潜水艇 | 磁悬浮列车 |

| 粤语 | 牛车 | 热气球 | 手推车 | 飞翔船 |
|---|---|---|---|---|
| 粤拼 | ngeo4 cé1 | yid6 héi3 keo4 | seo2 têu1 cé1 | féi1 cêng4 xun4 |
| 普通话 | 牛车 | 热气球 | 手推车 | 气垫船 |

# 二十 道路交通

3-20

| | | | | |
|---|---|---|---|---|
| 粤语 | 刹车 | 离合器 | 高速公路 | 公路 |
| 粤拼 | sad³ cé¹ | léi⁴ heb⁶ héi³ | gou¹ cug¹ gung¹ lou⁶ | gung¹ lou⁶ |
| 普通话 | 刹车 | 离合器 | 高速公路 | 公路 |

| | | | | |
|---|---|---|---|---|
| 粤语 | 快车道 | 隧道 | 立交桥 | 人行横道 |
| 粤拼 | fai³ cé¹ dou⁶ | sêu⁶ dou⁶ | leb⁶ gao¹ kiu⁴ | yen⁴ heng⁴ wang⁴ dou⁶ |
| 普通话 | 快车道 | 隧道 | 立交桥 | 人行横道 |

| | | | |
|---|---|---|---|
| 粤语 | 斑马线 | 红绿灯 | 十字路口 |
| 粤拼 | ban¹ ma⁵ xin³ | hung⁴ lug⁶ deng¹ | seb⁶ ji⁶ lou⁶ heo² |
| 普通话 | 斑马线 | 红绿灯 | 十字路口 |

| | | | |
|---|---|---|---|
| 粤语 | 禁止鸣笛 | 禁止驶入 | 禁止停车 |
| 粤拼 | gem³ ji² ming⁴ dég⁶ | gem³ ji² sei² yeb⁶ | gem³ ji² ting⁴ cé¹ |
| 普通话 | 禁止鸣笛 | 禁止驶入 | 禁止停车 |

| | | | |
|---|---|---|---|
| 粤语 | 禁止吸烟 | 前方拍照 | 停车指示灯 |
| 粤拼 | gem³ ji² keb¹ yin¹ | qin⁴ fong¹ pag³ jiu³ | ting⁴ cé¹ ji² xi⁶ deng¹ |
| 普通话 | 禁止吸烟 | 前方拍照 | 停车指示灯 |

| 粤语 | 车牌 | 保持车距 | 超速 | 减速 |
|---|---|---|---|---|
| 粤拼 | cé¹ pai⁴ | bou² qi⁴ cé¹ kêu⁵ | qiu¹ cug¹ | gam² cug¹ |
| 普通话 | 车牌 | 保持车距 | 超速 | 减速 |

| 粤语 | 方向盘 | 应急车道 | 引擎盖 | 雨刮器 |
|---|---|---|---|---|
| 粤拼 | fong¹ hêng³ pun⁴ | ying³ geb¹ cé¹ dou⁶ | yen⁵ king⁴ goi³ | yu⁵ guad³ héi³ |
| 普通话 | 方向盘 | 应急车道 | 引擎盖 | 雨刷器 |

| 粤语 | 安全带 | 后备厢 | 天窗 | 分岔口 |
|---|---|---|---|---|
| 粤拼 | ngon¹ qun⁴ dai² | heo⁶ béi⁶ sêng¹ | tin¹ cêng¹ | fen¹ ca³ heo² |
| 普通话 | 安全带 | 后备厢 | 天窗 | 岔路口 |

| 粤语 | 轮呔 | 挡风玻璃 | 减速带 | 向左 / 右看 |
|---|---|---|---|---|
| 粤拼 | lên⁴ tai¹ | dong² fung¹ bo¹ léi¹ | gam² cug¹ dai³ | hêng³ zo²/yeo⁶ hon³ |
| 普通话 | 轮胎 | 挡风玻璃 | 减速带 | 向左 / 右看 |

| 粤语 | 汽油 | 泊车 | 倒车 | 双向 |
|---|---|---|---|---|
| 粤拼 | héi³ yeo⁴ | pag³ cé¹ | dou³ cé¹ | sêng¹ hêng³ |
| 普通话 | 汽油 | 停车 | 倒车 | 双向 |

| 粤语 | 单行线 | 充电站 | 加油站 | 换电站 |
|---|---|---|---|---|
| 粤拼 | dan¹ heng⁴ xin³ | cung¹ din⁶ zam⁶ | ga¹ yeo⁴ zam⁶ | wun⁶ din⁶ zam⁶ |
| 普通话 | 单行线 | 充电站 | 加油站 | （电车）换电站 |

# 二十一 公共场所

3-21

| | | | | |
|---|---|---|---|---|
| 粤语 | 机场 | 游乐园 | 动物园 | 公园 |
| 粤拼 | géi1 cêng4 | yeo4 log6 yun4 | dung6 med6 yun4 | gung1 yun2 |
| 普通话 | 机场 | 游乐园 | 动物园 | 公园 |

| | | | | |
|---|---|---|---|---|
| 粤语 | 商场 | 地铁站 | 火车站 | 银行 |
| 粤拼 | sêng1 cêng4 | déi6 tid3 zam6 | fo2 cé1 zam6 | ngen4 hong4 |
| 普通话 | 商场 | 地铁站 | 火车站 | 银行 |

| | | | | |
|---|---|---|---|---|
| 粤语 | 医院 | 学校 | 图书馆 | 餐厅 |
| 粤拼 | yi1 yun2 | hog6 hao6 | tou4 xu1 gun2 | can1 téng1 |
| 普通话 | 医院 | 学校 | 图书馆 | 餐厅 |

| | | | | |
|---|---|---|---|---|
| 粤语 | 咖啡厅 | 体育馆 | 博物馆 | 街市 |
| 粤拼 | ga3 fé1 téng1 | tei2 yug6 gun2 | bog6 med6 gun2 | gai1 xi5 |
| 普通话 | 咖啡厅 | 体育馆 | 博物馆 | 菜市场 |

| | | | | |
|---|---|---|---|---|
| 粤语 | 酒店 | 旅馆 | 报亭 | 药房 |
| 粤拼 | zeo2 dim3 | lêu5 gun2 | bou3 ting4 | yêg6 fong4 |
| 普通话 | 酒店 | 旅馆 | 报亭 | 药房 |

| 粤语 | 停车场 | 收费站 | 邮局 | 派出所 |
|---|---|---|---|---|
| 粤拼 | ting$^4$ cé$^1$ cêng$^4$ | seo$^1$ fei$^3$ zam$^6$ | yeo$^4$ gug$^2$ | pai$^3$ cêd$^1$ so$^2$ |
| 普通话 | 停车场 | 收费站 | 邮局 | 派出所 |

| 粤语 | 购物中心 | 酒吧 | 娱乐场所 |
|---|---|---|---|
| 粤拼 | keo$^3$ med$^6$ zung$^1$ sem$^1$ | zeo$^2$ ba$^1$ | yu$^4$ log$^6$ cêng$^4$ so$^2$ |
| 普通话 | 购物中心 | 酒吧 | 娱乐场所 |

| 粤语 | 歌剧院 | 电影院 | 自然保护区 |
|---|---|---|---|
| 粤拼 | go$^1$ kég$^6$ yun$^2$ | din$^6$ ying$^2$ yun$^2$ | ji$^6$ yin$^4$ bou$^2$ wu$^6$ kêu$^1$ |
| 普通话 | 歌剧院 | 电影院 | 自然保护区 |

| 粤语 | 景区 | 幼稚园 | 教堂 | 街道 |
|---|---|---|---|---|
| 粤拼 | ging$^2$ kêu$^1$ | yeo$^3$ ji$^3$ yun$^2$ | gao$^3$ tong$^2$ | gai$^1$ dou$^6$ |
| 普通话 | 景区 | 幼儿园 | 教堂 | 街道 |

| 粤语 | 住宅区 | 寺庙 | 商业区 | 写字楼 |
|---|---|---|---|---|
| 粤拼 | ju$^6$ zag$^6$ kêu$^1$ | ji$^6$ miu$^2$ | sêng$^1$ yib$^6$ kêu$^1$ | sé$^2$ ji$^3$ leo$^2$ |
| 普通话 | 住宅区 | 寺庙 | 商业区 | 写字楼 |

| 粤语 | 超市 | 电梯 | 少年宫 |
|---|---|---|---|
| 粤拼 | qiu$^1$ xi$^5$ | din$^6$ tei$^1$ | xiu$^3$ nin$^4$ gung$^1$ |
| 普通话 | 超市 | 电梯 | 少年宫 |

# 二十二 常见疾病

3-22

| | | | | |
|---|---|---|---|---|
| 粤语 | 感冒 | 发烧 | 咳嗽 | 屙肚 |
| 粤拼 | gem$^{2}$ mou$^{6}$ | fad$^{3}$ xiu$^{1}$ | ked$^{1}$ seo$^{3}$ | ngo$^{1}$ tou$^{5}$ |
| 普通话 | 感冒 | 发烧 | 咳嗽 | 拉肚子 |

| | | | | |
|---|---|---|---|---|
| 粤语 | 肚痛 | 头痛 | 心脏病 | 糖尿病 |
| 粤拼 | tou$^{5}$ tung$^{3}$ | teo$^{4}$ tung$^{3}$ | sem$^{1}$ zong$^{6}$ béng$^{6}$ | tong$^{4}$ niu$^{4}$ béng$^{6}$ |
| 普通话 | 肚子痛 | 头痛 | 心脏病 | 糖尿病 |

| | | | | |
|---|---|---|---|---|
| 粤语 | 痔疮 | 关节炎 | 风湿 | 颈椎病 |
| 粤拼 | ji$^{6}$ cong$^{1}$ | guan$^{1}$ jid$^{3}$ yim$^{4}$ | fung$^{1}$ seb$^{1}$ | géng$^{2}$ zêu$^{1}$ béng$^{6}$ |
| 普通话 | 痔疮 | 关节炎 | 风湿 | 颈椎病 |

| | | | | |
|---|---|---|---|---|
| 粤语 | 骨折 | 烧伤 | 痛经 | 流感 |
| 粤拼 | gued$^{1}$ jid$^{3}$ | xiu$^{1}$ sêng$^{1}$ | tung$^{3}$ ging$^{1}$ | leo$^{4}$ gem$^{2}$ |
| 普通话 | 骨折 | 烧伤 | 痛经 | 流感 |

| | | | | |
|---|---|---|---|---|
| 粤语 | 结膜炎 | 阑尾炎 | 贫血 | 皮肤过敏 |
| 粤拼 | gid$^{3}$ mog$^{6}$ yim$^{4}$ | lan$^{4}$ méi$^{5}$ yim$^{4}$ | pen$^{4}$ hüd$^{3}$ | péi$^{4}$ fu$^{1}$ guo$^{3}$ men$^{5}$ |
| 普通话 | 结膜炎 | 阑尾炎 | 贫血 | 皮肤过敏 |

| | | | | |
|---|---|---|---|---|
| 粤语 | 中风 | 癌症 | 便秘 | 水痘 |
| 粤拼 | zung3 fung1 | ngam4 jing3 | bin6 béi3 | sêu2 deo2 |
| 普通话 | 中风 | 癌症 | 便秘 | 水痘 |

| | | | | |
|---|---|---|---|---|
| 粤语 | 肝炎 | 白血病 | 肾病 | 胃出血 |
| 粤拼 | gon1 yim4 | bag6 hüd3 béng6 | sen6 béng6 | wei6 cêd1 hüd3 |
| 普通话 | 肝炎 | 白血病 | 肾病 | 胃出血 |

| | | | | |
|---|---|---|---|---|
| 粤语 | 胃痛 | 胃抽筋 | 脾胃虚 | 沙眼 |
| 粤拼 | wei6 tung3 | wei6 ceo1 gen1 | péi4 wei6 hêu1 | sa1 ngan5 |
| 普通话 | 胃痛 | 胃抽筋 | 脾胃虚弱 | 沙眼 |

| | | | |
|---|---|---|---|
| 粤语 | 红眼病 | 痱兹 | 静脉曲张 |
| 粤拼 | hung4 ngan5 béng6 | féi1 ji1 | jing4 meg6 kug1 zêng1 |
| 普通话 | 红眼病 | 口腔溃疡 | 静脉曲张 |

| | | | |
|---|---|---|---|
| 粤语 | 鼻炎 | 扁桃体发炎 | 高血压 |
| 粤拼 | béi6 yim4 | bin2 tou4 tei2 fad3 yim4 | gou1 hüd3 ngad3 |
| 普通话 | 鼻炎 | 扁桃体发炎 | 高血压 |

| | | | | |
|---|---|---|---|---|
| 粤语 | 肺炎 | 扭伤 | 牙痛 | 胃胀 |
| 粤拼 | fei3 yim4 | neo2 sêng1 | nga4 tung3 | wei6 zêng3 |
| 普通话 | 肺炎 | 扭伤 | 牙疼 | 胃胀 |

# 二十三 各种职业

3-23

| | | | | |
|---|---|---|---|---|
| 粤语 | 军人 | 警察 | 医生 | 教师 |
| 粤拼 | guen1 yen4 | ging2 cad3 | yi1 seng1 | gao3 xi1 |
| 普通话 | 军人 | 警察 | 医生 | 教师 |

| | | | | |
|---|---|---|---|---|
| 粤语 | 飞行员 | 银行家 | 法官 | 律师 |
| 粤拼 | féi1 heng4 yun4 | ngen4 hong4 ga1 | fad3 gun1 | lêd6 xi1 |
| 普通话 | 飞行员 | 银行家 | 法官 | 律师 |

| | | | | |
|---|---|---|---|---|
| 粤语 | 船长 | 消防员 | 保安 | 清洁工 |
| 粤拼 | xun4 zêng2 | xiu1 fong4 yun4 | bou2 ngon1 | qing1 gid3 gung1 |
| 普通话 | 船长 | 消防员 | 保安 | 清洁工 |

| | | | | |
|---|---|---|---|---|
| 粤语 | 服务员 | 裁缝 | 邮递员 | 司机 |
| 粤拼 | fug6 mou4 yun4 | coi4 fung4 | yeo4 dei3 yun4 | xi1 géi1 |
| 普通话 | 服务员 | 裁缝 | 邮递员 | 司机 |

| | | | | |
|---|---|---|---|---|
| 粤语 | 导演 | 演员 | 设计师 | 画家 |
| 粤拼 | dou4 yin2 | yin2 yun4 | qid3 gei3 xi1 | wa2 ga1 |
| 普通话 | 导演 | 演员 | 设计师 | 画家 |

| | | | | |
|---|---|---|---|---|
| 粤语 | 歌唱家 | 科学家 | 会计 | 商人 |
| 粤拼 | go1 cêng3 ga1 | fo1 hog6 ga1 | wui6 gei3 | sêng1 yen4 |
| 普通话 | 歌唱家 | 科学家 | 会计 | 商人 |

| | | | |
|---|---|---|---|
| 粤语 | 公务员 | 运动员 | 主持人 |
| 粤拼 | gung1 mou4 yun4 | wen6 dung6 yun4 | ju2 qi4 yen4 |
| 普通话 | 公务员 | 运动员 | 主持人 |

| | | | | |
|---|---|---|---|---|
| 粤语 | 记者 | 药剂师 | 导游 | 工程师 |
| 粤拼 | géi3 zé2 | yêg6 zei1 xi1 | dou6 yeo4 | gung1 qing4 xi1 |
| 普通话 | 记者 | 药剂师 | 导游 | 工程师 |

| | | | | |
|---|---|---|---|---|
| 粤语 | 厨师 | 书法家 | 翻译官 | 编辑 |
| 粤拼 | qu4 xi1 | xu1 fad3 ga1 | fan1 yig6 gun1 | pin1 ceb1 |
| 普通话 | 厨师 | 书法家 | 翻译官 | 编辑 |

| | | | | |
|---|---|---|---|---|
| 粤语 | 外交官 | 装修工 | 门卫 | 护士 |
| 粤拼 | ngoi6 gao1 gun1 | zong1 seo1 gung1 | mun4 wei6 | wu6 xi6 |
| 普通话 | 外交官 | 装修工 | 门卫 | 护士 |

| | | | | |
|---|---|---|---|---|
| 粤语 | 工人 | 售货员 | 农民 | 育儿师 |
| 粤拼 | gung1 yen4 | seo3 fo3 yun4 | nung4 men4 | yug6 yi4 xi1 |
| 普通话 | 工人 | 售货员 | 农民 | 育儿师 |

# 二十四 办公用品

3-24

| 粤语 | 原子笔 | 钢笔 | 粉笔 | 蜡笔 |
|---|---|---|---|---|
| 粤拼 | yun⁴ ji² bed¹ | gong³ bed¹ | fen² bed¹ | lab⁶ bed¹ |
| 普通话 | 圆珠笔 | 钢笔 | 粉笔 | 蜡笔 |

| 粤语 | 毛笔 | 铅笔 | 黑板 | 计算器 |
|---|---|---|---|---|
| 粤拼 | mou⁴ bed¹ | yun⁴ bed¹ | heg¹ ban² | gei³ xun³ héi³ |
| 普通话 | 毛笔 | 铅笔 | 黑板 | 计算器 |

| 粤语 | 墨水 | 圆规 | 尺 | 涂改液 |
|---|---|---|---|---|
| 粤拼 | meg⁶ sêu² | yun⁴ kuei¹ | cég⁶ | tou⁴ goi² yig⁶ |
| 普通话 | 墨水 | 圆规 | 尺子 | 修正液 |

| 粤语 | 文件夹 | 档案袋 | U 盘 / 手指 |
|---|---|---|---|
| 粤拼 | men⁴ gin² gab³ | dong² ngon³ doi² | U pun²/seo² ji² |
| 普通话 | 文件夹 | 档案袋 | U 盘 |

| 粤语 | 咭套 | 公文包 | 胶水 | 胶纸 |
|---|---|---|---|---|
| 粤拼 | ked¹ tou³ | gung¹ men⁴ bao¹ | gao¹ sêu² | gao¹ ji² |
| 普通话 | 卡套 | 公文包 | 胶水 | 透明胶带 |

| 粤语 | 双面胶 | 图钉 | 订书机 | 胶擦 |
|---|---|---|---|---|
| 粤拼 | sêng[1] min[6] gao[1] | tou[4] déng[1] | déng[1] xu[1] géi[1] | gao[1] cad[6] |
| 普通话 | 双面胶 | 图钉 | 订书机 | 橡皮 |

| 粤语 | 便利签 | 文件袋 | 笔刨 | 扫描仪 |
|---|---|---|---|---|
| 粤拼 | bin[6] léi[6] qim[1] | men[4] gin[2] doi[2] | bed[1] pao[2] | sou[3] miu[4] yi[4] |
| 普通话 | 便利贴 | 文件袋 | 卷笔刀 | 扫描仪 |

| 粤语 | 复印机 | 传真机 | A4 纸 | 穿孔机 |
|---|---|---|---|---|
| 粤拼 | fug[1] yen[3] géi[1] | qun[4] zen[1] géi[1] | A séi[3] ji[2] | qun[1] hung[2] géi[1] |
| 普通话 | 复印机 | 传真机 | A4 纸 | 打孔机 |

| 粤语 | 回形针 | 橡筋 | 放大镜 | 便签纸 |
|---|---|---|---|---|
| 粤拼 | wui[4] ying[4] zem[1] | zêng[6] gen[1] | fong[4] dai[3] géng[3] | bin[6] qim[1] ji[2] |
| 普通话 | 回形针 | 橡皮筋 | 放大镜 | 便笺 |

| 粤语 | 记号笔 | 笔筒 | 笔记簿 | 别针 |
|---|---|---|---|---|
| 粤拼 | géi[3] hou[3] bed[1] | bed[1] tung[2] | bed[1] géi[3] bou[2] | bid[6] zem[1] |
| 普通话 | 记号笔 | 笔筒 | 笔记本 | 曲别针 |

| 粤语 | 展示架 | 电脑 | 字典 | 打印机 |
|---|---|---|---|---|
| 粤拼 | jin[2] xi[6] ga[2] | din[6] nou[2] | ji[6] din[2] | da[2] yen[3] géi[1] |
| 普通话 | 展示架 | 电脑 | 字典 | 打印机 |

# 二十五 体育项目

3-25

| 粤语 | 射箭 | 射击 | 羽毛球 | 棒球 |
| --- | --- | --- | --- | --- |
| 粤拼 | sé6 jin3 | sé6 gig1 | yu5 mou4 keo4 | pang5 keo4 |
| 普通话 | 射箭 | 射击 | 羽毛球 | 棒球 |

| 粤语 | 篮球 | 排球 | 网球 | 足球 |
| --- | --- | --- | --- | --- |
| 粤拼 | lam4 keo4 | pai4 keo4 | mong5 keo4 | zug1 keo4 |
| 普通话 | 篮球 | 排球 | 网球 | 足球 |

| 粤语 | 桌球 | 冰壶 | 乒乓球 | 橄榄球 |
| --- | --- | --- | --- | --- |
| 粤拼 | cêg3 keo4 | bing1 wu4 | bing1 bem1 keo4 | gam3 lam5 keo4 |
| 普通话 | 台球 | 冰壶 | 乒乓球 | 橄榄球 |

| 粤语 | 高尔夫 | 赛车 | 拳击 | 体操 |
| --- | --- | --- | --- | --- |
| 粤拼 | gou1 yi2 fu1 | coi3 cé1 | kün4 gig1 | tei2 cou1 |
| 普通话 | 高尔夫 | 赛车 | 拳击 | 体操 |

| 粤语 | 举重 | 跳高 | 柔道 | 空手道 |
| --- | --- | --- | --- | --- |
| 粤拼 | gêu2 cung5 | tiu3 gou1 | yeo4 dou6 | hung1 seo2 dou6 |
| 普通话 | 举重 | 跳高 | 柔道 | 空手道 |

| 粤语 | 跆拳道 | 曲棍球 | 田径 | 长跑 |
|---|---|---|---|---|
| 粤拼 | toi⁴ kün⁴ dou⁶ | kug¹ guen³ keo⁴ | tin⁴ ging³ | cêng⁴ pao² |
| 普通话 | 跆拳道 | 曲棍球 | 田径 | 长跑 |

| 粤语 | 马拉松 | 滑雪 | 滑翔伞 | 皮划艇 |
|---|---|---|---|---|
| 粤拼 | ma⁵ lai¹ cung⁴ | wad⁶ xud³ | wad⁶ cêng⁴ san³ | péi⁴ wa¹ téng⁵ |
| 普通话 | 马拉松 | 滑雪 | 滑翔伞 | 皮划艇 |

| 粤语 | 游水 | 摔跤 | 跳远 | 帆船 |
|---|---|---|---|---|
| 粤拼 | yeo⁴ sêu² | sêd¹ gao¹ | tiu³ yun⁵ | fan⁴ xun⁴ |
| 普通话 | 游泳 | 摔跤 | 跳远 | 帆船 |

| 粤语 | 击剑 | 马术 | 剑术 | 单车赛 |
|---|---|---|---|---|
| 粤拼 | gig¹ gim³ | ma⁵ sêd⁶ | gim³ sêd⁶ | dan¹ cé¹ coi³ |
| 普通话 | 击剑 | 马术 | 剑术 | 自行车比赛 |

| 粤语 | 水上芭蕾 | 跳水 | 潜水 | 跳绳 |
|---|---|---|---|---|
| 粤拼 | sêu² sêng⁴ ba¹ lêu⁴ | tiu³ sêu² | qim⁴ sêu² | tiu³ xing⁵ |
| 普通话 | 水上芭蕾 | 跳水 | 潜水 | 跳绳 |

| 粤语 | 围棋 | 国际象棋 | 攀岩 | 壁球 |
|---|---|---|---|---|
| 粤拼 | wei⁴ kéi⁴ | guog³ zei³ zêng⁶ kéi⁴ | pan¹ ngam⁴ | big¹ keo⁴ |
| 普通话 | 围棋 | 国际象棋 | 攀岩 | 壁球 |

# 二十六 节日文化

3-26

| | | | | |
|---|---|---|---|---|
| 粤语 | 春节 | 元宵节 | 妇女节 | 清明节 |
| 粤拼 | cên1 jid3 | yun4 xiu1 jid3 | fu5 nêu5 jid3 | qing1 ming4 jid3 |
| 普通话 | 春节 | 元宵节 | 妇女节 | 清明节 |

| | | | | |
|---|---|---|---|---|
| 粤语 | 劳动节 | 端午节 | 儿童节 | 建军节 |
| 粤拼 | lou4 dung6 jid3 | dün1 ng5 jid3 | yi4 tung4 jid3 | gin3 guen1 jid3 |
| 普通话 | 劳动节 | 端午节 | 儿童节 | 建军节 |

| | | | | |
|---|---|---|---|---|
| 粤语 | 父亲节 | 母亲节 | 教师节 | 中秋节 |
| 粤拼 | fu6 cen1 jid3 | mou5 cen1 jid3 | gao3 xi1 jid3 | zung1 ceo1 jid3 |
| 普通话 | 父亲节 | 母亲节 | 教师节 | 中秋节 |

| | | | | |
|---|---|---|---|---|
| 粤语 | 重阳节 | 国庆节 | 元旦 | 针灸 |
| 粤拼 | cung5 yêng4 jid3 | guog3 hing6 jid3 | yun4 dan3 | zem1 geo3 |
| 普通话 | 重阳节 | 国庆节 | 元旦 | 针灸 |

| | | | | |
|---|---|---|---|---|
| 粤语 | 灯笼 | 汉字 | 书法 | 茶道 |
| 粤拼 | deng1 lung4 | hon3 ji6 | xu1 fad3 | ca4 dou6 |
| 普通话 | 灯笼 | 汉字 | 书法 | 茶道 |

| | | | | |
|---|---|---|---|---|
| 粤语 | 昆曲 | 豫剧 | 相声 | 对联 |
| 粤拼 | kuen¹ kug¹ | yu⁶ kég⁶ | sêng³ xing¹ | dêu³ lün⁴ |
| 普通话 | 昆曲 | 豫剧 | 相声 | 对联 |

| | | | | |
|---|---|---|---|---|
| 粤语 | 京剧 | 粤剧 | 麻雀 | 吟诗 |
| 粤拼 | ging¹ kég⁶ | yud⁶ kég⁶ | ma⁴ zêg² | yem⁴ xi¹ |
| 普通话 | 京剧 | 粤剧 | 麻将 | 吟诗 |

| | | | | |
|---|---|---|---|---|
| 粤语 | 炮仗 | 刺绣 | 扒龙船 | 剪纸 |
| 粤拼 | pao⁴ zêng² | qi³ seo³ | pa⁴ lung⁴ xun⁴ | jin² ji² |
| 普通话 | 鞭炮 | 刺绣 | 赛龙舟 | 剪纸 |

| | | | | |
|---|---|---|---|---|
| 粤语 | 皮影戏 | 丝绸 | 中医 | 国画 |
| 粤拼 | péi⁴ ying² héi³ | xi¹ ceo⁴ | zung¹ yi¹ | guog³ wa² |
| 普通话 | 皮影戏 | 丝绸 | 中医 | 国画 |

| | | | | |
|---|---|---|---|---|
| 粤语 | 瓷器 | 风筝 | 功夫 | 双节棍 |
| 粤拼 | qi⁴ héi³ | fung¹ zeng¹ | gung¹ fu¹ | sêng¹ jid³ guen³ |
| 普通话 | 瓷器 | 风筝 | 功夫 | 双节棍 |

| | | | | |
|---|---|---|---|---|
| 粤语 | 咏春拳 | 折扇 | 篆刻 | 醒狮 |
| 粤拼 | wing⁶ cên¹ kün⁴ | jid³ xin³ | xun⁶ hag¹ | xing² xi¹ |
| 普通话 | 咏春拳 | 折扇 | 篆刻 | 舞狮 |

# 第4章

# 口语化单句

# 一 高兴

4-01

**1** 我好①开心②。

ngo$^{5}$ hou$^{2}$ hoi$^{1}$ sem$^{1}$

我很开心。

① 好：很，非常。副词，在这里修饰动词“开心”。
② 开心：口语，表示高兴。

---

**2** 佢戥①个②仔③开心。

kêu$^{5}$ deng$^{3}$ go$^{3}$ zei$^{2}$ hoi$^{1}$ sem$^{1}$

他替自己的儿子开心。

① 戥：代替，用在心理感受上，不能用在代替做某事上。
② 个：与比自己小的亲属名词结合，表示所属。
③ 仔：儿子。另外，当表示小东西、小物体时，也可以加在相应名词后，如凳仔（小凳子）、镜仔（小镜子）。

---

**3** 我好开心识到①你。

ngo$^{5}$ hou$^{2}$ hoi$^{1}$ sem$^{1}$ xig$^{1}$ dou$^{2}$ néi$^{5}$

我很开心认识你。

① 识到：能够认识

---

**4** 我今日①心情好靓②。

ngo$^{5}$ gem$^{1}$ yed$^{6}$ sem$^{1}$ qing$^{4}$ hou$^{2}$ léng$^{3}$

我今天心情很好。

① 今日：今天
② 好靓：很不错

---

**5** 呢个①消息令我好开心。

ni$^{1}$ go$^{3}$ xiu$^{1}$ xig$^{1}$ ling$^{4}$ ngo$^{5}$ hou$^{2}$ hoi$^{1}$ sem$^{1}$

这个消息令我很开心。

① 呢个：这个。“呢”是指示代词，近指“这”，可以省略。

**6** 你今年嘅业绩令我非常之①开心。

néi5 gem1 nin4 gé3 yib3 jig1 ling6 ngo5 féi1 sêng4 ji1 hoi1 sem1

你今年的业绩令我非常开心。

① 非常之：非常地，“之”起装饰作用。

**7** 好开心又见到你。

hou2 hoi1 sem1 yeo3 gin3 dou2 néi5

很开心又见到你了。

**8** 我真係开心到爆①啊。

ngo5 zen1 hei6 hoi1 sem1 dou3 bao3 a3

我真的好开心啊。

① 爆：表示程度很高。

**9** 小朋友食到咗①佢一直想食嘅②雪糕。

xiu2 peng4 yeo5 xig6 dou3 zo2 kêu5 yed1 jig6 sêng2 xig6 gé3 xud3 gou1

小朋友吃到了他一直想吃的冰激凌。

① 咗：了，表示完成。
② 嘅：的

**10** 我为你哋①嘅成功感到开心。

ngo5 wei6 néi6 déi6 gé3 xing4 gung1 gem2 dou4 hoi1 sem1

我为你们的成功感到开心。

① 你哋：你们

**11** 我攞到冠军，好激动。

ngo5 lo2 dou2 gun3 guen1, hou5 gig1 dung6

我拿到了冠军，好激动。

**12** 佢①开心到语无伦次。

kêu5 hoi1 sem1 dou3 yu5 mou4 lên4 qi3

他开心得语无伦次。

① 佢：他，她，它

# 二 不高兴

4-02

**1** 边个①踩亲②你条尾③啊？

bin1 go3 cai2 cen1 néi5 tiu4 méi5 a3

谁惹你了？

① 边个：谁
② 踩亲：踩到了
③ 尾：字面意思为“尾巴”，句中指踩到了尾巴，就是惹到人了。

**2** 佢成日①都皱眉。

kêu5 séng4 yed6 dou1 zeo3 méi4

他整天都愁眉苦脸。

① 成日：整天。成：整个，全部。

**3** 我今日冇①心情去参加聚会。

ngo5 gem1 yed6 mou5 sem1 qing4 hêu3 cam1 ga1 zêu6 wui6

我今天没有心情去参加聚会。

① 冇：没有

**4** 佢一日都喺度①抱怨。

kêu5 yed1 yed6 dou1 hei2 dou6 pou5 yun3

他一天都在这儿抱怨。

① 喺度：在这里，在那里

**5** 你真係①好烦。

néi5 zen1 hei6 hou2 fan4

你真是好烦。

① 真係：真是

**6** 你冇①嘈住②晒③啦。

néi5 mou5 cou4 ju6 sai3 la1

你别在这里乱吵啦。

① 冇：不要，别。是“唔好”（不要）的连音简写。
② 嘈住：吵着
③ 晒：完全，全部。用在动词或形容词后起补充限定作用。在句中指“完全就是在那里吵，无其他事情”。

**7** 听到呢个消息我好伤心。

téng1 dou3 ni1 go3 xiu1 xig1 ngo5 hou2 sêng1 sem1

听到这个消息我很伤心。

**8** 佢好似①喺度喊②。

kêu5 hou2 qi5 hei2 dou6 ham3

他好像在哭。

① 好似：好像
② 喊：哭

**9** 我心情唔①好。

ngo5 sem1 qing4 m4 hou2

我心情不好。

① 唔：不

**10** 我被妈妈闹①咗一餐②。

ngo5 béi2 ma4 ma1 nao6 zo2 yed1 can1

我被妈妈骂了一顿。

① 闹：骂
② 一餐：一顿。“餐”是量词，一般与“吃”“骂”“打”连用。

**11** 我今晚又要加班。

ngo5 gem1 man2 yeo3 yiu3 ga1 ban1

我今晚又要加班。

**12** 我唔想①见到呢个人。

ngo5 m4 sêng2 gin3 dou2 ni1 go3 yen4

我不想见到这个人。

① 唔想：不想，不愿意

# 三 生气

4-03

**1** 我好嬲①啊！

ngo$^{5}$ hou$^{2}$ neo$^{1}$ a$^{3}$

我好生气啊！

① 嬲：生气

**2** 我真係被佢激①死嘞。

ngo$^{5}$ zen$^{1}$ hei$^{6}$ béi$^{2}$ kêu$^{5}$ gig$^{1}$ séi$^{2}$ lag$^{3}$

我真是被他气死了。

① 激：气

**3** 我真係顶你唔顺①啦。

ngo$^{5}$ zen$^{1}$ hei$^{6}$ ding$^{2}$ néi$^{5}$ m$^{4}$ sên$^{4}$ la$^{3}$

我真是受不了你啦。

① 顶你唔顺：受不了你。“顶”可作动词，如“顶颈”（顶嘴）。

**4** 又塞车①。

yeo$^{4}$ seg$^{1}$ cé$^{1}$

又堵车。

① 塞车：堵车

**5** 佢今朝①迟到被老细②闹。

kêu$^{5}$ gem$^{1}$ jiu$^{1}$ qi$^{4}$ dou$^{3}$ béi$^{3}$ lou$^{5}$ sei$^{3}$ nao$^{6}$

他今天早上迟到被老板骂了。

① 今朝：今天早上
② 老细：老板

**6** 佢发晒烂渣①。

kêu$^{5}$ fad$^{3}$ sai$^{3}$ lan$^{4}$ za$^{2}$

他发飙了。

① 烂渣：发飙

**7** 你睇①佢嬲爆爆噉②。

néi5 tei2 kêu5 neo1 bao3 bao3 gem2

你看他很生气的样子。

① 睇：看
② 嬲爆爆噉：很生气的样子

**8** 我对佢嘅行为真係忍无可忍。

ngo5 dêu3 kêu5 gé3 heng4 wei4 zen1 hei6 yen2 mou4 ho2 yen2

我对他的行为真是忍无可忍。

**9** 佢哋喺度①嘈交②。

kêu5 déi6 hei2 dou6 cou4 gao1

他们正在吵架。

① 喺度：正在
② 嘈交：吵架

**10** 佢哋好似要郁手①啊。

kêu5 déi6 hou2 qi5 yiu3 yug1 seo2 a3

他们好像要动手啊。

① 郁手：动手

**11** 佢一唔开心就猛①噉食嘢②。

kêu5 yed1 m4 hoi1 sem1 zeo6 mang5 gem2 xig6 yé2

他一不开心就猛吃东西。

① 猛：一直，不停地
② 食嘢：吃东西

**12** 呢个时候千祈①冇激②佢。

ni1 go3 xi4 heo6 qin1 kéi4 mou5 gig1 kêu5

这个时候千万别惹他。

① 千祈：千万
② 激：惹，导致……结果

**13** 忍唔住①要发脾气。

yen2 m4 ju6 yiu3 fad3 péi4 héi3

忍不住要发脾气。

① 忍唔住：忍不住

# 四 遗憾

4-04

**1** 我好后悔我咁①做。

ngo$^{5}$ hou$^{2}$ heo$^{6}$ fui$^{3}$ ngo$^{5}$ gem$^{2}$ zou$^{6}$

我很后悔这么做。

① 咁：这么，这样

**2** 我唔应该同①爸爸嘈交。

ngo$^{5}$ m$^{4}$ ying$^{1}$ goi$^{1}$ tung$^{4}$ ba$^{4}$ ba$^{1}$ cou$^{4}$ gao$^{1}$

我不应该和爸爸吵架。

① 同：和，跟

**3** 迟早有一日佢会后悔嘅。

qi$^{4}$ zou$^{2}$ yeo$^{5}$ yed$^{1}$ yed$^{6}$ kêu$^{5}$ wui$^{5}$ heo$^{6}$ fui$^{3}$ gé$^{3}$

早晚有一天他会后悔的。

**4** 我为自己做嘅事感到后悔。

ngo$^{5}$ wei$^{4}$ ji$^{6}$ géi$^{2}$ zou$^{6}$ gé$^{3}$ xi$^{6}$ gem$^{2}$ dou$^{3}$ heo$^{6}$ fui$^{3}$

我为自己做的事感到后悔。

**5** 我觉得我做错咗。

ngo$^{5}$ gog$^{6}$ deg$^{1}$ ngo$^{5}$ zou$^{6}$ co$^{3}$ zo$^{2}$

我觉得我做错了。

**6** 我后悔辞咗职。

ngo$^{5}$ heo$^{6}$ fui$^{3}$ qi$^{4}$ zo$^{2}$ jig$^{1}$

我后悔辞职了。

**7** 好可惜佢嚟唔到①。

hou² ho² xig¹ kêu⁵ lei⁴ m⁴ dou²

很遗憾他来不了。

① 嚟唔到：来不了

**8** 好遗憾，佢错过咗班机。

hou² wei⁴ hem⁶, kêu⁵ co³ guo³ zo² ban¹ géi¹

很遗憾，他错过了航班。

**9** 好遗憾，我听日①参加唔到聚会喔。

hou² wei⁴ hem⁶, ngo⁵ ting¹ yed⁶ cam¹ ga¹ m⁴ dou² zêu⁶ wui⁶ wo³

很遗憾，我明天参加不了聚会了。

① 听日：明天

**10** 你谂①清楚，第日②冇后悔啊。

néi⁵ nem² qing¹ co², dei⁶ yed⁶ mou⁵ heo⁶ fui³ a³

你想清楚，以后不要后悔啊。

① 谂：想，考虑，思考
② 第日：改天，以后

**11** 呢个世界冇后悔药食①。

ni¹ go³ sei³ gai³ mou⁵ heo⁶ fui³ yêg⁶ xig⁶

这个世界没有卖后悔药的。

① 食：吃

**12** 你做咗就返①唔到转头②㗎嘞。

néi⁵ zou⁶ zo² zeo⁶ fan¹ m⁴ dou² jun³ teo⁴ ga³ lag³

你做了就回不了头了。

① 返：回，使动作恢复到原来的状态。
② 转头：回头

**13** 好遗憾以后唔可以同你做同事了。

hou⁵ wei⁴ hem⁶ yi⁵ heo⁶ m⁴ ho⁵ yi⁵ tung⁴ néi⁵ zou⁶ tung⁴ xi⁶ leg³

很遗憾以后不能和你做同事了。

# 五 担心

4-05

**1** 我好担心佢啊。

ngo$^5$ hou$^5$ dam$^1$ sem$^1$ kêu$^5$ a$^3$

我好担心他啊。

**2** 我哋①都好担心佢嘅安全。

ngo$^5$ déi$^6$ dou$^1$ hou$^2$ dam$^1$ sem$^1$ kêu$^5$ gé$^3$ ngon$^1$ qun$^4$

我们都很担心他的安全。

① 我哋：我们

**3** 我好担心我细佬①。

ngo$^5$ hou$^5$ dam$^1$ sem$^1$ ngo$^5$ sei$^3$ lou$^2$

我很担心我弟弟。

① 细佬：弟弟

**4** 你担心都冇用㗎①。

néi$^5$ dam$^1$ sem$^1$ dou$^1$ mou$^5$ yung$^6$ ga$^3$

你担心也没用啊。

① 㗎：句末语气词，表肯定。

**5** 唔好①担心我，我好好。

m$^4$ hou$^2$ dam$^1$ sem$^1$ ngo$^5$, ngo$^5$ hou$^2$ hou$^2$

不要担心我，我很好。

① 唔好：不要，别

**6** 佢食唔落①，瞓②唔好。

kêu$^5$ xig$^6$ m$^4$ log$^6$, fen$^3$ m$^4$ hou$^2$

他吃不下，睡不好。

① 食唔落：吃不下
② 瞓：睡

**7** 我真係担心到死啊。

ngo5 zen1 hei6 dam1 sem1 dou3 séi2 a3

我真是担心死了。

**8** 你使乜①担心我啫②?

néi5 sei2 med1 dam1 sem1 ngo5 zé1

你干吗担心我呢?

① 使乜：用不着
② 啫：句末语气词，表示对对方的做法不以为意、不赞同。

**9** 好好照顾自己，冇令妈妈担心。

hou2 hou2 jiu3 gu3 ji6 géi2, mou5 ling4 ma4 ma1 dam1 sem1

好好照顾自己，不要让妈妈担心。

**10** 我都咁大个女①嘞，冇担心我。

ngo5 dou1 gem3 dai6 go3 nêu5 lag3, mou5 dam1 sem1 ngo5

我都这么大了，不要担心我。

① 大个女：表示女儿长大了

**11** 佢识①照顾自己㗎啦，冇担心咁多。

kêu5 xig1 jiu3 gu3 ji6 géi2 ga3 la3, mou5 dam1 sem1 gem3 do1

他会照顾自己啦，不要担心这么多。

① 识：懂得，会

**12** 我个①心啰啰挛②。

ngo5 go3 sem1 lo1 lo1 lün1

我的心里七上八下的。

① 个："呢个"的简略表达，这个。粤语里的指示代词可以省略，量词不可以省略。
② 啰啰挛：七上八下，忐忑不安

# 六 喜欢

4-06

**1** 我中意①食鱼，你呢?

ngo⁵ zung¹ yi³ xig⁶ yu², néi⁵ né¹

我喜欢吃鱼，你呢?

① 中意：喜欢

**2** 你买嘅蛋糕我都①好中意食。

néi⁵ mai⁵ gé³ dan⁶ gou¹ ngo⁵ dou¹ hou⁵ zung¹ yi³ xig⁶

你买的蛋糕我也很喜欢吃。

① 都：也

**3** 你中意玩乜嘢①?

néi⁵ zung¹ yi³ wan² med¹ yé²

你喜欢玩什么?

① 乜嘢：什么，可连音简略为“咩”。“嘢”表示东西。

**4** 你中唔中意游水①?

néi⁵ zung¹ m⁴ zung¹ yi³ yeo⁴ sêu²

你喜不喜欢游泳?

① 游水：游泳

**5** 佢应该会中意呢件①礼物。

kêu⁵ ying¹ goi¹ wui⁵ zung¹ yi³ ni¹ gin³ lei⁵ med⁶

他应该会喜欢这件礼物。

① 呢件：这件

**6** 我係①足球迷。

ngo⁵ hei⁶ zug¹ keo⁴ mei⁴

我是足球迷。

① 係：是

**7** 老师好中意佢。

lou$^{5}$ xi$^{1}$ hou$^{2}$ zung$^{1}$ yi$^{3}$ kêu$^{5}$

老师好喜欢他。

**8** 我非常中意音乐。

ngo$^{5}$ féi$^{1}$ sêng$^{4}$ zung$^{1}$ yi$^{3}$ yem$^{1}$ ngog$^{6}$

我非常喜欢音乐。

**9** 我男朋友好中意武术。

ngo$^{5}$ nem$^{4}$ peng$^{4}$ yeo$^{5}$ hou$^{2}$ zung$^{1}$ yi$^{3}$ mou$^{5}$ sêd$^{6}$

我男朋友很喜欢武术。

**10** 细路仔①好中意着②新衫③。

sei$^{3}$ lou$^{6}$ zei$^{2}$ hou$^{2}$ zung$^{1}$ yi$^{3}$ zêg$^{3}$ sen$^{1}$ sam$^{1}$

小孩子很喜欢穿新衣服。

① 细路仔：小孩子
② 着：穿
③ 新衫：新衣服。粤语里，衣服统称为“衫”。

**11** 我最①中意旅游㗎嘞。

ngo$^{5}$ zêu$^{3}$ zung$^{1}$ yi$^{3}$ lêu$^{5}$ yeo$^{4}$ ga$^{3}$ lag$^{3}$

我最喜欢旅游了。

① 最：与普通话意思一样，粤语口语多读为“至”，读ji$^{3}$。

**12** 你睇佢好中意呢个公仔①波。

néi$^{5}$ tei$^{2}$ kêu$^{5}$ hou$^{2}$ zung$^{1}$ yi$^{3}$ ni$^{1}$ go$^{3}$ gung$^{1}$ zei$^{2}$ bo$^{3}$

你看他很喜欢这个布偶啊。

① 公仔：布偶

**13** 我乜①都中意食。

ngo$^{5}$ med$^{1}$ dou$^{1}$ zung$^{1}$ yi$^{3}$ xig$^{6}$

我什么都喜欢吃。

① 乜：什么

# 七 不喜欢

4-07

**1** 呢味餸①真係好难食②。

ni1 méi2 sung3 zen1 hei6 hou2 nan4 xig6

这道菜真的很难吃。

① 呢味餸：这道菜
② 难食：难吃

**2** 我唔中意佢。

ngo5 m4 zung1 yi3 kêu5

我不喜欢他。

**3** 我唔中意呢间①酒吧。

ngo5 m4 zung1 yi3 ni1 gan1 zeo2 ba1

我不喜欢这家酒吧。

① 呢间：这家。“间”是企事业单位的量词。

**4** 呢朕味①好难闻。

ni1 zem6 méi6 hou2 nan4 men4

这股气味好难闻。

① 呢朕味：这股气味

**5** 我不嬲①都唔中意饮②奶茶。

ngo5 bed1 leo1 dou1 m4 zung1 yi3 yem2 nai4 ca4

我一直都不喜欢喝奶茶。

① 不嬲：一直，本来。“嬲”单独使用时表示“生气”。
② 饮：喝

**6** 我好憎①食面。

ngo5 hou2 zeng1 xig6 min6

我好讨厌吃面。

① 憎：讨厌

**7** 我好憎你成日挂住①打机②。

ngo⁵ hou² zeng¹ néi⁵ séng⁴ yed⁶ gua³ ju⁶ da² géi¹

我很讨厌你整天顾着打游戏。

① 挂住：这里是“顾着”的意思，该词也有“想念”的意思。
② 打机：打游戏

**8** 我不嬲都唔中意运动。

ngo⁵ bed¹ leo¹ dou¹ m⁴ zung¹ yi³ wen⁶ dung⁶

我一直都不喜欢运动。

**9** 佢好乞人憎①啊。

kêu⁵ hou² hed¹ yen⁴ zeng¹ a³

他好讨人厌啊。

① 乞人憎：讨人厌

**10** 我唔想去酒吧。

ngo⁵ m⁴ sêng² hêu³ zeo² ba¹

我不想去酒吧。

**11** 呢出①电影好难睇②。

ni¹ cêd¹ din⁶ ying² hou² nan⁴ tei²

这部电影很难看。

① 呢出：这部。“出”是电影、戏剧的量词。
② 难睇：难看

**12** 呢度①好嘈②，搞到好心烦。

ni¹ dou³ hou² cou⁴, gao² dou³ hou² sem¹ fan⁴

这里好吵，让人心烦。

① 呢度：这里
② 好嘈：好吵

# 八 乐观

4-08

**1** 我係个乐观主义者。

ngo5 hei6 go3 log6 gun1 ju2 yi6 zé2

我是个乐观主义者。

**2** 佢係乐天派。

kêu5 hei6 log6 tin1 pai3

他是乐天派。

**3** 我对未来充满自信。

ngo5 dêu3 méi6 loi4 cung1 mun5 ji6 sên3

我对未来充满自信。

**4** 失败一次啫①，有乜嘢啊。

sed1 bai6 yed1 qi3 zé1, yeo5 med1 yé2 a3

失败一次而已，有什么啊。

① 啫：……而已。句末语气词，形容把事情往小里说，带有不以为意的口气。

**5** 任何困难都打唔低①我。

yem6 ho4 kuen3 nan4 dou1 da2 m4 dei1 ngo5

任何困难都打不倒我。

① 打唔低：打不倒

**6** 我哋①要乐观对待生活。

ngo5 déi6 yiu3 log6 gun1 dêu3 doi6 seng1 wud6

我们要乐观对待生活。

① 我哋：我们

**7** 我相信我实[①]会成功。

ngo5 sêng1 sên3 ngo5 sed6 wui5 xing4 gung1

我相信我一定会成功。

① 实：肯定，一定

**8** 佢总係[①]对生活持乐观嘅态度。

kêu5 zung2 hei6 dêu3 seng1 wud6 qi4 log6 gun1 gé3 tai3 dou6

他总是对生活持乐观的态度。

① 总係：总是

**9** 我嘅前途一片光明。

ngo5 gé3 qin4 tou4 yed1 pin3 guong1 ming4

我的前途一片光明。

**10** 个[①]天会保佑我哋嘅。

go3 tin1 wui5 bou2 yeo6 ngo5 déi6 gé3

老天会保佑我们的。

① 个：量词，名词前面加量词。

**11** 我相信一切都有可能。

ngo5 sêng1 sên3 yed1 cei3 dou1 yeo5 ho2 neng4

我相信一切都有可能。

**12** 你放心，我哋赢硬[①]㗎啦。

néi5 fong3 sem1, ngo5 déi6 yéng4 ngang6 ga3 la3

你放心，我们赢定了。

① 赢硬：赢定

**13** 我心态一直都好好喔。

ngo5 sem1 tai3 yed1 jig6 dou1 hou5 hou5 wo3

我心态一直都很好哦。

# 九 悲观

4-09

**1** 佢对呢件事完全绝望。

kêu$^5$ dêu$^3$ ni$^1$ gin$^3$ xi$^6$ yun$^4$ qun$^4$ jud$^6$ mong$^6$

他对这件事完全绝望了。

**2** 今日好黑①啊。

gem$^1$ yed$^6$ hou$^2$ heg$^1$ a$^3$

今天好倒霉啊。

① 好黑：好倒霉

**3** 佢嘅悲观情绪影响咗我。

kêu$^5$ gé$^3$ béi$^1$ gun$^1$ qing$^4$ sêu$^5$ ying$^2$ hêng$^2$ zo$^2$ ngo$^5$

他的悲观情绪影响了我。

**4** 我对未来感到好迷惘。

ngo$^5$ dêu$^3$ méi$^6$ loi$^4$ gem$^2$ dou$^3$ hou$^2$ mei$^4$ mong$^5$

我对未来感到好迷惘。

**5** 佢对未来感到悲观。

kêu$^5$ dêu$^3$ méi$^6$ loi$^4$ gem$^2$ dou$^3$ béi$^1$ gun$^1$

他对未来感到悲观。

**6** 你睇开①啲②啦，冇咁悲观。

néi$^5$ tei$^2$ hoi$^1$ did$^1$ la$^1$, mou$^5$ gem$^3$ béi$^1$ gun$^1$

你看开点啦，不要这么悲观。

① 睇开：看开
② 啲：一点，一些

**7** （呢）件事①越嚟越复杂②。

(ni1)gin3 xi6 yud6 lei4 yud6 fug1 zab6

这件事越来越复杂。

> ① （呢）件事：这件事。前面的指示代词“呢”（这）可以省略不要。
> ② 越嚟越复杂：越来越复杂

---

**8** 我对未来唔抱太大希望。

ngo5 dêu3 méi6 loi4 m4 pou5 tai3 dai6 héi1 mong6

我对未来不抱太大希望。

---

**9** 我好惊①我会失业。

ngo5 hou2 géng1 ngo5 wui5 sed1 yib6

我好害怕我会失业。

> ① 惊：害怕

---

**10** 比赛输咗我觉得好沮丧。

béi2 coi3 xu1 zo2 ngo5 gog6 deg1 hou2 zêu2 song3

比赛输了我感到很沮丧。

---

**11** 我对你冇任何期待。

ngo5 dêu3 néi5 mou5 yem6 ho4 kéi4 doi3

我对你没任何期待。

---

**12** 呢件事你盏攞嚟搞①嘅。

ni1 gin3 xi6 néi5 zan2 lo2 lei4 gao2 gé3

这件事你白费力气。

> ① 盏攞嚟搞：白费力气。“盏”本是“赚，集”的意思，常用表达还有“盏被佢闹（被他骂）”“盏被佢讲（被他说）”。“嘥气”是“浪费口舌”的意思。句中直译过来是“赚到了浪费口舌”，表示徒劳，白费力气。

# 十 惊讶

4-10

**1** 你搞边科①啊？

néi5 gao2 bin1 fo1 a3

你搞哪一出啊？

① 边科：哪一出，花样

**2** 呢条友①真係估唔到②佢会咁。

ni1 tiu4 yeo5 zen1 hei6 gu2 m4 dou3 kêu5 wui5 gem2

这家伙真是猜不到他会这样。

① 呢条友：这家伙
② 估唔到：猜不到。“估”还有“以为”的意思。

**3** 呢个消息真係令人震惊。

ni1 go3 xiu1 xig1 zen1 hei6 ling6 yen4 zen3 ging1

这个消息真是令人震惊。

**4** 乜①你唔知咩②？

med1 néi5 m4 ji1 mé1

难道你不知道吗？

① 乜：难道，也有“为什么”的意思。
② 咩：吗，表反问。

**5** 真定①假啊？

zen1 ding6 ga2 a3

真的还是假的啊？

① 定：还是，是“定係”的简略表达。

**6** 唔係啊嘛①？

m4 hei6 a1 ma4

不是吧？

① 啊嘛：……吧，句末语气词，表示惊讶。

**7** 佢攞咗[①]第一名啊?

kêu⁵ lo² zo² dei⁶ yed¹ ming⁴ a³

他拿了第一名啊?

> ① 攞咗：拿了，“咗”表完成。

**8** 我真係唔敢相信自己对眼。

ngo⁵ zen¹ hei⁶ m⁴ gem² sêng¹ sên³ ji⁶ géi² dêu³ ngan⁵

我真是不敢相信自己的眼睛。

**9** 如果唔係佢亲口讲，我都唔信啊。

yu⁴ guo² m⁴ hei⁶ kêu⁵ cen¹ heo² gong², ngo⁵ dou¹ m⁴ sên³ a³

如果不是他亲口说，我都不信啊。

**10** 我都觉得不可思议。

ngo⁵ dou¹ gog⁶ deg¹ bed¹ ho² xi¹ yi³

我也觉得不可思议。

**11** 一时间[①]我都唔知点[②]解释。

yed¹ xi⁴ gan¹ ngo⁵ dou¹ m⁴ ji¹ dim² gai² xig¹

一下子我也不知道怎么解释。

> ① 一时间：一下子
> ② 点：怎么样

**12** 咁耐[①]冇见，佢嘅样[②]真係变晒喔。

gem³ noi⁶ mou⁵ gin³, kêu⁵ gé³ yêng² zen¹ hei⁶ bin³ sai³ wo³

这么久没见，他的样子真的完全变了。

> ① 咁耐：这么久
> ② 样：样子，模样

# 十一 冷漠

4-11

**1** 是但①你点②讲啦。

xi$^6$ dan$^6$ néi$^5$ dim$^2$ gong$^2$ la$^1$

随便你怎么说吧。

① 是但：随便
② 点：怎么样

**2** 唔关我事啊。

m$^4$ guan$^1$ ngo$^5$ xi$^6$ a$^3$

不关我的事啊。

**3** 你自己搞掂①啦，冇揾②我。

néi$^5$ ji$^6$ géi$^2$ gao$^2$ dim$^3$ la$^1$, mou$^5$ wen$^2$ ngo$^5$

你自己搞定，不要找我。

① 搞掂：搞定
② 揾：找

**4** 呢件事同我一啲①关系都冇。

ni$^1$ gin$^3$ xi$^6$ tung$^4$ ngo$^5$ yed$^1$ did$^1$ guan$^1$ hei$^6$ dou$^1$ mou$^5$

这件事跟我一点关系都没有。

① 一啲：一点

**5** 我唔得闲①听你喺度废话。

ngo$^5$ m$^4$ deg$^1$ han$^4$ téng$^1$ néi$^5$ hei$^2$ dou$^6$ fei$^3$ wa$^2$

我没空听你在这里废话。

① 唔得闲：没空

**6** 好啦，随便你。

hou$^2$ la$^1$, cêu$^3$ bin$^2$ néi$^5$

好吧，随便你。

**7** 你中意点就点，我无所谓。

néi5 zung1 yi3 dim2 zeo6 dim2, ngo5 mou5 so2 wei6

你喜欢怎样就怎样，我无所谓。

**8** 我一啲都唔在乎。

ngo5 yed1 did1 dou1 m4 zoi3 fu3

我一点都不在乎。

**9** 我先①唔理②佢啊。

ngo5 xin1 m4 léi5 kêu5 a3

我才不管他呢。

① 先：才
② 唔理：不管

**10** 关我鬼事啊，自己搞掂。

guan1 ngo5 guei2 xi6 a3, ji6 géi2 gao3 dim3

关我什么事啊，自己搞定。

**11** 由得佢啦。

yeo5 deg1 kêu5 la1

随他吧。

**12** 佢根本就唔着紧①呢件事。

kêu5 gen1 bun2 zeo6 m4 zêg3 gen2 ni1 gin6 xi6

他根本就不在乎这件事。

① 着紧：在乎，紧张

**13** 唔关你事就冇理①咁多②。

m4 guan1 néi5 xi6 zeo6 mou5 léi5 gem3 do1

不关你的事就别管这么多。

① 理：管
② 咁多：这么多

# 十二 同意

4-12

**1** 好啊，我同意。

hou2 a3, ngo5 tung4 yi3

好啊，我同意。

**2** 主任赞成我咁做①。

ju2 yem6 zan3 xing4 ngo5 gem2 zou6

主任赞成我这样做。

① 咁做：这样做

**3** 本身就应该咁样①。

bun2 sen1 zeo6 ying1 goi1 gem2 yêng2

本来就应该这样。

① 咁样：这样

**4** 你可以用我嘅字典。

néi5 ho2 yi2 yung4 ngo5 gé3 ji6 din2

你可以用我的字典。

**5** 我非常认可你嘅能力。

ngo5 féi1 sêng4 ying4 ho2 néi5 gé3 neng4 lig6

我非常认可你的能力。

**6** 领导批咗①我嘅申请。

ling5 dou6 pei1 zo2 ngo5 gé3 sen1 qing2

领导批了我的申请。

① 批咗：批了

**7** 我唔反对你咁做。

ngo5 m4 fan2 dêu3 néi5 gem2 zou6

我不反对你这样做。

**8** 我同你嘅睇法①係一样嘅。

ngo5 tung4 néi5 gé3 tei2 fad3 hei6 yed1 yêng3 gé3

我和你的看法一样。

① 睇法：看法

**9** 佢讲得有道理。

kêu5 gong2 deg1 yeo5 dou3 léi5

他讲得有道理。

**10** 唔使问①，佢实赢②。

m4 sei2 men6, kêu5 sed6 yéng3

不用问，他肯定赢。

① 唔使问：不用问
② 实赢：肯定赢

**11** 我唔反对你去广州。

ngo5 m4 fan2 dêu3 néi5 hêu3 guong2 zeo1

我不反对你去广州。

**12** 梗係①得②啦，冇问题。

geng2 hei6 deg1 la1, mou5 men6 tei4

当然可以，没问题。

① 梗係：当然
② 得：可以，行

**13** 我得到咗①老师嘅同意。

ngo5 deg1 dou2 zo2 lou5 xi1 gé3 tung4 yi3

我得到老师的同意了。

① 得到咗：得到了

# 十三 反对

4-13

**1** 我唔同意你嘅提议。

ngo5 m4 tung4 yi3 néi5 gé3 tei4 yi3

我不同意你的提议。

**2** 出便①台风，你冇出去。

cêd1 bin6 toi3 fung1, néi5 mou5 cêd1 hêu3

外面有台风，你不要出去。

① 出便：外面

**3** 我绝对唔会①应承②你。

ngo5 jud6 dêu3 m4 wui2 ying1 xing4 néi5

我绝对不会答应你。

① 唔会：不会
② 应承：答应

**4** 摆明咁样①就係②唔得③。

bai2 ming4 gem2 yêng2 zeo6 hei6 m4 deg1

明摆着这样就是不行。

① 咁样：这样
② 就係：就是
③ 唔得：不行，不可以

**5** 你咁谂①係唔啱②嘅。

néi5 gem2 nem5 hei6 m4 ngam1 gé3

你这样想是不对的。

① 谂：思考，考虑
② 唔啱：不对

**6** 我唔赞成你而家①辞职。

ngo5 m4 zan3 xing4 néi5 yi4 ga1 qi4 jig1

我不赞成你现在辞职。

① 而家：现在

**7** 你唔好出去。

néi5 m4 hou2 cêd1 hêu3

你不要出去。

**8** 梗係唔得啦。

geng$^{2}$ hei$^{6}$ m$^{4}$ deg$^{1}$ la$^{1}$

当然不行啦。

**9** 呢件事冇得倾①。

ni$^{1}$ gin$^{3}$ xi$^{6}$ mou$^{5}$ deg$^{1}$ king$^{1}$

这件事没得商量。

① 冇得倾：没得商量。倾：谈，聊。

**10** 我就係①唔想②你做错。

ngo$^{5}$ zeo$^{6}$ hei$^{6}$ m$^{4}$ sêng$^{5}$ néi$^{5}$ zou$^{6}$ co$^{3}$

我就是不想你做错。

① 就係：就是
② 唔想：不想

**11** 你冇阻住①我，我一定要去。

néi$^{5}$ mou$^{5}$ zo$^{2}$ ju$^{3}$ ngo$^{5}$, ngo$^{5}$ yed$^{1}$ ding$^{6}$ yiu$^{3}$ hêu$^{3}$

你别拦着我，我一定要去。

① 阻住：阻碍，拦住

**12** 我就係惊你行差踏错啊。

ngo$^{5}$ zeo$^{6}$ hei$^{6}$ géng$^{1}$ néi$^{5}$ hang$^{4}$ ca$^{1}$ dab$^{6}$ co$^{3}$ a$^{3}$

我就是怕你走偏做错事啊。

**13** 我嘅方案被否定咗。

ngo$^{5}$ gé$^{3}$ fong$^{1}$ ngon$^{3}$ béi$^{6}$ feo$^{2}$ ding$^{6}$ zo$^{2}$

我的方案被否定了。

**14** 屋企人唔赞成我换车。

ug$^{1}$ kéi$^{2}$ yen$^{4}$ m$^{4}$ zan$^{3}$ xing$^{4}$ ngo$^{5}$ wun$^{6}$ cé$^{1}$

家里人不赞成我换车。

# 十四 许可

4-14

**1** 呢度①可以食烟②。

ni1 dou3 ho2 yi5 xig6 yin1

这里可以抽烟。

① 呢度：这里
② 食烟：抽烟

**2** 妈妈俾①我咁②做。

ma4 ma1 béi2 ngo5 gem2 zou6

妈妈允许我这么做。

① 俾：允许，让
② 咁：这样

**3** 你可以随便拣①你中意嘅②。

néi5 ho2 yi5 cêu4 bin2 gan2 néi5 zung1 yi3 gé3

你可以随便挑选你喜欢的。

① 拣：挑选
② 中意嘅：喜欢的

**4** 你可以揾①佢帮手②。

néi5 ho2 yi5 wen2 kêu5 bong1 seo2

你可以找他帮忙。

① 揾：找
② 帮手：帮忙

**5** 呢度可以泊车①。

ni1 dou3 ho2 yi5 pag6 cé1

这里可以停车。

① 泊车：停车

**6** 你可以喺呢度①坐一阵②。

néi5 ho2 yi5 hei2 ni1 dou3 co5 yed1 zen6

你可以在这儿坐一会儿。

① 喺呢度：在这里
② 一阵：一会儿

**7** 你可以睇阵①电视。

néi5 ho2 yi5 tei2 zen6 din6 xi6

你可以看会儿电视。

① 睇阵：看一会儿

**8** 你可以出去，但係①十点之前要返嚟②。

néi5 ho2 yi5 cêd1 hêu3, dan6 hei6 seb6 dim2 ji1 qin4 yiu3 fan1 lei4

你可以出去，但是10 点之前要回来。

① 但係：但是
② 返嚟：回来

**9** 我卒之①可以落班②啦。

ngo5 zêd1 ji1 ho2 yi5 log6 ban1 la1

我终于可以下班啦。

① 卒之：终于
② 落班：下班

**10** 我哋唔俾①细路仔夜瞓②。

ngo5 déi6 m4 béi2 sei3 lou6 zei2 yé3 fen3

我们不允许小孩子晚睡。

① 唔俾：不允许，不让
② 夜瞓：晚睡

**11** 呢间餐厅支持微信支付。

ni1 gan1 can1 téng1 ji1 qi4 méi4 sên3 ji1 fu6

这家餐厅支持微信支付。

**12** 你想食乜嘢自己去攞①。

néi5 sêng2 xig6 med1 yé2 ji6 géi2 hêu3 lo2

你想吃什么自己去拿。

① 攞：拿

**13** 你做完功课①就可以睇②电视。

néi5 zou6 yun4 gung1 fo3 zeo6 ho2 yi5 tei2 din6 xi6

你做完作业就可以看电视。

① 功课：作业
② 睇：看

# 十五 禁止

4-15

**1** 请勿随地吐痰。

qing2 med6 cêu3 déi6 tou3 tam4

请勿随地吐痰。

**2** 电影院唔可以影相①。

din6 ying2 yun2 m4 ho2 yi5 ying2 sêng2

电影院不可以拍照。

① 影相：拍照

**3** 图书馆唔俾大声嘈。

tou4 xu1 gun2 m4 béi2 dai6 séng1 cou4

图书馆不允许大声喧哗。

**4** 公共场合唔好大声喧哗。

gung1 gung6 cêng4 heb6 m4 hou5 dai6 séng1 hün1 wa1

公共场合不要大声喧哗。

**5** 禁止钓鱼。

gem3 ji2 diu3 yu2

禁止钓鱼。

**6** 非工作人员禁止入去①。

féi1 gung1 zog3 yen4 yun4 gem3 ji2 yeb6 hêu3

非工作人员禁止入内。

① 入去：进去

**7** 加油站禁止食烟。

ga¹ yeo⁴ zam⁶ gem³ ji² xig⁶ yin¹

加油站禁止抽烟。

**8** 呢度係无烟区，唔俾食烟。

ni¹ dou³ hei⁶ mou⁴ yin¹ kêu¹, m⁴ béi² xig⁶ yin¹

这里是无烟区，不可以吸烟。

**9** 油漆未干，禁止触摸。

yeo⁴ ced¹ méi⁶ gon¹, gem³ ji² zug¹ mo²

油漆未干，禁止触摸。

**10** 呢度係单行线，唔俾泊车。

ni¹ dou³ hei⁶ dan¹ heng⁴ xin³, m⁴ béi² pag³ cé¹

这里是单行线，不允许停车。

**11** 危险区域，禁止游水。

ngei⁴ him² kêu¹ wig⁶, gem³ ji² yeo⁴ sêu²

危险区域，禁止游泳。

**12** 市区禁止飙车。

xi⁵ kêu¹ gem³ ji² biu¹ cé¹

市区禁止飙车。

**13** 晚黑9点后唔可以①出门。

man⁵ heg¹ geo² dim² heo⁶ m⁴ ho² yi⁵ cêd¹ mun⁴

晚上9点后不能出门。

① 唔可以：不可以

# 十六 感谢

4-16

**1** 多谢你。

do1 zé6 néi5

谢谢你。

**2** 唔该晒①。

m4 goi1 sai3

谢谢。

① 晒：完全，全部。这里指感谢的心意更加浓。

**3** 多谢你帮我。

do1 zé6 néi5 bong1 ngo5

谢谢你帮我。

**4** 好彩①你提醒我。

hou5 coi2 néi5 tei4 séng2 ngo5

幸好你提醒我。

① 好彩：多亏，幸亏

**5** 好多谢你帮我。

hou2 do1 zé6 néi5 bong1 ngo5

很感谢你帮我。

**6** 多得①你嘅帮忙。

do1 deg1 néi5 gé3 bong1 mong4

幸亏你的帮忙。

① 多得：亏得，幸好

**7** 多谢你，真係麻烦晒[①]你喔。

do¹ zé³ néi⁵, zen¹ hei⁶ ma⁴ fan⁴ sai³ néi⁵ wo³

谢谢你，真是太麻烦你了。

① 麻烦晒：很麻烦

**8** 多谢你所做嘅一切。

do¹ zé³ néi⁵ so² zou⁶ gé³ yed¹ cei³

谢谢你所做的一切。

**9** 多谢你俾机会我[①]。

do¹ zé³ néi⁵ béi² géi¹ wui³ ngo⁵

谢谢你给我机会。

① 俾机会我：给我机会。这是粤语语法中的“施受”句式，受者在最后。具体讲解见第2章。

**10** 多谢你嘅建议。

do¹ zé³ néi⁵ gé³ gin³ yi⁵

谢谢你的建议。

**11** 好彩有你嘅帮手我先[①]可以做到。

hou² coi² yeo² néi⁵ gé³ bong¹ seo² ngo⁵ xin¹ ho² yi⁵ zou⁶ dou³

幸亏有你的帮忙我才可以做到。

① 先：才

**12** 做人要识得[①]感恩。

zou⁶ yen⁴ yiu³ xig¹ deg¹ gem² yen¹

做人要懂得感恩。

① 识得：懂得

**13** 今次[①]真係靠晒你啦。

gem¹ qi³ zen¹ hei⁶ kao⁴ sai³ néi⁵ la³

这次真的全靠你啊。

① 今次：这次

# 十七 道歉

4-17

**1** 对唔住！

dêu³ m⁴ ju⁶

对不起！

**2** 唔好意思！

m⁴ hou² yi³ xi¹

不好意思！

**3** 我错咗，请你原谅我。

ngo⁵ co³ zo², céng² néi⁵ yun⁴ lêng⁶ ngo⁵

我错了，请你原谅我。

**4** 实在对唔住，恳请你原谅我。

sed⁶ zoi² dêu³ m⁴ ju⁶, hen² qing² néi⁵ yun⁴ lêng⁶ ngo⁵

我衷心地恳请你原谅我。

**5** 唔好意思，我迟到咗。

m⁴ hou² yi³ xi¹, ngo⁵ qi⁴ dou⁴ zo²

不好意思，我迟到了。

**6** 我唔係专登①激②你嘅，唔好意思。

ngo⁵ m⁴ hei⁶ jun¹ deng¹ gig¹ néi⁵ gé³, m⁴ hou² yi³ xi¹

我不是故意气你的，不好意思。

① 专登：故意
② 激：气，惹

**7** 请你接受我嘅道歉。

céng² néi⁵ jib³ seo⁶ ngo⁵ gé³ dou⁶ hib³

请你接受我的道歉。

**8** 你可唔可以①原谅我。

néi⁵ ho² m⁴ ho² yi⁵ yun⁴ lêng⁶ ngo⁵

你可不可以原谅我。

① 可唔可以：可不可以

**9** 唔好意思，打搅晒①啊。

m⁴ hou² yi³ xi¹, da² gao² sai³ a³

不好意思，太打扰您了。

① 打搅晒：打扰了。“晒”包含因打扰对方而感到十分抱歉的语气。

**10** 对唔住，我打错咗。

dêu³ m⁴ ju⁶, ngo⁵ da² co³ zo²

对不起，我打错了。

**11** 我唔应该咁做。

ngo⁵ m⁴ ying¹ goi¹ gem² zou⁶

我不应该这么做。

**12** 原谅我唔记得咗话俾你知①。

yun⁴ lêng⁶ ngo⁵ m⁴ géi³ deg¹ zo² wa⁶ béi² néi⁵ ji¹

原谅我忘记告诉你了。

① 话俾你知：告诉你（知道）。这是粤语中最常见的表达句式之一，具体见第2章。

**13** 我唔应该咁大声喝你①。

ngo⁵ m⁴ ying¹ goi¹ gem³ dai⁶ séng¹ hod³ néi⁵

我不应该这么大声凶你。

① 喝你：凶你

# 十八 原谅

4-18

**1** 唔紧要。

m$^{4}$ gen$^{2}$ yiu$^{3}$

没关系。

**2** 我已经原谅咗你。

ngo$^{5}$ yi$^{5}$ ging$^{1}$ yun$^{4}$ lêng$^{6}$ zo$^{2}$ néi$^{5}$

我已经原谅你了。

**3** 冇嘢①，冇摆喺心上。

mou$^{5}$ yé$^{2}$, mou$^{5}$ bai$^{2}$ hei$^{2}$ sem$^{1}$ sêng$^{6}$

没事，不要放在心上。

① 冇嘢：没事，没什么

**4** 冇问题，唔使①担心啦。

mou$^{5}$ men$^{6}$ tei$^{4}$, m$^{4}$ sei$^{2}$ dam$^{1}$ sem$^{1}$ la$^{1}$

没问题，不要担心啦。

① 唔使：不用，不要

**5** 好啦，唔係你做嘅就算啦。

hou$^{2}$ la$^{1}$, m$^{4}$ hei$^{6}$ néi$^{5}$ zou$^{6}$ gé$^{3}$ zeo$^{6}$ xun$^{3}$ la$^{1}$

好吧，不是你做的就算啦。

**6** 我从头到尾就冇嬲①过你。

ngo$^{5}$ cung$^{4}$ teo$^{4}$ dou$^{3}$ méi$^{5}$ zeo$^{6}$ mou$^{5}$ neo$^{1}$ guo$^{3}$ néi$^{5}$

我从头到尾就没有生过你的气。

① 冇嬲：没有生气

**7** 我唔会因为呢件事责怪你。

ngo5 m4 wui5 yen1 wei4 ni1 gin3 xi6 zag3 guai3 néi5

我不会因为这件事责怪你。

**8** 我根本就冇摆喺心度①。

ngo5 gen1 bun2 zeo6 mou5 bai2 hei2 sem1 dou6

我根本就没有放在心上。

① 冇摆喺心度：没有放在心上

**9** 请我食饭①我就原谅你啦。

céng2 ngo5 xig6 fan6 ngo5 zeo6 yun4 lêng6 néi5 la1

请我吃饭我就原谅你啦。

① 食饭：吃饭

**10** 我唔应该咁①计较。

ngo5 m4 ying1 goi1 gem3 gei3 gao3

我不应该这么计较。

① 咁：这样，这么

**11** 请你原谅我自把自为①。

qing2 néi5 yun4 lêng6 ngo5 ji6 ba2 ji6 wei4

请你原谅我的自作主张。

① 自把自为：自作主张

**12** 好啦，我哋和好啦。

hou2 la1, ngo5 déi6 wo4 hou2 la1

好啦，我们和好吧。

**13** 件事①过咗去就冇再提了。

gin3 xi6 guo3 zo2 hêu3 zeo6 mou5 zoi3 tei4 leg3

事情过去了就不要再提了。

① 件事：这件事。粤语与普通话不一样，量词前面的指示代词（这）可以省略。

# 十九 相信

4-19

**1** 我相信你係啱嘅①。

ngo5 sêng1 sên3 néi5 hei6 ngam1 gé3

我相信你是对的。

① 係啱嘅：是对的。啱：对的，合适的。另一个常用词“啱啱”，则是“刚刚”的意思。

**2** 我相信你一定会成功。

ngo5 sêng1 sên3 néi5 yed1 ding6 wui5 xing4 gung1

我相信你一定会成功。

**3** 我相信老天会眷顾我嘅。

ngo5 sêng1 sên3 lou5 tin1 wui5 gün3 gu3 ngo5 gé3

我相信老天会眷顾我的。

**4** 信我啦，冇错嘅。

sên3 ngo5 la1, mou5 co3 gé3

相信我吧，没错的。

**5** 我相信佢唔会呃①我。

ngo5 sêng1 sên3 kêu5 m4 wui5 ngag1 ngo5

我相信他不会骗我。

① 呃：骗

**6** 我相信佢嘅为人。

ngo5 sêng1 sên3 kêu5 gé3 wei4 yen4

我相信他的为人。

**7** 我对佢好有信心。

ngo[5] dêu[3] kêu[5] hou[2] yeo[5] sên[3] sem[1]

我对他很有信心。

**8** 我信你实得嘅①。

ngo[5] sên[3] néi[5] sed[6] deg[1] gé[3]

我相信你肯定行的。

① 实得嘅：肯定行。实：肯定，一定。得：行，可以。

**9** 我相信佢实会嚟①。

ngo[5] sêng[1] sên[3] kêu[5] sed[6] wui[5] lei[4]

我相信他肯定会来。

① 实会嚟：肯定会来

**10** 佢讲到就会做到。

kêu[5] gong[2] dou[3] zeo[6] wui[5] zou[6] dou[3]

他说到就会做到。

**11** 请你相信我。

céng[2] néi[5] sêng[1] sên[3] ngo[5]

请你相信我。

**12** 我对佢嘅承诺坚信不疑。

ngo[5] dêu[3] kêu[5] gé[3] xing[4] nog[6] gin[1] sên[3] bed[1] yi[4]

我对他的承诺坚信不疑。

**13** 我相信件事迟早会水落石出。

ngo[5] sêng[1] sên[3] gin[3] xi[6] qi[4] zou[2] wui[5] sêu[2] log[6] ség[6] cêd[1]

我相信这件事迟早会水落石出。

# 二十 怀疑

4-20

**1** 係唔係①真㗎？

hei6 m4 hei6 zen1 ga3

是不是真的？

① 係唔係：是不是

**2** 我唔係好①信你。

ngo5 m4 hei6 hou2 sên3 néi5

我不是很相信你。

① 好：很，程度副词。

**3** 你真係要结婚啦？

néi5 zen1 hei6 yiu3 gid3 fen1 la3

你真的要结婚啦？

**4** 係？真定①假啊？

hei6? zen1 ding6 ga2 a3

真的？真的假的？

① 定：还是

**5** 你真係嚟咗①香港？

néi5 zen1 hei6 lei4 zo2 hêng1 gong2

你真的来香港了？

① 嚟咗：来了

**6** 冇理由嘅①，佢唔会咁做嘅。

mou5 léi5 yeo4 gé3, kêu5 m4 wui5 gem2 zou6 gé3

没道理的，他不会这么做的。

① 冇理由嘅：没道理的

**7** 我唔相信呢个係事实。

$ngo^5\ m^4\ s\hat{e}ng^1\ s\hat{e}n^3\ ni^1\ go^3\ hei^6\ xi^6\ sed^6$

我不相信这个是事实。

**8** 我觉得一个星期唔一定得[1]。

$ngo^5\ gog^3\ deg^1\ yed^1\ go^3\ xing^1\ k\acute{e}i^4\ m^4\ yed^1\ ding^6\ deg^1$

我觉得一个星期不一定可以。

① 得：可以，行

**9** 我觉得佢成日讲大话[1]。

$ngo^5\ gog^6\ deg^1\ k\hat{e}u^5\ s\acute{e}ng^4\ yed^6\ gong^2\ dai^6\ wa^6$

我觉得他老是说谎话。

① 讲大话：说谎

**10** 佢份人[1]唔可信。

$k\hat{e}u^5\ fen^6\ yen^4\ m^4\ ho^2\ s\hat{e}n^3$

他这个人不可信。

① 份人：这个人

**11** 我觉得呢一切都好假咯。

$ngo^5\ gog^6\ deg^1\ ni^1\ yed^1\ cei^3\ dou^1\ hou^2\ ga^2\ lo^1$

我觉得这一切都很假。

**12** 我真係怀疑佢嚟唔嚟得到[1]㗎。

$ngo^5\ zen^1\ hei^6\ wai^4\ yi^4\ k\hat{e}u^5\ lei^4\ m^4\ lei^4\ deg^1\ dou^2\ ga^3$

我真怀疑他能不能来。

① 嚟唔嚟得到：能不能来

**13** 我怀疑佢都有份参与。

$ngo^5\ wai^4\ yi^4\ k\hat{e}u^5\ dou^1\ yeo^5\ fen^2\ cam^1\ yu^2$

我怀疑他也参与其中。

# 二十一 建议

4-21

**1** 不如我哋去行街①啦？

bed1 yu4 ngo5 déi6 hêu3 hang4 gai1 la1

不如我们去逛街吧？

① 行街：逛街。行：逛。

**2** 我觉得你着呢件衫会好睇①。

ngo5 gog6 deg1 néi5 zêg3 ni1 gin3 sam1 wui5 hou2 tei2

我觉得你穿这件会好看。

① 好睇：好看

**3** 我有个建议。

ngo5 yeo5 go3 gin3 yi2

我有个建议。

**4** 你有乜嘢建议可以同我讲。

néi5 yeo5 med1 yé2 gin3 yi2 ho2 yi5 tung4 ngo5 gong2

你有什么建议可以跟我说。

**5** 医生建议佢饮少啲①咖啡。

yi1 seng1 gin3 yi2 kêu5 yem2 xiu2 did1 ga3 fé1

医生建议他少喝点咖啡。

① 饮少啲：少喝一点。粤语语法中，动词在前面，与普通话相反。

**6** 佢唔会①听人哋嘅②建议。

kêu5 m4 wui5 téng1 yen4 déi6 gé3 gin3 yi2

他不会听别人的建议的。

① 唔会：不会

② 人哋嘅：别人的

**7** 我建议你试多一次①。

ngo⁵ gin³ yi² néi⁵ xi³ do¹ yed¹ qi³

我建议你多试几次。

① 试多一次：多试几次。粤语在使用这个句式时往往把动词放在前面，该动词的状语成分后置，与普通话相反。例如做多一啲（多做一些），食多啲（多吃点）。

**8** 你咁样①会唔会②好啲呢？

néi⁵ gem² yêng² wui⁵ m⁴ wui⁵ hou⁵ did¹ né¹

这样会不会好点呢？

① 咁样：这样
② 会唔会：会不会

**9** 我谂你换件衫会好啲。

ngo⁵ nem² néi⁵ wun⁶ gin³ sam¹ wui⁵ hou² did¹

我想你换件衣服会好点。

**10** 你最好听日再打过嚟①。

néi⁵ zêu³ hou² ting¹ yed⁶ zoi³ da² guo³ lei⁴

你最好明天再打过来。

① 嚟：来

**11** 我哋去游水，好唔好①？

ngo⁵ déi⁶ hêu³ yeo⁴ sêu², hou² m⁴ hou²

我们去游泳，好不好？

① 好唔好：好不好

**12** 我建议你谂清楚再决定。

ngo⁵ gin³ yi² néi⁵ nem² qing¹ co² zoi³ küd³ ding⁶

我建议你想清楚再做决定。

**13** 你着呢条①裙会唔会好啲②呢？

néi⁵ zêg³ ni¹ tiu⁴ kuen⁴ wui⁵ m⁴ wui⁵ hou⁵ did¹ né¹

你穿这条裙子会不会好点呢？

① 呢条：这条
② 好啲：好点，好些

# 二十二 批评

4-22

**1** 太过分啦。

tai$^{3}$ guo$^{3}$ fen$^{6}$ la$^{3}$

太过分啦。

**2** 你点解①要咁做？

néi$^{5}$ dim$^{2}$ gai$^{2}$ yiu$^{3}$ gem$^{2}$ zou$^{6}$

你为什么要这么做？

① 点解：为什么

**3** 你点①可以咁做嘅呢？

néi$^{5}$ dim$^{2}$ ho$^{2}$ yi$^{5}$ gem$^{2}$ zou$^{6}$ gé$^{3}$ né$^{1}$

你怎么可以这么做呢？

① 点：怎么

**4** 你有冇谂过①后果㗎？

néi$^{5}$ yeo$^{2}$ mou$^{5}$ nem$^{2}$ guo$^{3}$ heo$^{6}$ guo$^{3}$ ga$^{3}$

你有没有想过后果？

① 有冇谂过：有没有想过

**5** 你咁样好伤人自尊。

néi$^{5}$ gem$^{2}$ yêng$^{2}$ hou$^{2}$ sêng$^{1}$ yen$^{4}$ ji$^{3}$ jun$^{1}$

你这样很伤人自尊。

**6** 你唔可以打人，知唔知①？

néi$^{5}$ m$^{4}$ ho$^{2}$ yi$^{5}$ da$^{2}$ yen$^{4}$, ji$^{1}$ m$^{4}$ ji$^{1}$

你不可以打人，知道吗？

① 知唔知：知不知道

**7** 你太自私啦。

néi$^{5}$ tai$^{3}$ ji$^{3}$ xi$^{1}$ la$^{3}$

你太自私啦。

**8** 你从来都净係谂住①你自己。

néi⁵ cung⁴ loi⁴ dou¹ jing⁶ hei⁶ nem² ju⁶ néi⁵ ji⁶ géi²

你从来都只是想着你自己。

① 谂住：想着

**9** 你嘅报告写得一塌糊涂。

néi⁵ gé³ bou³ gou³ sé² deg¹ yed¹ tab³ wu⁴ tou⁴

你的报告写得一塌糊涂。

**10** 你做事都唔谂①后果嘅。

néi⁵ zou⁶ xi⁶ dou¹ m⁴ nem² heo⁶ guo² gé³

你做事都不想后果的。

① 唔谂：不想，不考虑

**11** 你太懒嘞。

néi⁵ tai³ lan⁵ lag³

你太懒了。

**12** 你太自大嘞。

néi⁵ tai³ ji⁶ dai⁶ lag³

你太自大了。

**13** 都叫你冇去①，你係都②唔听。

dou¹ giu³ néi⁵ mou⁵ hêu³, néi⁵ hei⁶ dou¹ m⁴ téng¹

都叫你不要去，你就是不听。

① 冇去：不要去
② 係都：就是，非得

# 二十三 称赞

4-23

**1** 你好叻①啊！

néi$^{5}$ hou$^{2}$ lég$^{1}$ a$^{3}$

你好棒啊！

① 叻：能干，棒

**2** 你做得好好。

néi$^{5}$ zou$^{6}$ deg$^{1}$ hou$^{2}$ hou$^{2}$

你做得很好。

**3** 我为你感到骄傲。

ngo$^{5}$ wei$^{6}$ néi$^{5}$ gem$^{2}$ dou$^{3}$ giu$^{1}$ ngou$^{6}$

我为你感到骄傲。

**4** 恭喜你，你做到咗。

gung$^{1}$ héi$^{2}$ néi$^{5}$, néi$^{5}$ zou$^{6}$ dou$^{2}$ zo$^{2}$

恭喜你，你做到啦。

**5** 你好醒目①啊。

néi$^{5}$ hou$^{2}$ xing$^{2}$ mug$^{6}$ a$^{3}$

你很聪明啊。

① 醒目：机灵，聪明

**6** 佢好孝顺。

kêu$^{5}$ hou$^{2}$ hao$^{3}$ sên$^{6}$

他很孝顺。

**7** 你嘅英文讲得好好。

néi$^{5}$ gé$^{3}$ ying$^{1}$ men$^{2}$ gong$^{2}$ deg$^{1}$ hou$^{2}$ hou$^{2}$

你的英文讲得很好。

**8** 佢煮饭嘅手势①好好啊。

kêu$^{5}$ ju$^{2}$ fan$^{6}$ gé$^{3}$ seo$^{2}$ sei$^{3}$ hou$^{2}$ hou$^{2}$ a$^{3}$

他的厨艺很好啊。

① 手势：手艺

**9** 呢杯果汁好好饮。

ni$^{1}$ bui$^{1}$ guo$^{2}$ zeb$^{1}$ hou$^{2}$ hou$^{2}$ yem$^{2}$

这杯果汁很好喝。

**10** 佢好锡①佢个仔②。

kêu$^{5}$ hou$^{2}$ ség$^{3}$ kêu$^{5}$ go$^{3}$ zei$^{2}$

他很疼爱自己的儿子。

① 锡：疼爱

② 佢个仔：他的儿子。“个”与亲属称谓结合，表示所属。

**11** 你今日零舍①靓②。

néi$^{5}$ gem$^{1}$ yed$^{6}$ ling$^{4}$ sé$^{3}$ léng$^{3}$

你今天特别漂亮。

① 零舍：特别

② 靓：漂亮，美丽

**12** 你着呢件衫真係靓。

néi$^{5}$ zêg$^{3}$ ni$^{1}$ gin$^{3}$ sam$^{1}$ zen$^{1}$ hei$^{6}$ léng$^{3}$

你穿这件衣服真漂亮。

**13** 都话咗①你实②得㗎③啦。

dou$^{1}$ wa$^{6}$ zo$^{2}$ néi$^{5}$ sed$^{6}$ deg$^{1}$ ga$^{3}$ la$^{1}$

都说了你肯定行啦。

① 话咗：说了

② 实：肯定，一定

③ 㗎：句末语气词，表示肯定。

# 二十四 祝愿

4-24

① “生”还有另一个读音“seng$^{1}$”，一般来说，医生、生命、生活读“seng$^{1}$”，学生、生日、生意读“sang$^{1}$”。“sang$^{1}$”可以单独用，如我朋友生咗个仔。（我朋友生了一个儿子。）而“seng$^{1}$”则不能单独使用。

**1** 祝你生①日快乐！

zug$^{1}$ néi$^{5}$ sang$^{1}$ yed$^{6}$ fai$^{3}$ log$^{6}$

祝你生日快乐！

**2** 新年快乐！

sen$^{1}$ nin$^{4}$ fai$^{3}$ log$^{6}$

新年快乐！

**3** 圣诞快乐！

xing$^{3}$ dan$^{3}$ fai$^{3}$ log$^{6}$

圣诞快乐！

**4** 一路平安，旅途愉快。

yed$^{1}$ lou$^{6}$ ping$^{4}$ ngon$^{1}$, lêu$^{5}$ tou$^{4}$ yu$^{4}$ fai$^{3}$

一路平安，旅途愉快。

**5** 祝你身体健康。

zug$^{1}$ néi$^{5}$ sen$^{1}$ tei$^{2}$ gin$^{3}$ hong$^{1}$

祝你身体健康。

**6** 祝你一切顺利！

zug¹ néi⁵ yed¹ cei³ sên⁶ léi⁶

祝你一切顺利！

**7** 希望你早日揾①到你嘅幸福。

héi¹ mong⁶ néi⁵ zou² yed⁶ wen² dou² néi⁵ gé³ heng⁶ fug¹

希望你早日找到你的幸福。

① 揾：找

**8** 祝福你哋白头到老。

zug¹ fug¹ néi⁵ déi⁶ bag³ teo⁴ dou³ lou⁵

祝你们白头到老。

**9** 祝你早日康复。

zug¹ néi⁵ zou² yed⁶ hong¹ fug⁶

祝你早日康复。

**10** 祝财源广进。

zug¹ coi⁴ yun⁴ guong² zên³

祝财源广进。

**11** 祝大家心想事成①。

zug¹ dai⁶ ga¹ sem¹ sêng² xi⁶ xing⁴

祝大家心想事成。

① "成"有两个读音："xing⁴"和"séng⁴"。前者是书面语，后者是口语。"séng⁴"表示"整个，全部"。如我成身俾雨淋湿咗。（我全身都被雨淋湿了。）

# 二十五 劝慰

4-25

**1** 冇①担心，开心啲②啦。

mou$^5$ dam$^1$ sem$^1$, hoi$^1$ sem$^1$ did$^1$ la$^1$

别担心，开心点吧。

① 冇：不要，别，是“唔好”的连音简写。
② 啲：点，些

**2** 冇急，慢慢嚟。

mou$^5$ geb$^1$, man$^6$ man$^1$ lei$^4$

别急，慢慢来。

**3** 唔使①惊②，我会帮你。

m$^4$ sei$^2$ géng$^1$, ngo$^5$ wui$^5$ bong$^1$ néi$^5$

不用怕，我会帮你。

① 唔使：不用
② 惊：害怕

**4** 相信自己实得嘅①。

sêng$^1$ sên$^3$ ji$^6$ géi$^2$ sed$^6$ deg$^1$ gé$^3$

相信自己肯定可以的。

① 实得嘅：肯定可以的

**5** 一切都会好起身①嘅。

yed$^1$ cei$^3$ dou$^1$ wui$^5$ hou$^2$ héi$^2$ sen$^1$ gé$^3$

一切都会好起来的。

① 起身：起来

**6** 分手啫，有乜嘢喔。

fen$^1$ seo$^2$ zé$^1$, yeo$^5$ med$^1$ yé$^2$ wo$^3$

分手而已，有什么啊。

**7** 冇灰心，会好起身嘅。

mou5 fui1 sem1, wui6 hou2 héi2 sen1 gé3

不要灰心，会好起来的。

**8** 我哋为你加油，你一定会好起身。

ngo5 déi6 wei4 néi5 ga1 yeo2, néi5 yed1 ding6 wui5 hou2 héi2 sen1

我们为你加油，你一定会好起来的。

**9** 冇人会怪你，你冇乱谂①。

mou5 yen4 wui5 guai3 néi5, néi5 mou5 lün2 nem2

没人会怪你，你别乱想。

① 乱谂：乱想

**10** 你冇谂埋①一便②。

néi5 mou5 nem2 mai4 yed1 bin6

你别想歪。

① 埋：靠拢，向前

② 一便：一边。“谂埋一便”的意思就是想到一边去了，就是想歪了。

**11** 呢一切都会过去。

ni1 yed1 cei3 dou1 wui5 guo3 hêu3

这一切都会过去的。

**12** 我哋与你同在。

ngo5 déi6 yu2 néi5 tung4 zoi3

我们与你同在。

# 二十六 评价

4-26

**1** 佢好聪明能干。

kêu$^5$ hou$^2$ cung$^1$ ming$^4$ neng$^4$ gon$^3$

他很聪明能干。

**2** 佢呢个人①好无情。

kêu$^5$ ni$^1$ go$^3$ yen$^4$ hou$^2$ mou$^4$ qing$^4$

他这个人很无情。

① 呢个人：这个人

**3** 佢係铁石心肠嘅人。

kêu$^5$ hei$^6$ tid$^3$ ség$^4$ sem$^1$ cêng$^4$ gé$^3$ yen$^4$

他是铁石心肠的人。

**4** 我哋老细好孤寒①。

ngo$^5$ déi$^6$ lou$^5$ sei$^3$ hou$^2$ gu$^1$ hon$^4$

我们老板很小气。

① 孤寒：小气，抠门

**5** 电动车嘅电池天冷就唔襟使①，好快冇电②。

din$^6$ dung$^6$ cé$^1$ gé$^3$ din$^6$ qi$^4$ tin$^1$ lang$^5$ zeo$^3$ m$^4$ kem$^1$ sei$^2$, hou$^5$ fai$^3$ mou$^5$ din$^6$

电动车的电池天冷就不耐用，很快就没电。

① 唔襟使：不耐用
② 冇电：没有电

**6** 佢係好优秀嘅人。

kêu$^5$ hei$^6$ hou$^2$ yeo$^1$ seo$^3$ gé$^3$ yen$^4$

他是很优秀的人。

**7** 佢好有修养。

kêu5 hou2 yeo5 seo1 yêng5

他很有修养。

**8** 佢喺[1]学校係个万人迷。

kêu5 hei2 hog6 hao6 hei6 go3 man6 yen4 mei4

她在学校是个万人迷。

① 喺：在

**9** 呢个牌子嘅洗衣机唔好用。

ni1 go3 pai4 ji2 gé3 sei2 yi1 géi1 m4 hou2 yung4

这个牌子的洗衣机不好用。

**10** 呢个款已经过晒气[1]。

ni1 go3 fun2 yi5 ging1 guo3 sai3 héi3

这款已经过时了。

① 过气：过时

**11** 国产嘅电脑未必就唔好[1]。

guog3 can2 gé3 din6 nou5 méi4 big1 zeo6 m3 hou5

国产的电脑未必就不好。

① 唔好：不好

**12** 呢部手机质量好差啊。

ni1 bou6 seo2 géi1 zed1 lêng4 hou2 ca1 a3

这部手机质量很差啊。

**13** 佢份[1]人真係好好啊。

kêu5 fen6 yen4 zen1 hei6 hou5 hou5 a3

她这人真的很好啊。

① 份：可以做人的量词用，跟“个”一样。

# 第5章

# 实用日常会话

一 寒暄介绍
二 日常生活
三 朋友之间
四 餐馆聚餐
五 消费购物
六 电话交流
七 出行事宜
八 旅游度假
九 宾馆住宿
十 健康就医
十一 银行业务
十二 职场工作
十三 休闲娱乐
十四 谈天说地

# 一 寒暄介绍

## （一）打招呼

5-01

### 1 常用单句

**1** 早晨！

早上好！

**2** 你身体好嘛？

你身体好吗？

**3** 几好①，你呢？

挺好的，你呢？

**4** 早唞！

晚安！

**5** 你呢排②忙啲③乜嘢④啊？

你这段时间忙什么呢？

**6** 再约过啦。

到时再约吧。

**7** 咁啱⑤嘅？

这么巧？

**8** 近排⑥过得点啊？

最近过得怎么样？

**9** 揾日⑦出嚟倾下偈⑧啊。

改天出来聊天啊。

**10** 好耐⑨冇⑩见！

好久不见！

**词汇**

① 几好：挺好
② 呢排：最近，这段时间
③ 啲：一些，一点
④ 乜嘢：什么
⑤ 啱：凑巧
⑥ 近排：最近，这段时间
⑦ 揾日：改日
⑧ 倾下偈：聊一下天
⑨ 耐：表示长时间，久
⑩ 冇：没有
⑪ 识到：认识；懂得
⑫ 都：也
⑬ 咁：这么，那么
⑭ 係：是

**说明**

★ 早晨：即普通话的“早上好”。
★ 早唞：字面意思是“早点休息”，用于晚上就是“晚安”的意思。
★ 未：粤语中，“未”和“冇”都是“没有”的意思。如果问句里出现的是“未”，则回答也用“未”。
A：你结咗婚未？（你结婚了吗？）
B：未啊。（没有啊。）

## 2 情景对话

### 对话一 初次见面

| | |
|---|---|
| **子维：**你好！我叫蒙子维。 | **子维：**你好！我叫蒙子维。 |
| **家明：**你好！我叫李家明。 | **家明：**你好！我叫李家明。 |
| **子维：**好开心识到[11]你！ | **子维：**很开心认识你！ |
| **家明：**我都[12]係！ | **家明：**我也是！ |

### 对话二 偶然相见

| | |
|---|---|
| **小林：**咁[13]啱嘅？你又喺度。 | **小林：**这么巧，你也在这里。 |
| **小敏：**係[14]咯，真係好啱啊。 | **小敏：**是啊，真的好巧啊。 |
| **小林：**近排过得点啊？ | **小林：**最近过得怎么样？ |
| **小敏：**都几好啦，你呢？ | **小敏：**还行吧，你呢？ |
| **小林：**又咪係噉。揾日出嚟倾下偈啊。 | **小林：**还是那样。改天出来聊聊啊。 |
| **小敏：**好啊好啊，噉係咁先啦。 | **小敏：**好啊好啊，那就先这样吧。 |

### 对话三 好久不见

| | |
|---|---|
| **小丽：**好耐冇见！安琪！ | **小丽：**好久不见！安琪！ |
| **安琪：**係啊，真係好耐冇见嘞。 | **安琪：**对啊，真的好久没见了。 |
| **小丽：**点啊？结婚未？ | **小丽：**怎么样？结婚了吗？ |
| **安琪：**未啊，工作太忙嘞。 | **安琪：**没有呢，工作太忙了。 |

5-02

# （二）相识

## 1 常用单句

**1** 你边度[①]人啊？

你是哪里人啊？

**2** 嗰个[②]系边位啊？

那位是谁啊？

**3** 你做边一行[③]㗎？

你做哪一行的？

**4** 我喺[④]银行上班。

我在银行上班。

**5** 你手机冧巴[⑤]系几多[⑥]啊？

你手机号码是多少啊？

**6** 可唔可以[⑦]俾[⑧]你嘅地址我？

可不可以给我你的地址？

**7** 呢张系我嘅咭片[⑨]。

这是我的名片。

**8** 请多多指教。

请多多指教。

**9** 下个礼拜请你饮早茶啊。

下周请你喝早茶啊。

**10** 保持联络。

保持联系。

### 词汇

① 边度：哪里
② 嗰个：那个
③ 边一行：哪一行
④ 喺：在
⑤ 冧巴：号码，是英文“number”的音译。
⑥ 几多：多少
⑦ 可唔可以：可不可以，能不能
⑧ 俾：给
⑨ 咭片：名片
⑩ 中意：喜欢
⑪ 嚟：来
⑫ 佢：他，她，它
⑬ 唔该：谢谢；请问；劳驾

### 说明

★ 俾你嘅地址我：给我你的地址。这里是粤语语法“施受”关系句，受者在最后。具体讲解见第2章。

★ 下个礼拜：下周。粤语中不说“周”，说“星期”或“礼拜”。

## 2 情景对话

### 对话一 询问家乡

| | |
|---|---|
| **家明：**你係边度人啊？ | **家明：**你是哪里人啊？ |
| **子维：**我係广东人。 | **子维：**我是广东人。 |
| **家明：**係啊？我好中意[10]广州啊。 | **家明：**是吗？我很喜欢广州呢。 |
| **子维：**欢迎嚟[11]广州玩啦。 | **子维：**欢迎来广州玩。 |

### 对话二 询问某人

| | |
|---|---|
| **李婷：**啯个係边位啊？ | **李婷：**那位是谁啊？ |
| **李明：**係蒙子维。 | **李明：**是蒙子维。 |
| **李婷：**佢[12]係北京人咩？ | **李婷：**他是北京人吗？ |
| **李明：**唔係，佢係广东人。 | **李明：**不是，他是广东人。 |

### 对话三 询问联系方式

| | |
|---|---|
| **丽莎：**可唔可以加你微信啊？ | **丽莎：**可不可以加你的微信啊？ |
| **李娜：**可以啊，我扫你啦。 | **李娜：**可以啊，我扫你啊。 |
| **丽莎：**电子邮箱呢？ | **丽莎：**电子邮箱呢？ |
| **李娜：**我写俾你……嗱。 | **李娜：**我写给你……给。 |
| **丽莎：**唔该[13]。 | **丽莎：**谢谢。 |

# （三）介绍

5-03

## 1 常用单句

**1** 你好，我叫家明。
你好，我叫家明。

**2** 我係李娜。
我是李娜。

**3** 点①称呼你？
怎么称呼你？

**4** 叫我阿英就得②啦。
叫我阿英就好。

**5** 成日③听佢讲起你。
经常听他讲起你。

**6** 我谂④我哋⑤之前见过。
我想我们之前见过。

**7** 我嚟介绍一下。
我来介绍一下。

**8** 我哋冇见过啩？
我们没有见过吧？

**9** 呢位係我老友⑥叫安琪。
这位是我的老朋友安琪。

**10** 请入嚟⑦。
请进。

### 词汇

① 点：怎么
② 得：可以，行
③ 成日：整天
④ 谂：想
⑤ 我哋：我们
⑥ 老友：老朋友
⑦ 入嚟：进来

### 说明

★ 谂：本意是“思考，考虑”，这里是“想，认为”的意思。

★ 啩：句末语气词，相当于普通话的“吧”。

★ 多啲：“多一点”的简略表达。量词“一”可以省略，如“试一下”变为“试下”。

## 2 情景对话

### 对话一 正式见面

| 粤语 | 普通话 |
|---|---|
| **子维：** 你好，自我介绍下先，我叫蒙子维。 | **子维：** 你好，先自我介绍下，我叫蒙子维。 |
| **家明：** 你好，我叫李家明。 | **家明：** 你好，我叫李家明。 |
| **子维：** 欢迎嚟广东，家明。 | **子维：** 欢迎来广东，家明。 |
| **家明：** 多谢，我真係好中意广东。 | **家明：** 谢谢，我真的很喜欢广东。 |

### 对话二 相互介绍

| 粤语 | 普通话 |
|---|---|
| **丽莎：** 好开心见到你，我叫丽莎。 | **丽莎：** 很开心见到你，我叫丽莎。 |
| **李娜：** 你好，我叫李娜，呢位係我老友，叫安琪。 | **李娜：** 你好，我叫李娜，这位是我的老朋友，叫安琪。 |
| **丽莎：** 你好，安琪，好开心识到你。 | **丽莎：** 你好，安琪，很高兴认识你。 |
| **安琪：** 我都係啊。 | **安琪：** 我也是。 |

### 对话三 做客

| 粤语 | 普通话 |
|---|---|
| **小敏：** 小林，呢位係李明，我嘅老同学。 | **小敏：** 小林，这位是李明，我的老同学。 |
| **小林：** 晚上好，请入嚟啦。 | **小林：** 晚上好，请进。 |
| **李明：** 晚上好，好开心识到你，希望冇打搅到你。 | **李明：** 晚上好，很开心认识你，希望没有打扰你。 |
| **小林：** 乜说话啊，欢迎以后多啲嚟。 | **小林：** 什么话啊，欢迎以后常来。 |

# （四）道别

5-04

## 1 常用单句

1 再见！我再打俾你啦！
再见，我再给你打电话。

2 听日①见啦。
明天见啦。

3 係咁先，路上注意安全！
先这样，路上注意安全！

4 路上小心啲啊！
路上小心点啊！

5 第日②约过啦。
改天再约吧。

6 一阵③见。
一会儿见。

7 保持联络。
保持联系。

8 保重身体。
保重身体。

9 走先啦。
先走啦。

10 好夜嘞，我要走啦。
很晚了，我要走啦。

### 词汇

① 听日：明天
② 第日：改天
③ 一阵：一会儿
④ 咗：了
⑤ 卒之：终于
⑥ 返：回

### 说明

★ 係咁先：先这样。在粤语语法中，“先”跟在动词或者动宾短语后面，表示“先做某事”。

★ 夜：表示夜深。普通话中，表示时间“迟”用“晚”，而粤语中，在白天表示时间“迟”用“晏”，晚上用“夜”。
如：我好晏先起身。
（我很晚才起床。）
我琴晚好夜先瞓。
（我昨晚很晚才睡。）

## 2 情景对话

### 对话一 一天工作结束

| | |
|---|---|
| 小丽：我约咗[4]人，走先啦。 | 小丽：我约了人，先走啦。 |
| 安琪：好啊，我都准备走嘞。 | 安琪：好的，我也准备走了。 |
| 小丽：噉听日见啦，拜拜。 | 小丽：那明天见，拜拜。 |
| 安琪：明天见，拜拜。 | 安琪：明天见，拜拜。 |

### 对话二 晚会结束

| | |
|---|---|
| 李娜：好夜嘞，我要走啦。 | 李娜：很晚了，我要走了。 |
| 小敏：好开心你可以嚟。 | 小敏：很高兴你能来。 |
| 李娜：多谢你嘅款待，早唞。 | 李娜：谢谢你的款待，晚安。 |
| 小敏：早唞。 | 小敏：晚安。 |

### 对话三 一周结束

| | |
|---|---|
| 子维：卒之[5]到周末嘞，可以出去玩啦！ | 子维：终于到周末啦，可以出去玩啦！ |
| 李娜：去边度玩啊？ | 李娜：去哪里玩啊？ |
| 子维：去海边。唔讲住嘞，我要啦啦临返[6]去执嘢先，下星期见，拜拜！ | 子维：去海边。先不说了，我要赶紧回去收拾，下星期见，拜拜！ |
| 李娜：嗯，玩得开心！ | 李娜：嗯，玩得开心！ |

# 二 日常生活

## （一）时间

5-05

### 1 常用单句

**1** 而家①几点？
现在几点了？

**2** 而家3点5个字。
现在3点25分。

**3** 你几点钟落班②？
你几点钟下班？

**4** 下昼③5点钟。
下午5点钟。

**5** 唔该，而家几点啦？
请问，现在几点啦？

**6** 我只④表坏咗嘞。
我的表坏了。

**7** 而家8点3个字过2分。
现在8点17分。

**8** 差唔多9点9嘞。
差不多9点45分了。

**9** 时间啱啱⑤好。
时间刚刚好。

**10** 半个钟头度⑥。
半个小时左右。

#### 词汇

① 而家：现在
② 落班：下班
③ 下昼：下午
④ 只：量词
⑤ 啱啱：刚刚
⑥ 度：大概，左右
⑦ 好彩：幸好，幸亏，多亏
⑧ 几耐：多久
⑨ 唔好意思：不好意思

#### 说明

★ 5个字：在粤语中，5分钟为“1个字”。除了半个小时不说“6个字”外，其他都按5分钟为1个字表达，如3：30读作“3点半”，3：50读作“3点10个字”。

★ 落班：下班。普通话中作此意的动词“下”在粤语中可变为“落”。如“下车，下楼”，可表达为“落车，落楼”。

★ 表（biu1）：表示计时器时读一声，如手表、电表、水表、秒表等。

## 2 情景对话

### 对话一 准时到达

| 粤语 | 普通话 |
| --- | --- |
| 子维：火车几点钟开? | 子维：火车几点出发? |
| 家明：10点5个字。 | 家明：10点25分。 |
| 子维：噉而家几点? | 子维：那现在几点了? |
| 家明：10点3个字。 | 家明：10点15分。 |
| 子维：好彩[7]，时间啱啱好。 | 子维：幸好来得及时。 |

### 对话二 守时秘诀

| 粤语 | 普通话 |
| --- | --- |
| 李娜：你住得咁远，但係冇见你迟到过。 | 李娜：你住得这么远，但是没有见你迟到过呢。 |
| 丽莎：因为我将只表调快咗2个字。 | 丽莎：因为我把表调快了10分钟。 |
| 李娜：哦，噉你搭地铁嚟要几耐[8]? | 李娜：哦，那你坐地铁来要多久? |
| 丽莎：半个钟头度啦。 | 丽莎：半个小时左右吧。 |

### 对话三 迟到

| 粤语 | 普通话 |
| --- | --- |
| 小林：唔好意思[9]啊，我迟到咗。 | 小林：不好意思啊，我迟到了。 |
| 小敏：你搞边科啊？迟咗成半个几钟。 | 小敏：怎么回事啊？迟到了半个多小时。 |
| 小林：塞车啊，嘟都嘟唔到…… | 小林：堵车啊，动都动不了…… |
| 小敏：好啦，快啲入去，等紧你啊。 | 小敏：好了，快点进去，都等着你呢。 |

# （二）日期

5-06

## 1 常用单句

**1** 几号开会?
几号开会?

**2** 今日係 9 月 19 号。
今天是 9 月 19 号。

**3** 今日係旧历[①]五月初三。
今天是农历五月初三。

**4** 今日係星期几?
今天是星期几?

**5** 今日係礼拜六。
今天是星期六。

**6** 今年係乜嘢年?
今年是什么年?

**7** 今年係龙年。
今年是龙年。

**8** 大后日好似[②]係家明生日。
大后天好像是家明的生日。

**9** 而家係乜嘢季节?
现在是什么季节?

**10** 而家几月份?
现在几月份?

### 词汇

① 旧历：农历
② 好似：好像
③ 温习：复习
④ 几时：什么时候
⑤ 睇：看
⑥ 屋企：家里

### 说明

★ 好似：好像。表示（长得）相像；不确定。如：
呢个细路仔生得好似佢老实啊。（这个小孩子长得好像他爸爸啊。）
好似係，我唔确定啊。（好像是的，我不确定。）

## 2 情景对话

### 对话一 询问日期

| | |
|---|---|
| 天清：今日係几月几号？ | 天清：今天是几月几号？ |
| 小林：今日係10月19号，做乜嘢？ | 小林：今天是10月19号，怎么了？ |
| 天清：下个星期我哋数学考试啊。 | 天清：下个星期我们数学考试。 |
| 小林：噉你要努力温习③啦。 | 小林：那你要努力复习啦。 |

### 对话二 询问休息时间

| | |
|---|---|
| 子维：你几时④休息？ | 子维：你什么时候休息？ |
| 小敏：我星期六日休息。 | 小敏：我周六日休息。 |
| 子维：噉谂住去边度玩？ | 子维：那打算去哪里玩？ |
| 小敏：未知啊，到时睇⑤下咯。 | 小敏：还不知道，到时看一下。 |

### 对话三 节假日

| | |
|---|---|
| 家明：下个礼拜就中秋嘞，好快啊。 | 家明：下个礼拜就中秋了，好快啊。 |
| 李娜：好嘢，可以去玩啦。 | 李娜：太好了，可以去玩了。 |
| 家明：你唔返屋企⑥咩？ | 家明：你不回家吗？ |
| 李娜：先得3日假，等国庆至返。 | 李娜：才3天假期，等国庆再回。 |

# （三）天气

5-07

## 1 常用单句

**1** 今日热得好交关[①]。
今天很热。

**2** 听讲[②]听日冷空气嚟啊。
听说明天有冷空气啊。

**3** 出便[③]好大雨啊。
外面的雨下得好大啊。

**4** 台风好得人惊[④]啊。
台风好可怕啊。

**5** 听日降温，着[⑤]多啲衫。
明天降温，多穿点。

**6** 天气预报点讲？
天气预报怎么说？

**7** 今日零下5度，好冻[⑥]啊。
今天零下5℃，好冷啊。

**8** 出便落雪[⑦]啦。
外面下雪啦。

**9** 就嚟中暑嘞。
就要中暑了。

**10** 今日点解[⑧]咁冻嘅？
今天为什么这么冷？

### 词汇

① 交关：厉害
② 听讲：听说
③ 出便：外面
④ 得人惊：可怕，让人感到害怕
⑤ 着：穿
⑥ 好冻：好冷
⑦ 落雪：下雪
⑧ 点解：为什么
⑨ 攞：拿
⑩ 落雨：下雨
⑪ 湿立立：湿漉漉

### 说明

★ 交关：厉害，表程度高。
★ 得人惊：（让人）害怕。惊，口语读“géng¹”，“害怕”的意思；书面语读“ging¹”，如惊喜、惊讶、惊奇。
★ 嚟：原义是“来”，在第9句话中，“就嚟”的意思是“快要，将近”。

## 2 情景对话

### 对话一 天热

| | |
|---|---|
| **子维：** 今日几度啊？就嚟中暑嘞。 | **子维：** 今天多少度啊？就要中暑了。 |
| **丽莎：** 天气预报话32度。 | **丽莎：** 天气预报说32℃。 |
| **子维：** 唔怪之得啦。 | **子维：** 怪不得。 |
| **丽莎：** 冇事都係冇出去好过嘞。 | **丽莎：** 没事的话还是不要出去比较好。 |

### 对话二 天冷

| | |
|---|---|
| **家明：** 哇，今日点解咁冻嘅？ | **家明：** 哇，今天怎么这么冷？ |
| **小敏：** 係啊，今日降咗5度。 | **小敏：** 是啊，今天降了5℃。 |
| **家明：** 係啊？噉要着多啲嘞。 | **家明：** 真的？那要多穿点了。 |
| **小敏：** 嗰啲棉衲，樽领嘅冷衫係时候攞⑨出嚟啦。 | **小敏：** 那些棉袄、高领毛衣是时候拿出来啦。 |

### 对话三 下雨

| | |
|---|---|
| **小林：** 出便落雨⑩啦。 | **小林：** 外面下雨啦。 |
| **李娜：** 又落啊？已经落咗3日嘞喔。 | **李娜：** 又下了？已经下了3天了。 |
| **小林：** 係啊，好唔方便。 | **小林：** 是啊，很不方便。 |
| **李娜：** 好烦到处都湿立立⑪。 | **李娜：** 到处都湿漉漉的，好烦呀。 |

# （四）起床前后

5-08

## 1 常用单句

1 你平时几点起身[1]？
你平时几点起床？

2 返工[2]嘅话就 7 点半。
上班的话就 7 点半。

3 今日朝早[3]瞓过龙[4]啦。
今天早上睡过头了。

4 快啲[5]起身，要迟到嘞。
快点起床，要迟到了。

5 我习惯起身饮[6]杯热水暖胃。
我习惯起床喝杯热水暖胃。

6 我早餐係面包同牛奶。
我早餐吃面包喝牛奶。

7 我坐地铁返工。
我坐地铁上班。

8 今朝闹钟冇响。
今天早上闹钟没响。

9 我嚟唔彻[7]啦。
我来不及啦。

10 瞓[8]多阵[9]先啦。
再多睡一会儿啦。

### 词汇

① 起身：起床
② 返工：上班
③ 朝早：早上
④ 瞓过龙：睡过头
⑤ 快啲：快点
⑥ 饮：喝
⑦ 嚟唔彻：来不及
⑧ 瞓：睡
⑨ 阵：一会儿
⑩ 柜桶：抽屉
⑪ 油炸鬼：油条

### 说明

★ 起身：本义是“起来”，也有“起床”的意思。如：企起身。（站起来。）

★ 冇：不要，别，是“唔好”的连音简写。也有“没有”的意思。如：我冇去旅游。（我没有去旅游。）

## 2 情景对话

### 对话一 叫醒

| | |
|---|---|
| **妈妈：** 起身啦，子维！ | **妈妈：** 起床啦，子维！ |
| **子维：** 瞓多阵先啦。 | **子维：** 让我多睡一会儿啦。 |
| **妈妈：** 而家都成7点半啦，一阵就迟到嘅啦。 | **妈妈：** 现在都7点半了，一会儿迟到了。 |
| **子维：** 好，我而家就起身啦。 | **子维：** 好，我现在就起来。 |

### 对话二 洗漱

| | |
|---|---|
| **妈妈：** 快啲刷牙洗面。 | **妈妈：** 快点刷牙洗脸。 |
| **子维：** 妈咪，冇牙膏啦。 | **子维：** 妈妈，没有牙膏啦。 |
| **妈妈：** 上便柜桶[10]有，自己攞啦。 | **妈妈：** 上面抽屉有，自己拿吧。 |
| **子维：** 好，见到噉。 | **子维：** 好，看到啦。 |

### 对话三 早饭

| | |
|---|---|
| **妈妈：** 快啲食啦，一阵迟到㗎啦。 | **妈妈：** 快点吃吧，一会儿迟到了。 |
| **子维：** 妈妈，我唔想食粥啊。 | **子维：** 妈妈，我不想喝粥。 |
| **妈妈：** 今日食住先啦，听日你想食乜嘢？ | **妈妈：** 今天先吃着，明天你想吃什么？ |
| **子维：** 我想食油炸鬼[11]。 | **子维：** 我想吃油条。 |

# （五）一天活动

5-09

## 1 常用单句

**1** 我朝早9点返工，下昼5点收工。
我早上9点上班，下午5点下班。

**2** 我同班[①]同事食晏[②]。
我和同事们一起吃午饭。

**3** 有时落班仲要[③]加班㖞[④]。
有时候下班后还要加班呢。

**4** 食完晏就瞓一阵。
吃完午饭就睡一会儿。

**5** 每日食完饭都唔想郁[⑤]。
每天吃完饭都不想动。

**6** 食完饭仲要执嘢[⑥]。
吃完饭还要收拾东西。

**7** 你晚饭食乜嘢[⑦]?
你晚饭吃什么?

**8** 有时仲要陪小朋友做功课[⑧]。
有时候还要陪小朋友做作业。

**9** 仲有讲古仔[⑨]氹[⑩]个仔[⑪]瞓觉[⑫]。
还有讲故事哄儿子睡觉。

**10** 每日都要做运动。
每天都要锻炼身体。

### 词汇

① 班：量词，帮，群
② 食晏：吃午饭
③ 仲要：还要。“仲”多与“㖞”连用。
④ 㖞：句末语气词，……呢
⑤ 唔想郁：不想动
⑥ 执嘢：收拾东西
⑦ 食乜嘢：吃什么
⑧ 功课：作业
⑨ 古仔：故事
⑩ 氹：哄
⑪ 仔：儿子
⑫ 瞓觉：睡觉

### 说明

★ 食宴：吃午饭。在粤语中“宴昼”是“中午”的意思。
★ 执嘢：收拾东西。执，有“拣”的意思。如：执起身。（捡起来。）
★ 个：量词，与年龄或辈分在自己以下的亲属名词连用，表示所属。如：我个仔。（我的儿子。）

## 2 情景对话

### 对话一 留下加班

| | |
|---|---|
| 李娜：仲唔走啊？ | 李娜：还不走啊？ |
| 家明：仲未做晒啲嘢啊，要加班啊。 | 家明：还没有做完工作，要加班呢。 |
| 李娜：噉你晚饭点算啊？ | 李娜：那你晚饭怎么办？ |
| 家明：叫咗外卖嘅啦。 | 家明：叫了外卖。 |

### 对话二 整理房间

| | |
|---|---|
| 妈妈：你间房咁乱，执下啦。 | 妈妈：你的房间这么乱，收拾一下。 |
| 小敏：好啦，今日大扫除。 | 小敏：好吧，今天大扫除。 |
| 妈妈：我哋一齐将屋企清理干净。 | 妈妈：我们一起把家里打扫干净。 |
| 小敏：好啊，我搞掂我间房就帮你手。 | 小敏：好啊，我搞定我的房间就来帮忙。 |

### 对话三 一起做家务

| | |
|---|---|
| 妈妈：子维，帮妈咪拖地啦。 | 妈妈：子维，帮妈妈拖地吧。 |
| 子维：好啊，我至中意做家务啦。 | 子维：好的，我最喜欢做家务啦。 |
| 妈妈：你最乖啦，有你嘅帮手，我哋好快就搞掂。 | 妈妈：你最乖啦，有你帮忙，我们很快就能搞定。 |
| 子维：屋企干净，人都精神啲。 | 子维：家里干净，人都精神一点。 |

# （六）晚间活动

5-10

## 1 常用单句

**1** 食完饭去散步，点嘛[①]？
吃完饭去散步，怎么样？

**2** 听晚[②]有个红酒会。
明晚有个红酒会。

**3** 以后要多啲聚下先得。
以后要多聚才行。

**4** 今晚继续煲剧。
今晚继续追电视剧。

**5** 冇乜[③]好睇[④]嘅电视剧。
没什么好看的电视剧。

**6** 每晚都喺度[⑤]打机[⑥]。
每晚都打游戏。

**7** 瞓觉之前我会睇下书。
睡觉之前我会看一会儿书。

**8** 为咗[⑦]睇波成晚[⑧]冇瞓[⑨]。
为了看球赛整晚没睡。

**9** 每晚开台[⑩]到天光[⑪]。
每晚打麻将到天亮。

**10** 临瞓前听歌助眠。
临睡前听歌助眠。

### 词汇

① 点嘛：怎么样
② 听晚：明晚
③ 冇乜：没什么
④ 好睇：好看
⑤ 喺度：正在
⑥ 打机：打游戏
⑦ 为咗：为了
⑧ 成晚：整晚
⑨ 冇瞓：没睡
⑩ 开台：打麻将
⑪ 天光：天亮
⑫ 你哋：你们
⑬ 呢个：这个，这部

### 说明

★ 煲剧：追电视剧。因为追电视剧需要较长一段时间，所以叫“煲剧”。

★ 睇波：看球赛。“波”是英文ball的音译。但是“篮球，足球”这些专有名词，不能说“篮波，足波”。

## 2 情景对话

### 对话一 聚会

| 粤语 | 普通话 |
| --- | --- |
| 小林：毕业之后今次係大家第一次见面，大家都变化好大。 | 小林：这是大家毕业后第一次见面，大家都变化好大啊。 |
| 小李：係啊，以后要多啲聚下先得。 | 小李：是啊，以后要多聚聚才行。 |
| 小林：你而家做边行啊？ | 小林：你现在做哪一行？ |
| 小李：我开咗间培训机构，做语言培训。 | 小李：我开了家培训机构，做语言培训。 |

### 对话二 KTV

| 粤语 | 普通话 |
| --- | --- |
| 丽莎：我哋今晚聚会去KTV咯？ | 丽莎：我们今晚聚会去KTV吧？ |
| 小敏：好啊，好耐冇去K歌啦。 | 小敏：好啊，好久没有去唱歌了。 |
| 家明：你哋[12]去啦，我五音不全，就唔去嘞。 | 家明：你们去吧，我五音不全，就不去了。 |
| 丽莎：去啦，大家一齐开心下嘛。 | 丽莎：去吧，大家一起开心嘛。 |

### 对话三 看电视

| 粤语 | 普通话 |
| --- | --- |
| 小林：呢个[13]电视节目好闷啊，我可唔可以转台？ | 小林：这个电视节目好无聊，我可以换台吗？ |
| 家明：梗係得啦，遥控器俾你。 | 家明：当然可以，给你遥控器。 |
| 小林：你中意睇乜嘢？ | 小林：你喜欢看什么？ |
| 家明：求其啦，都得。 | 家明：随便吧，都可以。 |

# 三 朋友之间

## （一）谈论家庭

5-11

### 1 常用单句

1 你屋企几个人啊？
你家有几口人啊？

2 我屋企就爸爸妈妈同埋①我。
我家里只有爸爸、妈妈和我。

3 我屋企有 5 个人。
我家有 5 口人。

4 你屋企住边度啊？
你家在哪里啊？

5 你爸爸係做乜嘢工作嚟？
你爸爸是做什么工作的？

6 你结咗婚未？
你结婚了吗？

7 佢生咗个仔啊。
她生了个儿子啊。

8 佢生咗未啊？
她生了吗？

9 我仲未②结婚。
我还没有结婚。

10 嗰个小朋友好得意③啊。
那个小朋友好可爱呀。

**词汇**

① 同埋：和，与
② 仲未：还没有
③ 得意：可爱

**说明**

★ 生仔：生孩子。“仔”除了有“儿子”的意思外，还有“孩子”的意思。

## 2 情景对话

### 对话一 询问家庭成员

| | |
|---|---|
| **子维：** 你屋企有几个人啊？ | **子维：** 你家有几口人啊？ |
| **家明：** 有4个，爸爸妈妈，仲有个家姐。 | **家明：** 有4口人，爸爸、妈妈，还有个姐姐。 |
| **子维：** 我屋企就爸爸妈妈同埋我。 | **子维：** 我家里就爸爸、妈妈和我。 |
| **家明：** 独生仔好啊，冇人虾。 | **家明：** 独生子好啊，不受人欺负。 |

### 对话二 询问职业

| | |
|---|---|
| **子维：** 俾你睇我屋企嘅全家福啦。 | **子维：** 给你看一下我家的全家福啊。 |
| **李娜：** 你同你爸爸好似啊，你爸爸做乜嘢工作嚟？ | **李娜：** 你跟你爸爸长得好像啊，你爸爸是做什么工作的？ |
| **子维：** 我爸爸係警察。 | **子维：** 我爸爸是警察。 |
| **李娜：** 唔怪之得啦，咁有型。 | **李娜：** 怪不得呢，这么有型。 |

### 对话三 询问婚姻情况

| | |
|---|---|
| **小敏：** 你家姐结婚未啊？ | **小敏：** 你姐姐结婚了吗？ |
| **小林：** 嗯，结咗啦，仲生咗个仔嗦。 | **小林：** 嗯，结了，都有儿子了。 |
| **小敏：** 哇，咁快手嘅？ | **小敏：** 哇，这么快啊？ |
| **小林：** 係啊，俾你睇个BB嘅相，好得意啊。 | **小林：** 是啊，给你看宝宝的照片，很可爱呢。 |

# （二）谈论爱好

5-12

## 1 常用单句

**1** 你平时中意玩啲乜嘢啊？
你平时喜欢玩些什么啊？

**2** 你有乜嘢爱好啊？
你有什么爱好啊？

**3** 我唔中意①去酒吧。
我不喜欢去酒吧。

**4** 我每个礼拜都去游水②㗎。
我每个星期都去游泳。

**5** 我都好中意户外活动个波。
我也很喜欢户外活动。

**6** 你中唔中意唱歌？
你喜欢唱歌吗？

**7** 我都係中意睇书多啲。
我还是喜欢看书多一点。

**8** 得闲③都会研究下美食咯。
有空也会研究一下美食。

**9** 推荐几本哲学方面嘅书俾我睇啦。
推荐几本哲学方面的书给我看吧。

**10** 我细妹④好中意煮嘢食，佢话⑤过程好解压。 我妹妹很喜欢煮东西吃，她说过程很解压。

### 词汇

① 唔中意：不喜欢
② 游水：游泳
③ 得闲：有时间，有空
④ 细妹：妹妹
⑤ 话：说
⑥ 犀利：厉害

### 说明

★ 推荐几本哲学方面嘅书俾我睇：粤语中的“施受”关系句，受者前的动词“给”可以省略不要。句式为：（主语+）动词+物体+受者（+动词）。如：我俾水你饮。（我给你水喝。）爸爸俾钱我用。（爸爸给我钱花。）

## 2 情景对话

### 对话一 阅读

| | |
|---|---|
| **子维：** 你中唔中意睇书啊? | **子维：** 你喜不喜欢看书啊? |
| **家明：** 都中意嘅，有时会去图书馆睇书。 | **家明：** 喜欢，有时会去图书馆看书。 |
| **子维：** 我呢排睇紧哲学方面嘅书。 | **子维：** 我这段时间正在看哲学方面的书。 |
| **家明：** 係？推荐几本俾我睇啦。 | **家明：** 是吗？推荐几本给我看吧。 |

### 对话二 业余时间

| | |
|---|---|
| **李娜：** 你平时都做啲乜嘢呢? | **李娜：** 你平时都做些什么呢? |
| **丽莎：** 同班朋友去行山。 | **丽莎：** 跟朋友们去爬山。 |
| **李娜：** 我都好中意㗎，下次预埋我啦。 | **李娜：** 我也很喜欢，下次叫上我啊。 |
| **丽莎：** 噉今个礼拜六一齐去啦。 | **丽莎：** 那这周六一起去吧。 |

### 对话三 喜欢做饭

| | |
|---|---|
| **小敏：** 你好中意煮饭喔。 | **小敏：** 你很喜欢做饭哦。 |
| **丽莎：** 係啊，我中意研究美食。 | **丽莎：** 对啊，我喜欢研究美食。 |
| **小敏：** 好犀利[6]啊，而家识得煮饭嘅女仔好少㗎啦。 | **小敏：** 好厉害啊，现在会做饭的女孩子很少啦。 |
| **丽莎：** 冇计啦，唔煮饭就食外卖㗎啦。 | **丽莎：** 没办法，不做饭就得吃外卖。 |

# （三）争吵

5-13

## 1 常用单句

**1** 你次次都係噉。

你每次都这样。

**2** 激死我啦。

气死我啦。

**3** 行开①，咪②烦我。

走开，别烦我。

**4** 你呃③咗我好多次啦。

你骗我很多次了。

**5** 你从来都係谂住你自己。

你从来都是想着你自己。

**6** 你同④我扯⑤，我唔想见到你。

你给我滚，我不想见到你。

**7** 我警告你，冇再烦我嘞。

我警告你，别再烦我了。

**8** 收声⑥啊，你从来都冇谂过我嘅感受。

不要再说了，你从来都没想过我的感受。

**9** 冇劳气⑦。

不要生气。

**10** 冇嘈⑧啦！

别吵啦！

### 词汇

① 行开：走开
② 咪：不要，别
③ 呃：骗
④ 同：和，跟，替
⑤ 扯：滚
⑥ 收声：住口，停止说话
⑦ 劳气：生气
⑧ 冇嘈：不要吵
⑨ 好攰：好累

### 说明

★ 激：气，惹，……导致……。如：你冇激佢啦。（你不要惹他啦。）

★ 行开：走开。行：既可以表示一般的行走，也可以表示“逛”。如：行快啲。（走快点。）我同佢行街。（我和他逛街。）

★ 冇，咪：都是“不要，别”的意思。“冇”是“唔好”的连音。

## 2 情景对话

### 对话一 噪音

| | |
|---|---|
| **小林**：隔离装修嘈到死。 | **小林**：隔壁装修吵死了。 |
| **小敏**：都有好多日嘞。 | **小敏**：都好几天了。 |
| **小林**：觉都瞓唔好。 | **小林**：觉都睡不好。 |
| **小敏**：要揾物业投诉下先得。 | **小敏**：要找物业投诉一下才行。 |

### 对话二 吵架

| | |
|---|---|
| **家明**：小敏，你听我讲啦。 | **家明**：小敏，你听我说。 |
| **小敏**：我唔听啊，你同我扯啊。 | **小敏**：我不听，你给我滚。 |
| **家明**：你冷静下先啦，冇劳气。 | **家明**：你冷静一下，不要生气。 |
| **小敏**：收声啊！ | **小敏**：闭嘴！ |

### 对话三 争执

| | |
|---|---|
| **小敏**：你日日都係工作，你有冇关心过个仔嘅学习啊？ | **小敏**：你天天就知道工作，你有没有关心过儿子的学习啊？ |
| **家明**：我唔做嘢，边个养呢头家啊？ | **家明**：我不工作，谁养这个家啊？ |
| **小敏**：我成日对住家头细务，个仔嘅学习，我都好攰[9]㗎。 | **小敏**：我整天对着家里大小事，儿子的学习，我也很累的。 |

# （四）寻求帮助

5-14

## 1 常用单句

**1** 可唔可以帮下我啊？
能帮我一下吗？

**2** 你可唔可以帮我打电话同公司请假？
你可以帮我打电话给公司请假吗？

**3** 我想请你帮手①做件事。
我想请你帮忙做件事情。

**4** 可唔可以借你嘅电话我用下？
能不能把你的电话借我用一下？

**5** 我支笔坏咗，可唔可以借你嘅用下？
我的笔坏了，能不能借你的用一下？

**6** 如果你需要乜嘢就同我讲啦。
如果你需要什么就和我说吧。

**7** 放心啦，包喺我身上。
放心吧，包在我身上。

**8** 我好想帮你，不过我而家②好忙。
我很想帮你，不过我现在很忙。

**9** 梗係③有问题啦。
当然没有问题了。

**10** 唔紧要④，我会帮你。
没关系，我会帮你。

### 词汇

① 帮手：帮忙
② 而家：现在
③ 梗係：当然
④ 唔紧要：不要紧，没关系

### 说明

★ 帮手：帮忙。关于“帮手”和“帮忙”，意思虽然一样，但是用法有区别。如向外求助帮忙则不能询问对方能不能帮我一个手，而是能不能帮我一个忙。“帮手”后面要加上你的需求，而“帮忙”则不需要。如：可唔可以帮手斟杯茶啊？（可不可以帮忙倒杯茶？）可唔可以帮我个忙啊？（可不可以帮我个忙啊？）

★ 支笔：名词前面要加量词。

## 2 情景对话

### 对话一 火车上

| | |
|---|---|
| 丽莎：唔该，可唔可以帮我将个行李箱放上去啊？ | 丽莎：打扰一下，可不可以帮我把这个行李箱子放上去啊？ |
| 家明：梗係冇问题啦。 | 家明：当然可以了。 |
| 丽莎：唔该晒你啊。 | 丽莎：谢谢你啊。 |
| 家明：冇嘢，举手之劳啫。 | 家明：没事，举手之劳而已。 |

### 对话二 同事之间

| | |
|---|---|
| 子维：家明，我屋企突然有事，你可唔可以喺落班之前，帮我将份文件俾经理啊？ | 子维：家明，我家里突然有事，你可不可以在下班之前，帮我把这份文件给经理啊？ |
| 家明：得，冇问题，你快啲返去啦。 | 家明：行，没问题，你快点回去吧。 |
| 子维：好，唔该晒你啊。 | 子维：好，谢谢你啊。 |

### 对话三 同学之间

| | |
|---|---|
| 小林：我支笔断咗嘞，你可唔可以借支俾我用啊？ | 小林：我的笔断了，你可不可以借我一支笔啊？ |
| 家明：得，我有好多支，你中意边支自己攞。 | 家明：可以，我有很多笔，你喜欢哪支自己拿。 |
| 小林：噉我就要支红色嘅啦。 | 小林：那我就拿支红色的吧。 |

# 四 餐馆聚餐

## （一）预约

5-15

### 1 常用单句

1 我想预订听晚嘅晚餐。

我想预订明晚的位子。

2 请问有冇包房？

请问有包间吗？

3 请问几位？

请问几位？

4 我哋係要同老人家庆祝生日。

我们是要给老人家庆祝生日。

5 我哋包房至少要8个人先[①]可以预订。

我们包间至少要8个人才可以预订。

6 我要冇烟区[②]。

我要无烟区。

7 要安静啲嘅位。

要安静点的位置。

8 噉靠窗嘅呢？

那靠窗的呢？

9 我哋唔接受预订㗎。

我们不接受预订的。

10 请听晚7点准时到。

请明晚7点准时到。

**词汇**

① 先：才

② 冇烟区：无烟区

③ 除咗：除了

**说明**

★ 同：文中是“给”“替”的意思。这里需要注意不能用“俾béi²”。“俾”只能用在物体上，而为老人家庆祝生日是一种行为，非物体。

★ 先：此处作“才”意。如：我先落班。（我才下班。）“先”跟在动词或者动宾短语后面，则表示先做某事，就不是“才”的意思了。如：我落班先。（我先下班。）

## 2 情景对话

### 对话一 预订位子

**餐厅：**你好，广州酒家。

**餐厅：**您好，广州酒家。

**子维：**你好，请问而家有冇8人位？

**子维：**你好，请问现在有8人位吗？

**餐厅：**唔好意思，而家冇位，不过一个钟头后就有啦。

**餐厅：**不好意思，现在没有位子，不过1个小时后会有。

**子维：**好，噉帮我预订啦。

**子维：**好，那帮我预订吧。

### 对话二 预订失败

**餐厅：**你好，呢度係广州酒家，有乜嘢可以帮到你？

**餐厅：**您好，这里是广州酒家，有什么可以帮您吗？

**子维：**你好，我想预订今晚嘅两人位。

**子维：**你好，我想预订今晚的2人位。

**餐厅：**唔好意思，除咗[3]包房，我哋都唔接受预订。

**餐厅：**不好意思，除了包间，我们不接受预订。

**子维：**好，唔该晒。

**子维：**好的，谢谢。

### 对话三 预订成功

**子维：**唔该，帮我预订听晚嘅一个包房啦。

**子维：**麻烦帮我预订明晚的一个包间。

**餐厅：**请问先生几位？几点到呢？

**餐厅：**先生，请问几位？几点到呢？

**子维：**我哋8个人，7点度到啦。

**子维：**我们8个人，7点左右到。

**餐厅：**好嘅，已经帮你留位嘅嘞，位置最迟保留到7点3个字。

**餐厅：**好的，已经帮您留位了，位置最迟保留到7点15分。

# （二）点菜

5-16

## 1 常用单句

**1** 唔该，写嘢[①]。

劳驾，点餐。

**2** 而家点得单未呢？

现在能点餐了吗？

**3** 你哋嘅特色菜係乜嘢啊？

你们的特色菜是什么啊？

**4** 要份叉烧饭啦。

要份叉烧饭吧。

**5** 今日例汤[②]係乜嘢啊？

今天例汤是什么啊？

**6** 有冇萝卜牛腩啊？

有没有萝卜牛腩啊？

**7** 有乜嘢戒口[③]？

有什么忌口吗？

**8** 唔该上快啲。

麻烦快点上菜。

**9** 食唔食得[④]辣㗎？

能不能吃辣的？

**10** 我都得，你睇住点[⑤]啦。

我都可以，你看着点吧。

### 词汇

① 写嘢：字面意思是“写东西”，在餐厅使用时指“下单，点菜”。

② 例汤：餐厅每日推出的一款固定汤品

③ 戒口：忌口

④ 食唔食得：能不能吃

⑤ 睇住点：看着点餐

⑥ 跟住：接着，然后

### 说明

★ 唔该：麻烦，劳驾；谢谢。用在句首时，表示劳驾，麻烦，相当于英文的excuse me。用在句末时表示感谢。如：唔该，请问去图书馆点行？（打扰一下，请问去图书馆怎么走？）劳驾你俾杯水我啊唔该。（劳驾你给我一杯水，谢谢。）

★ 定係：还是。用在选择疑问句中。如：你要食呢个定係食嗰个？（你要吃这个还是那个？）

## 2 情景对话

### 对话一 询问口味

| | |
|---|---|
| **子维：**你有冇乜嘢戒口嘅呢？ | **子维：**你有没有什么忌口的？ |
| **小林：**我都Ok嘅，你睇住点啦。 | **小林：**我都可以，你看着点吧。 |
| **子维：**食唔食得辣椒炒肉片？ | **子维：**能吃辣椒炒肉片吗？ |
| **小林：**好啊，我中意食。 | **小林：**好啊，我喜欢吃。 |

### 对话二 选择饮料

| | |
|---|---|
| **丽　莎：**你哋呢度有乜嘢饮料啊？ | **丽　莎：**你们这里有什么饮料？ |
| **服务员：**饮料喺晒呢张酒水单度嘅啦。 | **服务员：**饮料都在这张酒水单上。 |
| **丽　莎：**噉就要两支王老吉啦，跟住[⑥]冲多壶普洱茶。 | **丽　莎：**那就要两罐王老吉吧，然后冲壶普洱茶。 |
| **服务员：**好，请稍等。 | **服务员：**好，请稍等。 |

### 对话三 选择甜点

| | |
|---|---|
| **服务员：**请问要唔要嚟份甜品呢？ | **服务员：**请问要不要来份甜品呢？ |
| **丽　莎：**好，要份浓情朱古力。 | **丽　莎：**好，要份浓情巧克力。 |
| **服务员：**餐后上定係而家上？ | **服务员：**餐后上还是现在上？ |
| **丽　莎：**餐后上啊，唔该。 | **丽　莎：**餐后上吧，谢谢。 |

# （三）评价饭菜

5-17

## 1 常用单句

**1** 呢间餐厅嘅菜好好①食。
这家餐厅的菜很好吃。

**2** 呢个汤煲得好靓。
这个汤煲得很好。

**3** 你觉得呢份叉烧点啊②？
你觉得这份叉烧怎么样？

**4** 好啱③我胃口啊。
很合我胃口啊。

**5** 呢个豉油鸡咸得滞。
这个酱油鸡太咸了。

**6** 出品好唔正宗。
这道菜很不正宗。

**7** 呢间餐厅烧鹅好正④。
这家餐厅烧鹅很正宗。

**8** 包你食过返⑤寻味啊。
保证你吃过还想再来吃啊。

**9** 平时排晒队啊，评价好好。
平时都排长队的，评价很好。

**10** 佢好奄尖⑥啊。
他很挑剔啊。

### 词汇

① 好好：很好
② 点啊：怎么样
③ 啱：合适
④ 正：赞，正宗
⑤ 返：回来
⑥ 奄尖：挑剔

### 说明

★ 呢间：这间。间是企事业、学校的量词。如：你喺边间学校读书？（你在哪所学校读书？）你喺边间公司上班？（你在哪家公司上班？）

★ 好靓：通常“靓”是指外表很美、好看。这里指菜或汤的味道很好。有时也指东西的品质好。如：呢啲青菜好靓啊。（这些青菜很新鲜。）这里的“靓”指品质好，可引申为“新鲜”等意。

★ 得滞：程度副词，位于形容词后面，相当于普通话的“太……”。如：热得滞。（太热了。）

## 2 情景对话

### 对话一 好吃

| 粤语 | 普通话 |
| --- | --- |
| **子维：**哇，呢个白切鸡好正啊。 | **子维：**哇，这道白切鸡好赞啊。 |
| **丽莎：**係咧？包你食过返寻味啊。 | **丽莎：**是吧？包你吃过还想吃。 |
| **子维：**唔怪得排晒队啦。 | **子维：**怪不得排长队呢。 |
| **丽莎：**啲一阵要唔要打包份走啊？ | **丽莎：**那一会儿要不要打包一份带走？ |

### 对话二 不好吃

| 粤语 | 普通话 |
| --- | --- |
| **家明：**条鱼蒸过龙，唔好食。 | **家明：**这条鱼蒸过火了，不好吃。 |
| **小林：**係咯，呢份咸鱼茄瓜煲都唔好食。 | **小林：**是啊，这道咸鱼茄瓜煲也不好吃。 |
| **家明：**以后唔会嚟呢间餐厅食饭啦。 | **家明：**以后不会再来这家餐厅吃饭了。 |

### 对话三 美食点评

| 粤语 | 普通话 |
| --- | --- |
| **家明：**第一次食到咁正宗嘅黄鳝饭。 | **家明：**第一次吃到这么正宗的黄鳝饭。 |
| **子维：**係㗎，呢个老细係台山人，而黄鳝饭就係台山特色啦。 | **子维：**是啊，这家老板是台山人，而黄鳝饭就是台山的特色。 |
| **家明：**原来係咁，我好中意食。 | **家明：**原来如此，我很喜欢吃。 |

5-18

# （四）结账

## 1 常用单句

**1** 请问可唔可以埋单先呢？

请问可以先买单吗？

**2** 我嚟埋单啦。

我来买单吧。

**3** 唔该去收银台埋单啦。

麻烦去收银台买单。

**4** 我哋 AA 啦。

我们 AA 吧。

**5** 我哋准备闩铺①了，可唔可以埋单先啊？

我们要打烊了，能不能先买单啊？

**6** 呢度要收 15% 嘅服务费。

这里要收 15% 的服务费。

**7** 埋单跟住帮我打包呢啲啦。

买单，然后帮我把这些打包。

**8** 打包盒 1 文②一个。

打包盒 1 元一个。

**9** 埋单请出示付款码。

买单请出示付款码。

**10** 唔好意思，可唔可以用支付宝啊？

不好意思，可不可以用支付宝？

### 词汇

① 闩铺：打烊

② 文：钱的量词，相当于“元”。

③ 争：抢

### 说明

★ 闩铺：打烊，字面意思是“关闭店铺”。“闩”专指门关闭。

## 2 情景对话

### 对话一 请客买单

| | |
|---|---|
| **子维**：唔该，埋单。 | **子维**：麻烦，买单。 |
| **家明**：我嚟啦。 | **家明**：我来吧。 |
| **子维**：唔好唔好，讲好我请㗎嘛。 | **子维**：不行不行，说好我请客的嘛。 |
| **家明**：噉唔同你争[③]啦，下次我请你去食广州酒家。 | **家明**：那不跟你抢了，下次我请你去吃广州酒家。 |

### 对话二 AA 制

| | |
|---|---|
| **子维**：我哋听晚聚餐咯？约埋小林、小敏佢哋。 | **子维**：我们明晚聚餐吧？约上小林、小敏他们。 |
| **家明**：好啊，人多热闹啲，大家AA都会方便啲。 | **家明**：好啊，人多热闹，大家AA也会方便点。 |
| **子维**：係咯，呢种方式都好㗎。 | **子维**：对啊，这种方式也好。 |
| **家明**：噉我哋喺群里便问下佢哋先啦。 | **家明**：那我们在群里先问一下他们吧。 |

### 对话三 打包买单

| | |
|---|---|
| **子　维**：唔该，帮我打包啦，跟住埋单。 | **子　维**：麻烦帮我打包吧，然后买单。 |
| **服务员**：好嘅，先生我哋打包盒1文一个。 | **服务员**：好的，先生，我们的打包盒1元一个。 |
| **子　维**：好，冇问题。 | **子　维**：好，没问题。 |
| **服务员**：唔该，总共消费咗186文，请出示你嘅付款码。 | **服务员**：谢谢，总共消费186元，请出示您的付款码。 |

# 五 消费购物

## （一）百货商场

5-19

### 1 常用单句

1 请问有乜嘢可以帮到你？
请问有什么可以帮您的？

2 唔该，茶餐厅喺几楼啊？
麻烦你，茶餐厅在几楼啊？

3 我觉得呢条裙好啱你。
我觉得这条裙子很适合你。

4 唔好意思，呢条裙就得①呢个颜色。
不好意思，这条裙子就只有这个颜色。

5 有冇衬②呢条裙嘅高踭鞋③呢？
有没有适合这条裙子的高跟鞋呢？

6 我唔中意呢个款式。
我不喜欢这个款式。

7 请问可唔可以试身④啊？
请问可不可以试穿啊？

8 有冇折扣呢？
有没有折扣？

9 几多钱（几钱）⑤？
多少钱？

10 我谂下⑥买边只⑦颜色。
我想想买哪个颜色。

**词汇**

① 得：只有
② 衬：适合，般配
③ 高踭鞋：高跟鞋
④ 试身：试穿
⑤ 几多钱（几钱）：多少钱
⑥ 谂下：想一下
⑦ 边只：哪个
⑧ 呔：领带
⑨ 会员咭：会员卡

**说明**

★ 谂：是“需要思考”的意思。所以“谂下”虽然是“想一下”，但是却不能用“想下”代替。

## 2 情景对话

### 对话一 挑领带

| | |
|---|---|
| **售货员：** 请问小姐，有乜嘢可以帮到你？ | **售货员：** 请问小姐，有什么可以帮您的？ |
| **小　敏：** 唔该，我想买条呔[8]送俾男朋友，请你帮我推荐下。 | **小　敏：** 麻烦你，我想买条领带送给男朋友，请帮我推荐下。 |
| **售货员：** 好啊，呢啲都係我哋新到的款式，你睇下。 | **售货员：** 好的，这些都是我们新到的款式，你看一下。 |
| **小　敏：** 呢条几好睇，几钱啊？ | **小　敏：** 这条挺不错的，多少钱啊？ |
| **售货员：** 呢条係688文。 | **售货员：** 这条688元。 |

### 对话二 试穿

| | |
|---|---|
| **小　敏：** 请问可唔可以试身啊？ | **小　敏：** 请问可以试穿吗？ |
| **售货员：** 可以，请问小姐要试边对呢？ | **售货员：** 可以，请问小姐要试哪双呢？ |
| **小　敏：** 嗰对高踭鞋，要36码。 | **小　敏：** 那双高跟鞋，要36码。 |
| **售货员：** 唔好意思，呢对36码卖晒嘞。 | **售货员：** 不好意思，这款36码的卖完了。 |

### 对话三 付款

| | |
|---|---|
| **小　林：** 会员咭[9]打几折？ | **小　林：** 会员卡打几折？ |
| **售货员：** 商场会员咭只可以积分，唔打折。 | **售货员：** 商场会员卡只可以积分，不打折。 |
| **小　林：** 咁啊，帮我埋单啦。 | **小　林：** 这样哦，那买单吧。 |
| **售货员：** 一共2680文。 | **售货员：** 一共2680元。 |

# （二）农贸市场

5-20

## 1 常用单句

**1** 我去嗰便买啲水果先[①]。

我先去那边买点水果。

**2** 买啲青菜啦，好新鲜㗎。

买点青菜吧，很新鲜的。

**3** 仲要啲乜嘢呢？

还要些什么呢？

**4** 太多嘞，少啲啦。

太多了，少一些。

**5** 啲鱼点[②]卖啊？

这些鱼怎么卖啊？

**6** 今日豆腐卖晒[③]啦。

今天豆腐卖完了。

**7** 呢啲[④]番茄几钱一斤啊？

这些番茄多少钱一斤啊？

**8** 有冇西兰花啊？

有没有西兰花啊？

**9** 烧腊档喺卖海鲜嘅隔离[⑤]。

烧腊档在卖海鲜的旁边。

**10** 多谢帮衬[⑥]。

谢谢惠顾。

### 词汇

① 先：表示先做某事

② 点：怎么样

③ 晒：完全，全部

④ 呢啲：这些

⑤ 隔离：隔壁，旁边

⑥ 帮衬：光顾，捧场

⑦ 老细：老板

### 说明

★ 隔离：旁边，隔壁。而“隔离屋”则是“邻居”的意思。这里非常形象，隔壁屋子的，就是邻居。

★ 帮衬：普通话中是“照顾”的意思，而粤语则是光顾、捧场。意思完全不一样。如普通话中，如果某人住院缺钱，我们应该帮衬他一下，但是粤语则不能这样表达。

## 2 情景对话

### 对话一 买花

| | |
|---|---|
| **丽莎：** 哇，啲洋牡丹好靓啊。 | **丽莎：** 哇，这些洋牡丹好漂亮啊。 |
| **花店：** 係啊，啱到货。 | **花店：** 对啊，刚到货。 |
| **丽莎：** 点卖㗎？ | **丽莎：** 怎么卖？ |
| **花店：** 10文一支，送人定係买返屋企？ | **花店：** 10元一支，送人还是买回家？ |
| **丽莎：** 送人，帮我包靓啲。 | **丽莎：** 送人，帮我包好看点。 |

### 对话二 买排骨

| | |
|---|---|
| **小敏：** 老细[7]，啲排骨点卖啊？ | **小敏：** 老板，这些排骨怎么卖啊？ |
| **肉贩：** 呢啲靓啲28文一斤，呢啲就23文一斤。 | **肉贩：** 这些好点的28元一斤，这些就23元一斤。 |
| **小敏：** 噉要靓嘅呢种啦，要一斤。 | **小敏：** 那要好一点的，要一斤。 |

### 对话三 买叉烧

| | |
|---|---|
| **小林：** 老细，帮我称斤叉烧啊。 | **小林：** 老板，帮我称一斤叉烧。 |
| **老细：** 要肥啲定係瘦啲？ | **老板：** 要肥一点的还是瘦一点的？ |
| **小林：** 两种都要啲啦。 | **小林：** 两种都要一点吧。 |
| **老细：** 好，使唔使斩好俾你？ | **老板：** 好，需要给您切好吗？ |
| **小林：** 要啊，唔该晒。 | **小林：** 要，谢谢。 |

# （三）售卖新能源汽车

5-21

## 1 常用单句

1. 你有冇揸[①]过电车啊？
你有没有开过电车啊？

2. 我喺度[②]谂要唔要[③]换电车。
我在想要不要换电车。

3. 长途嘅[④]话油车会方便啲。
长途的话油车会方便点。

4. 平时市内开嘅话电车会悭钱[⑤]啲。
平时市内开的话电车会省钱一点。

5. 全景天窗係好睇，就係热啊。
全景天窗是好看，就是热啊。

6. 而家啲电车外形都好靓啊。
现在的电车外形都很好看哦。

7. 电车有乜嘢优势啊？
电车有什么优势啊？

8. 睇个人嘅需求啦，起码唔使[⑥]摇号上牌。
看个人需求吧，起码不需要摇号上牌。

9. 电车高速上排队充电好麻烦喔。
高速上电车排队充电很麻烦。

10. 特别节假日出行，成日担心路上冇电。
特别是节假日出行，总担心路上没电。

### 词汇

① 揸：开
② 喺度：在这里，正在
③ 要唔要：要不要
④ 嘅：的
⑤ 悭钱：省钱
⑥ 唔使：不需要

### 说明

★ 唔使：不需要，不用。粤语的“用”大多用“使”来表达。如：唔使咁麻烦。（不用这么麻烦。）100文都使唔到几耐嚛。（100元也用不了多久的。）

## 2 情景对话

### 对话一 到店咨询

| | |
|---|---|
| **销售：** 欢迎光临，可以坐上去感受下㗎。 | **销售：** 欢迎光临，可以坐上去感受一下。 |
| **小林：** 呢个全景天窗夏天咪好热咯？ | **小林：** 这个全景天窗夏天会不会很热？ |
| **销售：** 可以贴膜㗎，同你介绍下呢台车嘅特色啦…… | **销售：** 可以贴膜的，向您介绍一下这台车的特色…… |

### 对话二 预约试驾

| | |
|---|---|
| **销售：** 林生，你几时得闲嚟试驾啊？ | **销　售：** 林先生，您什么时候有空试驾啊？ |
| **林生：** 呢个礼拜好忙，我睇下到时点安排再联系你啦。 | **林先生：** 这个星期很忙，我看一下到时怎么安排再联系你啊。 |
| **销售：** 如果你唔得闲过嚟，我哋可以开车去揾你试驾㗎。 | **销　售：** 如果您没时间过来，我们可以开车去找您试驾的。 |
| **林生：** 咁啊，噉就后日下昼1点嚟我公司楼下啦，我发个定位俾你。 | **林先生：** 这样啊，那就后天下午1点来我公司楼下，我给你发个定位。 |

### 对话三 试驾问答

| | |
|---|---|
| **林生：** 满电嘅话续航有几多啊？ | **林先生：** 满电的话续航多少公里？ |
| **销售：** 有400公里度。天冷电池就唔係咁襟用啦。 | **销　售：** 400公里左右，天冷电池就不太耐用了。 |
| **林生：** 开起身係唔错，不过考虑高速就冇油车方便了。 | **林先生：** 开起来是不错，不过考虑高速就没有油车方便了。 |
| **销售：** 我哋高速上都有换电站㗎，即换即走，几分钟就搞掂。呢个就係我哋嘅优势啦。 | **销　售：** 我们高速上也有换电站，即换即走，几分钟就搞定。这就是我们的优势。 |

# 六 电话交流

## （一）工作电话

5-22

### 1 常用单句

**1** 老细通知大家听日下昼返公司开会。

老板通知大家明天下午回公司开会。

**2** 嗰个①项目出咗②问题，你即刻③去现场处理。

那个项目出了问题，你立刻去现场处理。

**3** 方案我睇咗④，需要修改几点……

方案我看了，需要修改几点……

**4** 请问王总喺唔喺度⑤啊？

请问王总在吗？

**5** 请问你揾⑥边位⑦？

请问您找哪位？

**6** 咪住⑧，等等先。

慢着，先等等。

**7** 有人打电话揾你。

有人打电话找你。

**8** 我等阵⑨再打过嚟。

我等会儿再打过来。

**9** 佢几时得闲呢？

他什么时候有空呢？

**10** 唔好意思，佢开紧会。

不好意思，他在开会。

**词汇**

① 个：项目的量词

② 出咗：出了

③ 即刻：马上

④ 睇咗：看了

⑤ 喺唔喺度：在不在

⑥ 揾：找

⑦ 边位：哪位

⑧ 咪住：等等，慢着

⑨ 等阵：等会儿

**说明**

★ 等等先：先等等。此处在语法上与普通话不同。“先”跟在动词后面。

★ 紧：跟在动词后面，表示该动作正在进行。如：我食紧饭。（我正在吃饭。）

## 2 情景对话

### 对话一 通话成功

| | |
|---|---|
| **家明：** 唔该，叫子维听电话。 | **家明：** 麻烦你，找子维接电话。 |
| **子维：** 我就係嘞，你係唔係家明啊？ | **子维：** 我就是，你是不是家明啊？ |
| **家明：** 係啊，我呢几日都搵你唔到，你搞边科啊？ | **家明：** 是啊，我这几天都找不到你，你搞什么啊？ |
| **子维：** 呢几日出差啊，手机又跌咗…… | **子维：** 这几天出差啊，手机又丢了…… |

### 对话二 转接电话

| | |
|---|---|
| **丽莎：** 你好，我搵李总，麻烦帮我转接去佢办公室。 | **丽莎：** 你好，我找李总，麻烦帮我转接到他办公室。 |
| **前台：** 唔好意思，李总开紧会。 | **前台：** 不好意思，李总正在开会。 |
| **丽莎：** 好，噉我半个钟头后再打嚟。 | **丽莎：** 好，那我半小时后再打过来。 |
| **前台：** 好，再见。 | **前台：** 好，再见。 |

### 对话三 对方不在

| | |
|---|---|
| **小林：** 你好，请问家明喺唔喺度啊？ | **小林：** 你好，请问家明在吗？ |
| **丽莎：** 唔好意思，佢出咗去，请问你係唔係急事呢？如果可以嘅话，请你留低你嘅信息，佢返嚟叫佢打俾你。 | **丽莎：** 不好意思，他出去了，请问你有急事吗？如果可以的话，请留下你的信息，他回来让他打给你。 |
| **小林：** 唔该晒，唔係急事，我迟啲再打过嚟啦。 | **小林：** 谢谢，不是急事，我晚点再打过来吧。 |

# （二）家庭电话

5-23

## 1 常用单句

**1** 请问係唔係[①]子维屋企呢?
请问是子维家吗?

**2** 丽莎喺唔喺度啊?
丽莎在吗?

**3** 唔好意思，佢出咗去嘞。
不好意思，他出去了。

**4** 佢手机号码係几多?
他的手机号码是多少?

**5** 我就係，请问你边位?
我就是，请问你是哪位?

**6** 请问你揾佢乜嘢事呢?
请问你找他有什么事吗?

**7** 你等阵，我去叫佢。
你等会儿，我去叫他。

**8** 请你冇收线[②]住。
请先别挂电话。

**9** 我啱先[③]同我妈妈通电话。
我刚才和我妈妈通电话了。

**10** 係咁啦[④]，听日见。
就这样，明天见。

### 词汇

① 係唔係：是不是
② 收线：挂电话
③ 啱先：刚才
④ 係咁啦：就这样啦
⑤ 成个：整个

### 说明

★ 住：表示暂时性动作。如：借住100文俾我先。（先借我100元。）另外，住也有“着”的意思。如：你坐住等啦。（你坐着等吧。）道门就咁开住。（那道门就这样开着。）

## 2 情景对话

### 对话一 接通电话

| | |
|---|---|
| 子维：喂，请问小敏喺唔喺度啊？ | 子维：喂，请问小敏在吗？ |
| 小敏：我就係嘞，你係唔係子维啊？ | 小敏：我就是，你是不是子维啊？ |
| 子维：係啊，想约你听日下昼去图书馆，唔知你得唔得闲？ | 子维：是啊，我想约你明天下午去图书馆，不知道你有没有时间？ |
| 小敏：好啊，我得闲，噉我哋听日下昼两点见啦。 | 小敏：好啊，我有空，那我们明天下午2点图书馆见吧。 |

### 对话二 对方不在

| | |
|---|---|
| 家明：你好，唔该揾小林听电话啊。 | 家明：你好，麻烦让小林接电话。 |
| 保姆：唔好意思，佢唔喺屋企。如果你有急事，你打佢手提电话啦。 | 保姆：不好意思，她不在家，如果你有急事，你打她手机吧。 |
| 家明：唔好意思，佢电话係几多呢？ | 家明：不好意思，她手机号码是多少？ |
| 保姆：唔该你登记下，1367783543。 | 保姆：麻烦你记一下，1367783543。 |

### 对话三 电话占线

| | |
|---|---|
| 小敏：卒之打通嘞。 | 小敏：终于打通了。 |
| 小林：乜嘢事啊？小敏？ | 小林：什么事啊？小敏？ |
| 小敏：你嘅电话一直打唔入啊。都打咗就嚟成个[⑤]钟嘞。 | 小敏：你的电话一直占线啊。都打了快一个小时了。 |
| 小林：哦，唔好意思啊，我啱先同我妈妈通电话。 | 小林：哦，不好意思啊，我刚才和我妈妈打电话了。 |

# （三）留言

5-24

## 1 常用单句

**1** 帮我留言俾佢啊，唔该！

帮我留言给他，谢谢！

**2** 佢唔喺度①，你可以留言俾佢。

他不在，你可以留言给他。

**3** 请佢复返电话俾我。

请他回电话给我。

**4** 请留低②你嘅信息。

请留下你的信息。

**5** 係乜嘢事呢？

是什么事情呢？

**6** 我记低③嘞。

我记下了。

**7** 麻烦你话④俾佢知我揾佢。

麻烦你告诉他我找他。

**8** 叫佢尽快复电话俾我。

让他尽快给我回电话。

**9** 请你转告俾佢，会议取消嘞。

请你转告他，会议取消了。

**10** 佢一返嚟⑤我就通知佢。

他一回来我就通知他。

### 词汇

① 唔喺度：不在这里

② 留低：留下

③ 低：下

④ 话：作动词"说"。此处是"告诉"的意思。

⑤ 一返嚟：一回来

### 说明

★ 返：跟在动词后表示通过动作使某事、物恢复到原来的状态。如：执返好啲嘢。（把东西收拾好。）这里表示本来东西就在原位，后来弄乱了，再恢复原位。

★ 留低：留下。跟在动词后面的"下"都变为"低"。如：坐低。（坐下。）

## 2 情景对话

### 对话一 拜托留言

| | |
|---|---|
| **小林：** 请问我可唔可以留言俾佢呢？ | **小林：** 请问我可以留言给他吗？ |
| **前台：** 可以。 | **前台：** 可以。 |
| **小林：** 噉麻烦你话俾佢知我揾佢，我叫小林。 | **小林：** 那麻烦你告诉他我找他，我叫小林。 |
| **前台：** 好嘅，我记低嘞。 | **前台：** 好的，我记下了。 |

### 对话二 留下信息

| | |
|---|---|
| **李娜：** 唔好意思，佢唔喺度，你可以留低你嘅信息，等佢返嚟我就话俾佢知。 | **李娜：** 不好意思，他不在，你可以留下你的信息，等他回来我就告诉他。 |
| **小林：** 好啊，噉麻烦你记低，1367783543，小林。 | **小林：** 好的，那麻烦你记一下，1367783543，小林。 |
| **李娜：** 好嘅，我已经记低嘞，佢一返嚟我就话俾佢知嘅嘞。 | **李娜：** 好的，我已经记下了，他一回来我就告诉他。 |
| **小林：** 好嘅，唔该晒。 | **小林：** 好的，谢谢你。 |

### 对话三 找人

| | |
|---|---|
| **子维：** 你好，我有急事揾家明。 | **子维：** 你好，我有急事找家明。 |
| **保姆：** 唔好意思，佢今日都冇返嚟。请问你係乜嘢急事呢？ | **保姆：** 不好意思，他今天没有回来。请问你有什么急事呢？ |
| **子维：** 公司有事揾佢，如果佢返嚟请你叫佢即刻返公司⑥。 | **子维：** 公司找他有事，如果他回来请你让他马上回公司。 |

# （四）通话不畅

5-25

## 1 常用单句

**1** 你听唔听到我讲乜嘢？
你能听到我说什么吗？

**2** 呢度冇呢个人。
这里没有这个人。

**3** 你所拨打嘅电话唔喺[①]服务区。
你所拨打的电话不在服务区。

**4** 唔好意思，呢度係住家[②]。
不好意思，这里是住宅。

**5** 点解[③]我手机打唔出去呢？
为什么我的手机打不出去呢？

**6** 我听唔清楚你讲乜嘢。
我听不清楚你说什么。

**7** 呢度信号唔好。
这里信号不好。

**8** 你可唔可以讲大声啲呢？
你可以大声点吗？

**9** 我电话坏咗，你讲乜嘢我都听唔到。
我电话坏了，你讲什么我都听不到。

**10** 乜嘢话？我听唔清楚，迟啲打返俾你啦。
说什么？我听不清楚，晚点打给你吧。

### 词汇

① 唔喺：不在
② 住家：住宅
③ 点解：为什么
④ 整：修

### 说明

★ 乜嘢话：说什么。
★ 打返俾你：回拨给你。
A：我听唔清楚啊，信号唔好，你讲乜嘢话？（我听不清楚啊，信号不好，你说什么？）
B：我话我头先寄咗个包裹俾你啦。（我说我刚才寄包裹给你啦。）
A：都係听唔清你讲乜嘢，我转头打返俾你啦。（还是听不清楚你说什么，我回头再打给你吧。）

## 2 情景对话

### 对话一 打错电话

| | |
|---|---|
| **子维：**你好，我揾李娜。 | **子维：**你好，我找李娜。 |
| **对方：**唔好意思，你打错电话嘞。 | **对方：**不好意思，你打错电话了。 |
| **子维：**呢个号码唔係529094吗？ | **子维：**这个号码不是529094吗？ |
| **对方：**係，但係呢度冇李娜呢个人。 | **对方：**是，但是这里没有李娜这个人。 |

### 对话二 电话故障

| | |
|---|---|
| **丽莎：**喂！喂！都未讲完就冇声嘞。 | **丽莎：**喂！喂！还没有说完就没有声音了。 |
| **小林：**呢排电话都有呢啲问题，要揾人嚟整④先至得。 | **小林：**这段时间电话是有些问题，要找人来修才行。 |
| **丽莎：**係咯，快啲揾人嚟啦。 | **丽莎：**是的，尽快找人来修。 |

### 对话三 信号干扰

| | |
|---|---|
| **小敏：**我听日临时出差，去唔到你度了。 | **小敏：**我明天临时出差，先不去找你了。 |
| **小林：**乜嘢话？我听唔清楚。 | **小林：**什么？我听不清楚。 |
| **小敏：**我话我听日临时出差，去唔到你度啦。 | **小敏：**我说我明天临时出差，先不去找你了。 |
| **小林：**信号唔好，我都係听唔清楚，我迟啲打俾你啦。 | **小林：**信号不好，我还是听不清楚，我等一会儿打给你吧。 |

# 七 出行事宜

## (一)问路



### 1 常用单句

1. 请问图书馆点行①啊?
   请问图书馆怎么走?
2. 要行几耐呢?
   要走多久呢?
3. 如果坐巴士要几耐?
   如果坐公交车要多久?
4. 噉有冇巴士可以去到啊?
   有没有公交车可以到?
5. 唔係荡失路②嘛?
   不是迷路了吧?
6. 你沿住呢条路直行就睇到嘞。
   你沿着这条路直走就看到了。
7. 你要过咗前便③嘅红绿灯先係。
   你要过了前面的红绿灯才是。
8. 嗰间④银行喺右手边。
   那家银行在右手边。
9. 呢条路行到笃⑤就到嘞。
   这条路走到头就到了。
10. 行路 15 分钟度啦。
    步行 15 分钟左右吧。

**词汇**

① 点行:怎么走
② 荡失路:迷路
③ 前便:前面
④ 嗰间:那家
⑤ 笃:终点,尽头
⑥ 第个:其他人

## 2 情景对话

### 对话一 问路成功

| | |
|---|---|
| **丽莎：** 唔该，我想问下去南方大厦点行啊？ | **丽莎：** 劳驾，我想问一下去南方大厦怎么走啊？ |
| **路人：** 你沿住呢条路直行，过咗红绿灯就到嘞。 | **路人：** 你沿着这条路直走，过了红绿灯就到了。 |
| **丽莎：** 好，唔该晒你。 | **丽莎：** 好，谢谢你。 |
| **路人：** 唔使客气。 | **路人：** 不用客气。 |

### 对话二 问路失败

| | |
|---|---|
| **小敏：** 唔该，我想问下去南方报社点行？ | **小敏：** 劳驾，我想问一下去南方报社怎么走？ |
| **路人：** 唔好意思，我对呢度唔熟，你去问第个[⑥]啦。 | **路人：** 不好意思，我对这里不熟，你去问其他人吧。 |
| **小敏：** 好，唔该晒。 | **小敏：** 好，谢谢。 |

### 对话三 方向错误

| | |
|---|---|
| **子维：** 点解越行越觉得唔啱呢？ | **子维：** 为什么越走越觉得不对劲呢？ |
| **家明：** 唔係荡失路啩？快啲揾人问下。 | **家明：** 不会迷路了吧？快点找人问一下。 |
| **子维：** 请问我哋要去越秀公园，係唔係呢个方向啊？ | **子维：** 请问我们要去越秀公园，是不是这个方向啊？ |
| **路人：** 噉你哋行错咗方向了，越秀公园喺后便嗰条路直行啊。 | **路人：** 那你们走错方向了，越秀公园在后面那条路直走。 |

# （二）市内出行

5-27

## 1 常用单句

1 有冇地铁直达啊？
有没有地铁直达啊？

2 巴士坐几路车呢？
坐几路公交车呢？

3 行路去好近㗎。
步行去很近的。

4 地铁要喺珠江新城转线。
地铁要在珠江新城换乘。

5 巴士可以直达，比较方便。
公交车可以直达，比较方便。

6 上落班①时间就会逼②。
上下班时间就会拥挤。

7 而家高峰期好塞车。
现在高峰期很堵车。

8 15 路车经过嗰度③嘅。
15 路车经过那里的。

9 嗰度唔好泊车喔。
那里不好停车哦。

10 建议你行路去仲好。
建议你步行去更好。

### 词汇

① 上落班：上下班
② 逼：拥挤
③ 嗰度：那里

### 说明

★ 逼：拥挤。除此之外，还可以说“挤拥 zei²yung²”“逼狭 big¹gib⁶”。更确切地说，“逼”“挤拥”用在人多、人挤人的场景；而“逼狭”则适用在空间狭小导致拥挤的情况下。

## 2 情景对话

### 对话一 乘公交车

| | |
|---|---|
| 家明：请问去广州塔坐几路车去呢？ | 家明：请问去广州塔坐几路车呢？ |
| 路人：坐3路或者係28路号车都得。 | 路人：坐3路或者是28路都可以。 |
| 家明：噉去边度可以坐啊？ | 家明：那去哪边坐呢？ |
| 路人：嗱，前面嗰个站就有3路车坐啦。 | 路人：喏，前面那个站就可以坐3路车了。 |

### 对话二 乘坐地铁

| | |
|---|---|
| 李娜：我哋去广州火车站坐几号线啊？ | 李娜：我们去广州火车站坐几号线啊？ |
| 子维：我哋坐3号线去珠江新城站再转2号线就得了。 | 子维：坐3号线到珠江新城站，然后转2号线就可以了。 |
| 李娜：哦，听讲3号线好逼，人特别多。 | 李娜：哦，听说3号线很拥挤，人特别多。 |
| 子维：係啊，换乘站梗係人多啦。 | 子维：对啊，换乘站肯定很多人。 |

### 对话三 乘出租车

| | |
|---|---|
| 丽莎：请问师傅，去白云机场几耐啊？ | 丽莎：师傅，请问去白云机场多长时间？ |
| 司机：唔塞车就8个字可以到。（40分钟后） | 司机：不堵车40分钟可以到。（40分钟后） |
| 司机：你呢度入去就可以办理登机啦。 | 司机：你从这里进去就可以办理登机了。 |
| 丽莎：好，唔该晒你。 | 丽莎：好的，谢谢你。 |

# （三）坐火车

5-28

## 1 常用单句

**1** 我要预订一张去上海嘅火车票。

我要订一张去上海的火车票。

**2** 单程票就得①嘞。

单程票就可以了。

**3** 听日最早嗰②班係几点？

明天最早那班是几点？

**4** 学生证有冇折扣呢？

学生证有没有折扣呢？

**5** 嚟唔彻就坐下一班啦。

来不及就坐下一趟吧。

**6** 家阵③都係凭身份证入站④啦。

现在都是凭身份证进站。

**7** 要两张卧铺票，可唔可以上下铺啊？

要2张卧铺票，可以上下铺吗？

**8** 你要订几时嘅呢？

你要订什么时候的呢？

**9** 火车係后日下昼3点开。

火车是后天下午3点发车。

**10** 而家都冇票嘞。

现在都没有票了。

### 词汇

① 得：可以，行

② 嗰：那

③ 家阵：现在

④ 入站：进站

### 说明

★ 嚟唔彻：也可以用“赶唔彻”来表达，都表示“赶不上，来不及”。而“来得及”则是“嚟得彻”。

## 2 情景对话

### 对话一 买高铁票

| | |
|---|---|
| **学　生：** 我要一张去北京嘅往返票。 | **学　生：** 我要一张去北京的往返票。 |
| **售票员：** 时间日期系几时？ | **售票员：** 日期是什么时候？ |
| **学　生：** 4月2号去，6号返，有冇票啊？ | **学　生：** 4月2号去，6号回，有没有票？ |
| **售票员：** 2号得下昼3点，6号得晚黑7点半，得唔得？ | **售票员：** 2号只有下午3点，6号只有晚上7点半，可以吗？ |
| **学　生：** 可以，唔该晒。 | **学　生：** 可以，谢谢。 |

### 对话二 选卧铺

| | |
|---|---|
| **学　生：** 有冇二等卧铺嘅票啊？ | **学　生：** 有没有二等卧铺的车票？ |
| **售票员：** 有，要几张？ | **售票员：** 有，要几张？ |
| **学　生：** 要2张，可唔可以上下铺啊？ | **学　生：** 要2张，可以上下铺吗？ |
| **售票员：** 可以。 | **售票员：** 可以。 |

### 对话三 学生票

| | |
|---|---|
| **学　生：** 请问我有学生证有冇优惠？ | **学　生：** 请问我有学生证，有没有优惠？ |
| **售票员：** 有，学生有半价优惠。 | **售票员：** 有，学生半价优惠。 |
| **学　生：** 呢个係我嘅学生证，我要一张听日去广州嘅车票。 | **学　生：** 这是我的学生证，我要一张明天去广州的车票。 |

# （四）乘坐飞机

5-29

## 1 常用单句

**1** 航空公司帮我免费升舱。
航空公司帮我免费升舱了。

**2** 而家得[1]头等舱嘞。
现在只有头等舱了。

**3** 你线上值机先啦。
你先线上值机吧。

**4** 你买咗飞[2]未啊？
你买机票了吗？

**5** 请提前至少 90 分钟到机场。
请至少提前 90 分钟到机场。

**6** 呢啲嘢[3]要打包好先可以托运。
这些东西要打包好才可以托运。

**7** 身上有金属类嘅嘢过唔到安检嘅。
身上有金属类的东西过不了安检的。

**8** 喺 12 号登机口。
在 12 号登机口。

**9** 飞机准备起飞，请扣[4]好安全带。
飞机准备起飞，请系好安全带。

**10** 请关闭所有电子设备。
请关闭所有电子设备。

### 词汇

① 得：只有
② 飞：（机）票
③ 呢啲嘢：这些东西
④ 扣：系
⑤ 锁匙：钥匙

### 说明

★ 飞：票，是英文fare的谐音。粤语中的外来语比较多，如“士多”（store）是“小卖部”的意思。

## 2 情景对话

### 对话一 托运行李

| 粤语 | 普通话 |
| --- | --- |
| **服务员：** 呢啲嘢要打包好先可以托运。 | **服务员：** 这些东西要打包好才可以托运。 |
| **乘　客：** 好，噉全部托运有冇超重？ | **乘　客：** 好，那全部托运有没有超重？ |
| **服务员：** 超出2公斤，或者你可以带啲上飞机。 | **服务员：** 超出2公斤，或者您可以带一些上飞机。 |
| **乘　客：** 算嘞，我都係交超重费啦。 | **乘　客：** 算了，我还是交超重费吧。 |

### 对话二 过安检

| 粤语 | 普通话 |
| --- | --- |
| **安检员：** 手机电脑放喺呢个盒。……身上有乜嘢金属类嘅嘢？ | **安检员：** 手机、电脑放在这个盒子里。……身上有什么金属类的东西？ |
| **乘　客：** 哦哦，係锁匙[5]。 | **乘　客：** 哦哦，是钥匙。 |
| **安检员：** 好，可以过嘞。 | **安检员：** 好，可以通过了。 |

### 对话三 登机

| 粤语 | 普通话 |
| --- | --- |
| **乘客：** 我想问我嘅位喺边度？ | **乘客：** 我想问一下我的位置在哪里？ |
| **空乘：** 我睇下你嘅登机牌。你嘅座位係28排G座，靠窗嗰个，呢边请。 | **空乘：** 我看一下您的登机牌。您的座位是28排G座，靠窗那个，这边请。 |
| **乘客：** 好，唔该晒。 | **乘客：** 好，谢谢你。 |

# 八 旅游度假

## （一）去海边

5-30

### 1 常用单句

**1** 我哋下个星期出发。

我们下个星期出发。

**2** 我而家都等唔彻[①]要出发嘞。

我现在都等不及要出发了。

**3** 你订咗房未啊？

你订房了吗？

**4** 我哋玩足[②]成个礼拜。

我们玩够一个星期。

**5** 佢想去冲浪。

他想去冲浪。

**6** 我要去潜水。

我要去潜水。

**7** 我哋唔跟团去。

我们不跟团去。

**8** 我哋自由行好玩啲。

我们自由行好玩点。

**9** 可以去旅行社咨询一下。

可以去旅行社咨询下。

**10** 我哋去海边度蜜月。

我们去海边度蜜月。

#### 词汇

① 等唔彻：等不及

② 玩足：玩够

③ 实：肯定，一定

#### 说明

★ 订：在粤语中一般用英文book。如book位、book飞等。

★ 成个：整个。成：在某些时候也指接近“整数”。如：呢餐饭食咗成千文啊。（这顿饭吃了将近1000元啊。）我去你度要成个钟㗎。（我去你那里差不多要一个小时。）

## 2 情景对话

### 对话一 准备出行

| | |
|---|---|
| 小敏：我而家都等唔彻要出发嘞。 | 小敏：我现在都等不及要出发了。 |
| 小林：你哋喺夏威夷玩几日啊？ | 小林：你们在夏威夷玩几天啊？ |
| 小敏：半个月度。我行李提前3日就执好嘞。 | 小敏：半个月左右。我的行李提前3天就收拾好了。 |
| 小林：做好防晒啊。 | 小林：做好防晒哦。 |

### 对话二 在沙滩上

| | |
|---|---|
| 子维：我哋去游水，好唔好？ | 子维：我们去游泳，好不好？ |
| 小敏：我都係中意喺沙滩上晒太阳。 | 小敏：我还是喜欢在沙滩上晒太阳。 |
| 子维：佢哋呢？ | 子维：他们呢？ |
| 小敏：去执贝壳嘞。 | 小敏：去捡贝壳了。 |

### 对话三 度蜜月

| | |
|---|---|
| 子维：我订咗间海景房，风景好好，你实③会中意。 | 子维：我订了间海景房，风景很好，你肯定会喜欢。 |
| 小敏：哇，风景真係好靓，我好中意啊。 | 小敏：哇，风景真的很美，我好喜欢啊。 |
| 子维：间酒店好大，有自己嘅沙滩，唔想出去都可以喺酒店里头玩㗎。 | 子维：酒店很大，有自己的沙滩，不想出去也可以在酒店内玩。 |

5-31

# （二）在户外

## 1 常用单句

1. 呢个星期日我哋去露营咯？
这个周日我们去露营吧？
2. 冬天我中意①滑雪。
冬天我喜欢滑雪。
3. 我哋一齐②去野餐。
我们一起去野餐。
4. 朝早去山顶睇日出。
早上去山顶看日出。
5. 出去郁下③都好过踎喺④屋企。
出去动一下就比待在家里好。
6. 呢个时候最啱⑤去漂流啊。
这个时候适合漂流。
7. 我应该带点样⑥嘅衫⑦呢？
我应该带什么样的衣服呢？
8. 露营我可以参加，唔知佢哋点呢？
露营我可以参加，不知道他们怎么样？
9. 防蚊虫嘅药水准备好未？
防蚊虫的药水准备好了吗？
10. 我想去海边兜风。
我想去海边兜风。

### 词汇

① 中意：喜欢
② 一齐：一起
③ 郁下：动一下
④ 踎喺：待在
⑤ 最啱：最适合
⑥ 点样：怎么样
⑦ 衫：衣服

### 说明

★ 踎 meo[1]：蹲，句中也可以翻译为“蹲在家里”。

## 2 情景对话

### 对话一 爬山

| | |
|---|---|
| **子维：** 我哋星期六去爬山咯？ | **子维：** 我们周六去爬山吧？ |
| **家明：** 好啊，约埋小敏佢哋。 | **家明：** 好啊，约上小敏他们。 |
| **子维：** 要唔要露营啊？反正第二日又唔使返工。 | **子维：** 要不要露营啊？反正第二天又不用上班。 |
| **家明：** 我就Ok，唔知小敏佢哋点啫。 | **家明：** 我是没问题，不知道小敏他们怎么样啊。 |

### 对话二 采摘

| | |
|---|---|
| **妈妈：** 不如礼拜六带个仔去水果园摘水果？ | **妈妈：** 不如礼拜六带儿子去果园摘水果？ |
| **爸爸：** 我赞成，好过喺屋企玩iPad。 | **爸爸：** 我赞成，比在家里玩iPad好。 |
| **妈妈：** 噉我睇下去边度好啲。 | **妈妈：** 那我看一下去哪里好。 |
| **爸爸：** 摘完去食农家菜啦。 | **爸爸：** 摘完去吃农家菜吧。 |

### 对话三 露营

| | |
|---|---|
| **小敏：** 第一次嚟山上露营。感觉好好啊！ | **小敏：** 第一次来山上露营，感觉真好啊！ |
| **小林：** 我都係第一次嚟感受，呢个时节嚟好凉爽。 | **小林：** 我也是第一次感受，这个时候来很凉快。 |
| **家明：** 以后多啲带你哋出嚟，朝早带你哋睇日出。 | **家明：** 以后多叫你们出来，早上带你们看日出。 |
| **小敏：** 好嘢！ | **小敏：** 好啊！ |

# （三）大湾区之行

5-32

## 1 常用单句

1 睇咗综艺节目《披荆斩棘的哥哥》我就好想去大湾区啊。看了综艺节目《披荆斩棘的哥哥》，我好想去大湾区啊。

2 想去香港游学，要学识[①]粤语先。想去香港游学，要先学会粤语。

3 我旧年[②]喺广州住咗一年，粤语就学识了。我去年在广州待了一年，就学会了粤语。

4 顺德醉鹅咁[③]出名，我一定要去试下。顺德醉鹅这么出名，我一定要去尝尝。

5 粤港澳大湾区包括边啲[④]城市啊？粤港澳大湾区包括哪些城市啊？

6 粤港澳大湾区高科技产业聚集，推动经济快速发展。粤港澳大湾区高科技产业聚集，推动了经济快速发展。

7 你最想去大湾区嘅边个城市居住啊？你最想去大湾区的哪个城市居住呢？

8 你去澳门帮我带“钜记饼家”嘅蛋卷返嚟[⑤]啊。你去澳门帮我带“钜记饼家”的蛋卷回来啊。

9 大湾区嗰几个[⑥]城市里头，我几中意[⑦]江门㗎[⑧]。大湾区的那几个城市里，我挺喜欢江门的。

10 乜你唔中意中山咩？喺江门隔离。怎么你不喜欢中山吗？挨着江门。

### 词汇

① 学识：学会

② 旧年：去年

③ 咁：这么

④ 边啲：哪些

⑤ 返嚟：回来

⑥ 嗰几个：那几个

⑦ 几中意：挺喜欢

⑧ 㗎：语气词，表示肯定。

### 说明

★ 乜：“乜”和“点解”都有“为什么”的意思。但区别就是“点解”不仅可以用在句首还可以用在句中，而“乜”只能用在句首。

## 2 情景对话

### 对话一 谈论大湾区

| | |
|---|---|
| 小敏：我好中意“大湾区哥哥”啊，真係好搞笑。 | 小敏：我好喜欢“大湾区哥哥”啊，真的好搞笑。 |
| 丽莎：唔怪之得你会咁中意香港啦。 | 丽莎：怪不得你会这么喜欢香港啦。 |
| 小敏：错，成个粤港澳大湾区我都好中意。 | 小敏：错，整个粤港澳大湾区我都很喜欢。 |
| 丽莎：嗯，气候同美食就值得我中意了。 | 丽莎：嗯，气候和美食就值得我喜欢了。 |

### 对话二 谈论美食

| | |
|---|---|
| 小敏：今次去大湾区，我重要去顺德食美食。 | 小敏：这次去大湾区，我还要去顺德吃美食。 |
| 小林：顺德有乜嘢美食啊？ | 小林：顺德有什么美食啊？ |
| 小敏：醉鹅、双皮奶、姜撞奶同埋炸牛奶……总之就好多好食㗎啦。 | 小敏：醉鹅、双皮奶、姜撞奶和炸牛奶……总之有很多好吃的。 |
| 小林：听落又真係值得去喔。 | 小林：听起来真是值得去哦。 |

### 对话三 吃美食

| | |
|---|---|
| 小敏：哇，到咗美食天堂，我一定要食到饱先得。 | 小敏：哇，到了美食天堂，我一定要吃到撑才行。 |
| 小林：早知就唔食早餐啦，一于食埋宵夜先返去酒店。 | 小林：早知道就不吃早餐啦，一定吃完宵夜才回酒店。 |
| 小敏：唔该，双皮奶要两碗，热、冻各一碗。 | 小敏：麻烦，双皮奶要两碗，热、冷各一碗。 |
| 小林：噉我就要炸牛奶、香芋西米露、萝卜牛杂。 | 小林：那我就要炸牛奶、香芋西米露、萝卜牛杂。 |

# 九 宾馆住宿

## （一）预订

5-33

### 1 常用单句

**1** 呢间係五星级酒店。

这家是五星级酒店。

**2** 请问几时入住呢？

请问什么时候入住呢？

**3** 唔要山景房，我惊①蚊多啊。

不要山景房，我怕蚊子多。

**4** 我想要一间海景房。

我想要一间海景房。

**5** 要视野好啲，唔好靠近电梯嘅。

要视野好点，不要靠近电梯的。

**6** 我唔要最尾②嗰间③房。

我不要最后那个房间。

**7** 我要取消后日嘅订房。

我要取消后天的预订。

**8** 请问你住几日④呢？

请问你住几天呢？

**9** 请问你哋要唔要⑤续住呢？

请问你们要不要续住呢？

**10** 唔好意思，我哋已经冇房嘞。

不好意思，我们已经没有空房了。

**词 汇**

① 惊：怕

② 最尾：最后

③ 嗰间：那间

④ 几日：几天

⑤ 要唔要：要不要

**说 明**

★ 蚊：蚊子。粤语中很多名词都只说一个字，不说后面的“子”。如：凳（椅子）、簿（本子）、杯（杯子）等。

## 2 情景对话

### 对话一 预订房间

| | |
|---|---|
| **丽莎：** 唔该，我想预订下个礼拜三嘅大床房。 | **丽莎：** 麻烦，我想预订下星期三的大床房。 |
| **前台：** 唔好意思，暂时满晒嘞，双人房就有，请问需唔需要呢？ | **前台：** 不好意思，暂时满了，现在有双人房，请问需要吗？ |
| **丽莎：** 噉好啦，请帮我预订。 | **丽莎：** 那好吧，请帮我预订。 |
| **前台：** 好，噉请你到时晚黑6点前嚟前台办理入住手续。 | **前台：** 好，那请你到时晚上6点前来前台办理入住手续。 |

### 对话二 选择房间

| | |
|---|---|
| **子维：** 你哋而家有乜嘢房？ | **子维：** 你们现在有什么房？ |
| **前台：** 大床房、标间、豪华套房都有。 | **前台：** 大床房、标间、豪华套房都有。 |
| **子维：** 噉要一间大床房，视野好啲，唔好靠近电梯嘅。 | **子维：** 那要一间大床房，视野好一点，不要靠近电梯的。 |
| **前台：** 好。 | **前台：** 好的。 |

### 对话三 团体预订

| | |
|---|---|
| **小敏：** 你好，我哋公司25到28号需要预订30间房，请问有冇啊？ | **小敏：** 你好，我们公司25至28号需要预订30间房，请问有吗？ |
| **前台：** 你好，我啱啱睇咗下係有嘅，不过需要俾订金预留。 | **前台：** 您好，我刚刚看了一下，有的，不过需要付订金预留。 |
| **小敏：** 好，冇问题。 | **小敏：** 好，没问题。 |

5-34

# （二）入住

## 1 常用单句

1 我预约咗今晚嘅房。

我预订了今晚的房。

2 请出示身份证。

请出示身份证。

3 你间房喺3楼，呢张係房咭。

你的房间在3楼，这张是房卡。

4 早餐时间係7点到10点半。

早餐时间是7点到10点半。

5 唔好意思，我唔记得带早餐券落嚟[①]。

不好意思，我忘了带早餐券了。

6 报房号我登记就可以入去[②]用餐了。

报房间号我登记就可以进去用餐了。

7 我哋有送餐服务。

我们有送餐服务。

8 电话前台叫人嚟整[③]下个插座啦。

打电话给前台叫人来修一下插座吧。

9 唔该帮我打扫下间房。

麻烦帮我打扫一下房间。

10 祝你入住愉快，早唞[④]！

祝您入住愉快，晚安！

### 词汇

① 落嚟：下来
② 入去：进去
③ 整：修，弄
④ 早唞：晚安

### 说明

★ 咗：了。跟在动词后表示动作完成。如食咗饭。（吃了饭。）

★ 间：房间的量词。

★ 早唞：晚安。“唞”是“休息”的意思，“早唞”字面意思是“早点休息”，用于晚上则是“晚安”。

## 2 情景对话

### 对话一 吃早餐

| 粤语 | 普通话 |
| --- | --- |
| **服务员：** 你好，请出示你嘅早餐券。 | **服务员：** 您好，请出示你的早餐券。 |
| **小　敏：** 唔好意思，我唔记得咗带落嚟喇，报房号俾你得唔得？ | **小　敏：** 不好意思，我忘记带下来了，报房间号可以吗？ |
| **服务员：** 唔好意思，我哋要早餐券先可以用餐，不过我哋可以帮你上去攞落嚟。 | **服务员：** 不好意思，我们有早餐券才可以用餐，不过我们可以帮您上去拿下来。 |
| **小　敏：** 好，唔该晒，房号係3028，早餐券放喺电视柜上便。 | **小　敏：** 好的，谢谢，房间号是3028，早餐券放在电视柜上面。 |

### 对话二 洗衣服务

| 粤语 | 普通话 |
| --- | --- |
| **小敏：** 你好，我需要洗熨服务。 | **小敏：** 你好，我需要洗熨服务。 |
| **前台：** 好嘅，你将要洗嘅衫裤放喺洗衣袋里便，我哋一阵会有服务员去攞嘅嘞。 | **前台：** 好的，您将需要洗的衣服放在洗衣袋里面，我们一会儿会有服务员去拿的。 |
| **小敏：** 好嘅，唔该晒！ | **小敏：** 好的，谢谢！ |

### 对话三 网络服务

| 粤语 | 普通话 |
| --- | --- |
| **子维：** 请问有冇网络啊？ | **子维：** 请问有网络吗？ |
| **前台：** 有啊，账号係我哋酒店名，密码係你间房号。 | **前台：** 有的，账号是我们的酒店名称，密码是房间号。 |
| **子维：** 试咗一下连接失败，可唔可以揾人上嚟帮我整下呢？ | **子维：** 试了一下连接失败，可不可以找人上来帮我弄一下？ |
| **前台：** 好，请稍等。 | **前台：** 好的，请稍等。 |

# （三）退房

5-35

## 1 常用单句

1. 请问你哋仲要唔要[①]续住呢？
请问你们还需要续住吗？
2. 我哋係 12 点钟之前退房。
我们是 12 点之前退房。
3. 唔该，我要退房。
麻烦你，我要退房。
4. 我仲要续住一晚。
我还要续住一晚。
5. 请问你喺边个[②]平台预订嘅呢？
请问你是在哪个平台预订的呢？
6. 押金原路退返[③]你账户啦，请查收下。
押金原路退回您的账户，请查收。
7. 小姐，你有一抽[④]锁匙留低[⑤]喺间房度。
小姐，您有一串钥匙落在房间了。
8. 我需要人嚟帮我攞行李落去[⑥]。
我需要有人来帮我把行李拿下去。
9. 可唔可以帮我叫部车啊？
可不可以帮我叫辆车呢？
10. 欢迎下次光临！再见！
欢迎下次光临！再见！

**词汇**

① 要唔要：要不要
② 边个：哪个
③ 退返：退回
④ 一抽：一串
⑤ 留低：留下
⑥ 落去：下去

**说明**

★ 间房：“房间”用粤语说是“房”，前面的“间”是房间的量词，粤语中量词不可以省略。

## 2 情景对话

### 对话一 退房

| | |
|---|---|
| **小敏：** 请问退房时间係几点？ | **小敏：** 请问退房时间是几点？ |
| **前台：** 中午12点。 | **前台：** 中午12点。 |
| **小敏：** 我係会员，可唔可以延迟到2点呢？ | **小敏：** 我是会员，可不可以延迟到下午2点呢？ |
| **前台：** 唔好意思，因为而家入住高峰期，所以唔可以延迟退房。 | **前台：** 不好意思，因为现在是入住高峰期，所以不可以延迟退房。 |

### 对话二 结账

| | |
|---|---|
| **前　台：** 张小姐，请问你係咪有开间房度嘅红酒？ | **前　台：** 张小姐，请问你是否有开房间里的红酒？ |
| **张小姐：** 係啊，你睇下几钱？ | **张小姐：** 是的，你看一下多少钱？ |
| **前　台：** 一支红酒係398文，喺押金度扣除，剩返嘅退返你账户了。 | **前　台：** 一瓶红酒是398元，从押金里面扣除，剩下的退回您的账户了。 |
| **张小姐：** 冇问题。 | **张小姐：** 没问题。 |

### 对话三 叫车

| | |
|---|---|
| **小敏：** 唔该，呢度有冇叫车服务啊？ | **小敏：** 麻烦你，这里有没有叫车服务啊？ |
| **前台：** 有，请问小姐去边度呢？ | **前台：** 有，请问小姐去哪里？ |
| **小敏：** 去白云机场。 | **小敏：** 去白云机场。 |
| **前台：** 部车5分钟度就会到，请你稍等。 | **前台：** 车5分钟左右就到，请稍等。 |
| **小敏：** 好，唔该。 | **小敏：** 好，谢谢。 |

# 十 健康就医

## （一）预约

5-36

### 1 常用单句

**1** 我约咗王医生嘅嘞。
我约了王医生。

**2** 请帮我预约星期四下昼李医生。
请帮我预约星期四下午的李医生。

**3** 唔好意思，李医生星期四预约满晒嘞喔[1]。
不好意思，李医生星期四预约满了。

**4** 呢个星期得听朝[2] 9 点得闲。
这周只有明天早上 9 点有空。

**5** 噉就帮我预约听朝 9 点啦。
那就帮我预约明天早上 9 点吧。

**6** 可唔可以帮我改时间？
能不能帮我改时间？

**7** 将预约推迟到下个星期三啦。
把预约推迟到下周三吧。

**8** 我第一次嚟，唔知道[3]要预约。
我第一次来，不知道要预约。

**9** 已经帮你预约好嘞，请你听日准时嚟。
已经帮您预约好了，请您明天准时来。

**10** 我痛到顶唔顺，可唔可以直接挂号睇医生[4]？ 我痛到受不了了，能不能直接挂号看医生？

#### 词 汇

① 喔：语气词，哦
② 听朝：明天早上
③ 唔知道：不知道
④ 睇医生：看医生

#### 说 明

★ 将：把。粤语没有把字句，用“将”代替。如：帮我将啯本书攞俾我。（帮忙把那本书递给我。）

## 2 情景对话

### 对话一 预约医生

| 粤语 | 普通话 |
|---|---|
| **小敏：** 帮我预约后日妇科嘅李医生啊唔该。 | **小敏：** 帮我预约后天妇科的李医生，谢谢。 |
| **前台：** 唔好意思，后日李医生预约满晒嘞喔，呢个星期得翻听日下昼2点有时间。 | **前台：** 不好意思，李医生后天预约满了，这周就只有明天下午2点有时间。 |
| **小敏：** 咁嘛……好嘞，就听日下昼2点啦。 | **小敏：** 这样啊……好吧，那就明天下午2点吧。 |
| **前台：** 好嘅，已经预约好嘞，请你准时嚟！ | **前台：** 好的，已经预约好了，请准时来！ |

### 对话二 无预约急诊

| 粤语 | 普通话 |
|---|---|
| **小林：** 快啲叫医生嚟啊。我顶唔顺。 | **小林：** 快点叫医生来啊，我受不了啦。 |
| **护士：** 你稍等，我即刻去叫医生嚟。 | **护士：** 稍等，我马上去叫医生来。 |
| **医生：** 你嘅情况係急性胃炎。先帮你止住痛，跟住挂盐水同埋开啲药俾你。 | **医生：** 您的情况是急性胃炎。先帮您止痛，然后打点滴，开些药给您。 |
| **小林：** 好，多谢医生！ | **小林：** 好，谢谢医生！ |

### 对话三 预约整形

| 粤语 | 普通话 |
|---|---|
| **李娜：** 你好，我想预约整形。 | **李娜：** 你好，我想预约整形。 |
| **秘书：** 小姐，请问你想预约边方面嘅整形呢？ | **秘书：** 小姐，请问您想预约哪方面的整形呢？ |
| **李娜：** 祛除眼袋。 | **李娜：** 祛除眼袋。 |
| **秘书：** 好嘅，你可以星期五过嚟。 | **秘书：** 好的，您可以周五过来。 |

# （二）就诊

5-37

## 1 常用单句

**1** 你边度[①]唔舒服呢？

您哪里不舒服？

**2** 肚好痛，绞住[②]痛。

肚子痛，绞着痛。

**3** 你只[③]脚做乜嘢？

您的脚有什么问题？

**4** 我发烧啊，头痛得好犀利。

我发烧了，头痛得厉害。

**5** 噚晚[④]我屙肚[⑤]屙咗成晚。

昨晚我拉肚子拉了一晚上。

**6** 我日头[⑥]唔咳，晚黑[⑦]就咳到瞓唔着[⑧]。

我白天不咳，晚上就咳得睡不着。

**7** 你係唔係食咗污糟嘢[⑨]？

你是不是吃了不干净的食物？

**8** 你对乜嘢过敏？

您对什么过敏？

**9** 你有咽喉炎，唔好食烟[⑩]同埋饮酒[⑪]。

您有咽炎，不要抽烟、喝酒。

**10** 唔紧要，我开啲[⑫]药俾你，食晒[⑬]返嚟[⑭]复诊。

我开点药给您，吃完回来复诊。

### 词汇

① 边度：哪里
② 绞住：绞着
③ 只：量词
④ 噚晚：昨晚
⑤ 屙肚：拉肚子
⑥ 日头：白天
⑦ 晚黑：晚上
⑧ 瞓唔着：睡不着
⑨ 污糟嘢：脏东西
⑩ 食烟：抽烟
⑪ 饮酒：喝酒
⑫ 开啲：开点
⑬ 食晒：吃完
⑭ 返嚟：回来

### 说明

★ 唔好：不好，别。表示禁止或建议，可连音为“冇”。

★ 同埋：和，跟。“埋”表示向前、靠拢。如：等埋我。（等等我。）

## 2 情景对话

### 对话一 咳嗽就诊

| | |
|---|---|
| 医生：咳咗几耐啦？有冇痰？ | 医生：咳多久了？有没有痰？ |
| 小敏：咳咗都有成个星期了，冇痰，一到晚黑就咳。 | 小敏：咳了都一个星期了，没有痰，一到晚上就咳。 |
| 医生：开张单你去拍片，睇下个肺有冇发炎。 | 医生：给您开张单子去拍片子，看一下有没有发炎。 |
| 小敏：唔该医生。 | 小敏：谢谢医生。 |

### 对话二 失眠

| | |
|---|---|
| 丽莎：哇，乜你睇落冇晒精神嘅？ | 丽莎：哇，你怎么看上去没有精神啊？ |
| 小林：噚晚成晚冇瞓。 | 小林：昨晚一夜没睡。 |
| 丽莎：啊？点解啊？失眠啊？係唔係饮咗咖啡啊？ | 丽莎：啊？为什么呀？失眠吗？是不是喝了咖啡呀？ |
| 小林：唔係啊，呢排工作压力大，成日瞓唔好。 | 小林：不是，这段时间工作压力大，老是睡不好。 |

### 对话三 拉肚子

| | |
|---|---|
| 小林：我琴晚屙咗成晚，好辛苦啊。 | 小林：我昨晚拉了一晚上，好难受啊。 |
| 医生：你琴日食咗乜嘢？有冇呕？ | 医生：你昨天吃什么了？有没有呕吐？ |
| 小林：冇特别食乜嘢，就正常食饭。啊，我谂起嘞，我食咗炒田螺。唔呕就得屙啫。 | 小林：没有特别吃什么，就正常吃饭。啊，我想起来了，我吃了炒田螺。不吐，就是拉肚子而已。 |
| 医生：你只係肠胃比较敏感屙肚啫，唔紧要，开啲药食就得嘞。 | 医生：您是肠胃敏感引起的腹泻，没大碍，开点药吃就可以了。 |

# （三）在药店

5-38

## 1 常用单句

**1** 俾支碘酒我，唔该。
给我一瓶碘酒，谢谢。

**2** 我想买啲感冒药。
我想买点感冒药。

**3** 咳嗽食乜嘢药比较好呢？
咳嗽吃什么药比较好呢？

**4** 咳嗽仲有[①]痰，要食边种[②]药呢？
咳嗽还有痰，适合吃哪种药呢？

**5** 你稍等，我睇下张单再执[③]俾你。
稍等，我看一下这张单子再给您拿药。

**6** 呢种[④]药要空肚食。
这种药空腹吃。

**7** 我对抗生素过敏嘅。
我对抗生素过敏。

**8** 风湿膏，边种好啲呢？
哪种风湿膏比较好呢？

**9** 我喺药店买紧[⑤]药啊。
我正在药店买药呢。

**10** 请遵医嘱服药。
请遵医嘱服药。

### 词汇

① 仲有：还有
② 边种：哪种
③ 执：抓，捡
④ 呢种：这种
⑤ 紧：表动作正在进行

### 说明

★ 俾支碘酒我：给我一瓶碘酒。粤语在表达“给……（受者）……（给予物）”时，常用“俾+（形容词）给予物+受者”句式。

★ 睇下张单：看一下那张单子。粤语语句中，指示代词“呢”（这）、“嗰”（那）可以省略。

## 2 情景对话

### 对话一 买护理液

| | |
|---|---|
| 小林：隐形眼镜护理液可唔可以用医保咭？ | 小林：隐形眼镜护理液可以用医保吗？ |
| 店员：可以啊，有呢两个牌子。 | 店员：可以啊，有这两个牌子。 |
| 小林：对眼好干，要多支眼药水。 | 小林：眼睛很干，多要一支眼药水。 |
| 店员：眼药水唔可以用医保喔。 | 店员：眼药水不可以用医保。 |

### 对话二 按处方配药

| | |
|---|---|
| 小　敏：唔该，可唔可以帮我按照呢个处方配药？ | 小　敏：你好，可不可以帮我按照这个处方配药？ |
| 药剂师：我睇下张单。呢啲药都有，你稍等，我执俾你。 | 药剂师：给我看一下处方。这些药都有，稍等，我给您拿药。 |
| 小　敏：好，唔该晒！ | 小　敏：好，谢谢你！ |
| 药剂师：执好嘞，祝你早日康复。 | 药剂师：好了，祝您早日康复。 |

### 对话三 用法用量

| | |
|---|---|
| 老　人：唔好意思，我睇唔清楚，帮我睇下用法用量。 | 老　人：不好意思，我看不清楚，帮我看一下用法用量。 |
| 药剂师：一日2次，一次2粒，饭后食。 | 药剂师：一日2次，一次2粒，饭后服用。 |
| 老　人：好，唔该晒。 | 老　人：好，谢谢。 |
| 药剂师：唔紧要，祝你早日康复。 | 药剂师：没事，祝您早日康复。 |

# （四）谈论健康

5-39

## 1 常用单句

**1** 呢排[1]晚晚都瞓唔好，唔知乜嘢原因。
这段时间每晚都睡不好，不知什么原因。

**2** 我而家比较注重养生。
我现在比较注重养生。

**3** 水果同蔬菜要食多啲[2]。
水果和蔬菜要多吃点。

**4** 早瞓[3]早起身体好。
早睡早起身体好。

**5** 千祈[4]唔好捱夜[5]。
千万不要熬夜。

**6** 食烟同过度饮酒都有害健康。
抽烟和过度饮酒都有害健康。

**7** 佢係一个素食主义者。
他是一个素食主义者。

**8** 你面色好差，唔係病咗嘛？
你脸色好差，不是病了吧？

**9** 医生话，朝早食好，晏昼[6]食饱，晚黑[7]食少。
医生说，早上吃好，中午吃饱，晚上吃少。

### 词汇

① 呢排：这段时间
② 食多啲：多吃点
③ 早瞓：早睡
④ 千祈：千万
⑤ 捱夜：熬夜
⑥ 晏昼：中午
⑦ 晚黑：晚上

### 说明

★ 食多啲：多吃点。在粤语中，动词在前，补充修饰成分在其后。如：讲多一句。（多说一句。）

★ 面色：脸色。粤语中，“脸”都用“面”。如：你块面点解肿咗？（你的脸为什么肿了？）

## 2 情景对话

### 对话一 减肥

| | |
|---|---|
| **小敏：** 咦？你瘦咗喔，你係用乜嘢方法减落嚟㗎？ | **小敏：** 咦？你瘦了，你是用什么方法减下来的？ |
| **小林：** 运动同埋晚黑食少啲饭。 | **小林：** 运动，还有晚上少吃点。 |
| **小敏：** 噉咪好肚饿咯？顶得顺？ | **小敏：** 那会不会很饿？受得了吗？ |
| **小林：** 有嘢嘅，可以食水果嘛。 | **小林：** 什么呀，可以吃水果。 |

### 对话二 瑜伽

| | |
|---|---|
| **小敏：** 今晚一齐去食饭咯？ | **小敏：** 今晚一起去吃饭吧？ |
| **小林：** 我唔得闲啊，要去上瑜伽课。 | **小林：** 我没空啊，要去上瑜伽课。 |
| **小敏：** 点解突然学瑜伽？ | **小敏：** 为什么突然练瑜伽？ |
| **小林：** 因为我要减肥咯。 | **小林：** 因为我要减肥啊。 |

### 对话三 亚健康

| | |
|---|---|
| **子维：** 呢排晚晚都瞓唔好，唔知乜嘢原因。 | **子维：** 最近每晚都睡不好，不知道什么原因。 |
| **家明：** 应该係亚健康，而家上班族几乎每个都有。 | **家明：** 应该是亚健康，现在上班族几乎每个人都有。 |
| **子维：** 噉点算啊？ | **子维：** 那怎么办？ |
| **家明：** 多啲运动咯。 | **家明：** 多做运动啰。 |

# 十一 银行业务

## （一）开户销户

5-40

### 1 常用单句

**1** 我想开个账户。

我想开个账户。

**2** 开户要唔要①收费啊？

开户收费吗？

**3** 你想开边种②账户？

你想开哪种账户？

**4** 你想开活期定係定期账户？

你想开活期还是定期账户？

**5** 我唔知③呢④张单点⑤填。

我不知道这张单子怎么填。

**6** 请你设定密码。

请设置密码。

**7** 呢张社保咭⑥都可以当储蓄咭用㗎。

这张社保卡也可以当储蓄卡用。

**8** 银行咭要收工本费 10 文。

银行卡要收工本费 10 元。

**9** 我想存钱。

我想存钱。

**10** 银行上昼 8 点半返工，下昼 5 点收工。

银行上午 8 点半上班，下午 5 点下班。

**词汇**

① 要唔要：要不要
② 边种：哪种
③ 唔知：不知道
④ 呢：这
⑤ 点：怎么样
⑥ 咭：卡

**说明**

★ 攞：本是“拿”的意思，这里也可以作“取”使用。

## 2 情景对话

### 对话一 营业时间

| | |
|---|---|
| 子维：我听朝要去银行一趟，都唔知几点开门。 | 子维：我明天早上要去银行一趟，也不知道几点开门。 |
| 小敏：听日係星期三，正常时间8点半就开嘞。 | 小敏：明天是星期三，正常8点半就开了。 |
| 子维：哦，你咁清楚嘅？ | 子维：哦，你怎么这么清楚？ |
| 小敏：因为我男朋友喺银行返工咯。 | 小敏：因为我男朋友在银行上班啊。 |

### 对话二 销户

| | |
|---|---|
| 李娜：唔该，我要销户。 | 李娜：劳驾，我要销户。 |
| 柜员：你账户里面仲有812文，帮你攞出嚟定係转去其他银行咭呢？ | 柜员：您账户里面还有812元，帮您取出来还是转到其他银行卡呢？ |
| 李娜：攞出嚟啦，唔该。 | 李娜：取出来吧，谢谢。 |
| 柜员：请填好张表后同身份证一齐俾我。 | 柜员：请填好这张表格后和身份证一起给我。 |

### 对话三 理财产品

| | |
|---|---|
| 柜员：先生，平时有冇做啲理财嘅呢？ | 柜员：先生，平时有没有做理财呢？ |
| 小明：有买基金。 | 小明：买了基金。 |
| 柜员：要唔要了解下我哋银行嘅理财产品？ | 柜员：需要了解一下我们银行的理财产品吗？ |
| 小明：唔使了，我以后有需求再揾你哋啦。 | 小明：不用了，我以后有需求再找你们吧。 |

# （二）存取兑换

5-41

## 1 常用单句

**1** 存款定係提款？
存钱还是取钱？

**2** 你想存几多①？
你想存多少？

**3** 活期存款利率係几多？
活期存款利率是多少？

**4** 三年期定期存款利率係 1.95%。
3 年期定期存款利率是 1.95%。

**5** 我想办理贷款。
我想办理贷款。

**6** 请问今日兑换港纸②汇率係几多？
请问今天兑换港币汇率是多少？

**7** 汇率喺嗰便③嘅电子牌上面显示。
汇率在那边的电子牌上有显示。

**8** 我想办信用咭点④办理啊？
我想办信用卡，怎么办理啊？

**9** 存定期未到期，攞出嚟点计⑤利息？
存定期没到期，取出来怎么计算利息？

**10** 请核对下金额啱唔啱⑥。
请核对一下金额对不对。

### 词汇

① 几多：多少
② 港纸：港币
③ 嗰便：那边
④ 点：怎么样
⑤ 点计：怎么计算
⑥ 啱唔啱：对不对

### 说明

★ 率：多音字，分别是“利率lêd²“和“率sêd¹领”。
★ 贷款：“贷款tai³ fun²”和“提款tei⁴ fun²”发音相似，需要注意。

## 2 情景对话

### 对话一 自动取款机

| 粤语 | 普通话 |
| --- | --- |
| **子　　维：** 唔该，我要攞钱，但係ATM机都冇钱喔。 | **子　　维：** 你好，我要取钱，但是ATM机没有钱了。 |
| **大堂经理：** 唔好意思，呢台机出咗问题，你可以去嗰台攞。 | **大堂经理：** 不好意思，这台机器出了点问题，您可以去那台机器取。 |
| **子　　维：** 好，唔该。 | **子　　维：** 好，谢谢。 |

### 对话二 存取款

| 粤语 | 普通话 |
| --- | --- |
| **子维：** 我想存钱，要排几耐啊? | **子维：** 我想存钱，要排多久啊? |
| **职员：** 先生，如果只係存款嘅话，部机就可以操作。 | **职员：** 先生，如果只是存款的话，柜员机就可以操作。 |
| **子维：** 好，唔该晒! | **子维：** 好，谢谢! |

### 对话三 兑换港币

| 粤语 | 普通话 |
| --- | --- |
| **子维：** 你好，我想兑换港纸。 | **子维：** 你好，我想兑换港币。 |
| **柜员：** 请问要兑换几多呢? 今日汇率係1.08。 | **柜员：** 请问要兑换多少呢? 今天的汇率是1.08。 |
| **子维：** 我要兑换3000文。 | **子维：** 我要兑换3000元。 |
| **柜员：** 请按照呢张单填好俾我。 | **柜员：** 请填好这张单子给我。 |
| **子维：** 好，噉我填好先过嚟。 | **子维：** 好，那我填好再过来。 |

# （三）汇款转账

5-42

## 1 常用单句

**1** 我唔识手机操作，要去银行先可以转账俾你。我不会手机操作，要去银行才可以转账给你。

**2** 我转去你支付宝啦。
我转到你的支付宝吧。

**3** 微信冇绑定银行咭。
微信没绑定银行卡。

**4** 我去银行汇款，稳阵①啲。
我去银行汇款，稳妥一点。

**5** 你唔使②去银行咁麻烦㗎，手机就可以转账啦。你不用去银行这么麻烦的，手机就可以转账。

**6** 我嚟教你点喺手机度操作转账。
我来教你怎么在手机上操作转账。

**7** 听日你转 3 万入③呢个账户度④。
明天你转 3 万到这个账户上。

**8** 今日⑤星期日，可能要延迟到账。
今天是周日，可能要延迟到账。

**9** 台机冇钱⑥，都係⑦排队人工汇款啦。
柜员机没钱，还是排队人工汇款吧。

**10** 人工汇款就係⑧麻烦啲，要填表签字。
人工汇款就是麻烦点，要填表签字。

### 词汇

① 稳阵：稳妥，保险
② 唔使：不需要
③ 入：进
④ 度：位置，句中指账户上
⑤ 今日：今天
⑥ 冇钱：没钱
⑦ 都係：还是
⑧ 就係：就是

### 说明

★ 今日：粤语除了春天、夏天、秋天、冬天这四个季节外，其他的“天”都会变成“日”。如今日（今天），每日（每天），日日（天天）。

## 2 情景对话

### 对话一 排队汇款

| | |
|---|---|
| **职员：**先生，如果你净係转账，建议你柜员机操作。 | **职员：**先生，如果你只是转账，建议你到柜员机操作。 |
| **子维：**存折都可以柜员机操作转账啊？ | **子维：**存折也可以柜员机操作转账啊？ |
| **职员：**嗯，我教你，以后你就识了。 | **职员：**嗯，我教你，以后你就会了。 |

### 对话二 手机转账

| | |
|---|---|
| **小敏：**妈咪，你去银行做乜嘢啊？ | **小敏：**妈妈，你去银行干吗啊？ |
| **妈咪：**去转啲钱俾你婆婆。 | **妈咪：**去给你外婆转点钱。 |
| **小敏：**使乜咁麻烦，我教你手机转咪得咯。 | **小敏：**用不着这么麻烦，我教你手机转就行啦。 |
| **妈咪：**手机可以转去存折咩？ | **妈咪：**手机可以转到存折吗？ |
| **小敏：**试下咪知咯。 | **小敏：**试一下不就知道了。 |

### 对话三 延迟到账

| | |
|---|---|
| **小林：**嗰笔钱转咗未啊？我仲未收到。 | **小林：**那笔钱转了吗？我还没收到。 |
| **晓琳：**财务话今日转过去，我再问下。 | **晓琳：**财务说今天转过去，我再问一下。 |
| **晓琳：**话转咗过去了，今日星期五，可能会延迟，你再等下啦。 | **晓琳：**说转过去了，今天是周五，可能会延迟，你再等一下吧。 |
| **小林：**嗯，好，唔该晒。 | **小林：**嗯，好，谢谢你。 |

# 十二 职场工作

## （一）求职面试

5-43

### 1 常用单句

**1** 而家好难揾工啊。
现在工作不好找啊。

**2** 呢间报社招聘两个编辑。
这家报社招聘两名编辑。

**3** 见工①千祈冇迟到啊。
面试千万不要迟到啊。

**4** 人工仲有冇得②倾③啊？
工资还能再谈吗？

**5** 从你嘅简历上睇你係新闻媒体专业。
从你的简历上看你是新闻媒体专业。

**6** 点解④你要从原公司跳槽？
为什么你要从原公司跳槽？

**7** 你有冇呢方面嘅工作经验？
你有没有从事这方面的工作经验？

**8** 你希望人工⑤係几多⑥？
你期望的薪水是多少？

**9** 加班嘅话有冇加班工资㗎？
加班的话有加班费吗？

**10** 恭喜你，你被录取咗。
恭喜你，你被录取了。

**词汇**

① 见工：面试工作
② 有冇得：还能不能
③ 倾：谈，聊
④ 点解：为什么
⑤ 人工：薪水
⑥ 几多：多少
⑦ 质素：素质

## 2 情景对话

### 对话一 参加面试

| | |
|---|---|
| **面试官：** 我想知你点解会从原公司跳槽呢？ | **面试官：** 我想知道你为什么从原公司跳槽？ |
| **李　娜：** 因为离屋企太远，而且觉得冇乜嘢发展前途。 | **李　娜：** 因为离家太远，而且觉得没什么发展前途。 |
| **面试官：** 噉你觉得一个业务员最重要嘅质素[7]係乜嘢？ | **面试官：** 那你觉得一个业务员最重要的素质是什么？ |
| **李　娜：** 积极向上，唔怕辛苦，乐观嘅态度同埋沟通能力。 | **李　娜：** 积极向上，不怕苦，乐观的态度和较强的沟通能力。 |

### 对话二 谈论面试

| | |
|---|---|
| **小敏：** 你上次面试嗰间公司点啊？ | **小敏：** 你上次面试那家公司怎么样？ |
| **李娜：** 话一个礼拜之后再俾通知喔。 | **李娜：** 说一个礼拜之后再通知呢。 |
| **小敏：** 噉你觉得有冇可能啊？ | **小敏：** 那你觉得有没有可能啊？ |
| **李娜：** 面试我就觉得冇乜嘢，但係可能我要求人工高得滞咯。 | **李娜：** 面试我觉得没什么，但是可能我要求的薪水太高了。 |

### 对话三 讨论薪水

| | |
|---|---|
| **人事：** 你期望嘅人工係几多？ | **人事：** 你期望的工资是多少？ |
| **李娜：** 至少8000文。 | **李娜：** 至少8000元。 |
| **人事：** 包埋奖金同社保，税前人工係9000文。 | **人事：** 包括奖金和社保，税前工资9000元。 |
| **李娜：** 好，我随时可以入职。 | **李娜：** 好，我随时可以入职。 |

# （二）租房

5-44

## 1 常用单句

**1** 我想喺市区租房。
我想在市区租个房子。

**2** 我想同人合租。
我想和人合租。

**3** 两房一厅而家几钱度啊？
现在两室一厅大概多少钱呢？

**4** 呢间房朝向唔好，冇阳光。
这间房朝向不好，没有阳光。

**5** 一万嘅租金，管理费全包。
10000的租金，管理费全包。

**6** 太贵嘞，可唔可以便啲①啊？
太贵了，能不能便宜点啊？

**7** 边有②你咁还价㗎？我丢吉③喺处④都唔租俾你啊。哪有你这样还价的？我空置在那里也不租给你。

**8** 租金押二付一。
租金押二付一。

**9** 小区环境唔错⑤，就係旧咗啲。
小区环境不错，就是旧了点。

**10** 可唔可以俾5日时间我搬屋⑥？
可不可以给我5天时间搬家？

### 词汇

① 便啲：便宜点
② 边有：哪有
③ 丢吉：空置
④ 喺处：在那里
⑤ 唔错：不错
⑥ 搬屋：搬家

### 说明

★ 广东讲究好兆头，“空房”都说“吉屋”，就因为“空”发音和“凶”同音。

## 2 情景对话

### 对话一 考虑换房

| 粤语 | 普通话 |
|---|---|
| **小敏：**每日通勤时间太耐，真係好攰啊。我谂住租近啲。 | **小敏：**每天通勤时间太久，真的好累，我打算租近一点的。 |
| **小林：**噉有冇睇啱㗎？ | **小林：**那有没有看到合适的？ |
| **小敏：**睇紧，要揾到啱嘅唔係咁易㗎。 | **小敏：**正在看，要找到合适的不是那么容易。 |

### 对话二 看房

| 粤语 | 普通话 |
|---|---|
| **中介：**呢个小区离地铁口行路10分钟。 | **中介：**这个小区离地铁口步行10分钟。 |
| **小敏：**价钱有冇得少？物业管理费点收？ | **小敏：**价钱能不能少点？物业管理费怎么收？ |
| **中介：**价钱最多便100文，水电全包，物业管理费你哋三个人平摊。 | **中介：**价钱最多便宜100元，水电全包，物业管理费你们三个人平摊。 |
| **小敏：**嗯，我考虑下先啦，唔该你。 | **小敏：**嗯，我先考虑下，谢谢你。 |

### 对话三 租房

| 粤语 | 普通话 |
|---|---|
| **小敏：**可唔可以俾5日时间我搬屋？ | **小敏：**可不可以给我5天时间搬家？ |
| **房东：**好，冇问题。你以后交房租直接打入呢个银行咭就得嘞。 | **房东：**好，没问题。你以后交房租直接打到这张银行卡里就可以了。 |
| **小敏：**好，我间房嘅衣柜我唔中意，我要求换一个。 | **小敏：**好，我不喜欢房间里的衣柜，要求换一个。 |
| **房东：**呢个冇问题，你搬入嚟之前我会换好。 | **房东：**这个没问题，你搬进来之前我会换好。 |

# （三）工作

5-45

## 1 常用单句

1 我哋公司氛围好好。
我们公司氛围很好。

2 啲同事好好相处。
同事们很好相处。

3 同事都好热心帮我。
同事都很热心地帮助我。

4 子维上个礼拜升咗职。
子维上星期升职了。

5 我后日要去香港出差啊。
我后天要去香港出差。

6 呢份①工要成日出差，星期日都唔得闲。
这份工作要经常出差，星期天都没空。

7 今晚要加班，唔返②屋企食饭③嘞。
今晚要加班，不回家吃饭了。

8 听朝要开会，今晚要准备好多资料。
明天早上要开会，今晚要准备好多资料。

9 部打印机坏咗嘞。
这台打印机坏了。

10 老细揾佢有事，即刻电话通知佢返嚟。
老板找他有事，马上电话通知他回来。

### 词汇

① 呢份：这份
② 唔返：不回
③ 食饭：吃饭

### 说明

★ 啲：些。在例句2中表示复数。
★ 部：打印机的量词。与普通话不同，粤语中，前面的指示代词“这”可以省略。

## 2 情景对话

### 对话一 开会

| | |
|---|---|
| **领导：** 你安排下下个星期一嘅员工会议。 | **领导：** 你安排一下下周一的员工会议。 |
| **秘书：** 好。我会安排好你嘅工作日程，做好会议准备。 | **秘书：** 好。我会安排好您的工作日程，做好会议准备。 |
| **领导：** 好，辛苦嘞。 | **领导：** 好，辛苦了。 |

### 对话二 加班

| | |
|---|---|
| **领导：** 今晚所有人都要加班。 | **领导：** 今晚所有人都要加班。 |
| **秘书：** 但係有啲员工而家已经收咗工嘞。 | **秘书：** 但是有些员工现在已经下班了。 |
| **领导：** 即刻电话通知返嚟。 | **领导：** 马上打电话通知回来。 |

### 对话三 出差

| | |
|---|---|
| **小林：** 礼拜三晚黑带你去参加活动，得唔得闲？ | **小林：** 周三晚上带你去参加活动，有空吗？ |
| **小敏：** 唔得闲啊，我听日要去香港出差。 | **小敏：** 没空呢，我明天要去香港出差。 |
| **小林：** 又出差啊？你呢排经常出差喔。 | **小林：** 又出差啊？你这段时间经常出差啊。 |
| **小敏：** 冇计啦，年底都比较忙啊。 | **小敏：** 没办法啦，年底都比较忙。 |

# （四）休假与失业

5-46

## 1 常用单句

**1** 我病咗，帮我打电话同公司请假啦。
我病了，帮我打电话向公司请假吧。

**2** 我屋企有急事，需要请一个礼拜嘅假返去①。
我家里有急事，需要请一周假回去。

**3** 佢好少②请假。
他很少请假。

**4** 经理休紧产假。
经理正在休产假。

**5** 你有几多日年假啊？
你有几天年假啊？

**6** 我哋公司而家裁员啊。
我们公司现在裁员呢。

**7** 好遗憾，我喺裁员名单里便。
很遗憾，我在裁员名单里面。

**8** 我辞咗职。
我辞职了。

**9** 我被公司炒鱿鱼③。
我被公司开除了。

**10** 点解好哋哋④突然失业呢？
怎么好端端的突然失业了？

### 词汇

① 返去：回去
② 好少：很少
③ 炒鱿鱼：开除
④ 好哋哋：好端端

### 说明

★ 几多日：多少天。如：深圳寄去北京要几多日啊？（深圳寄到北京要多少天啊？）

★ 炒鱿鱼：解雇。因为古时工作是需要自备行李的，而炒鱿鱼跟“卷铺盖”有相似之处，都是指在工作中被终止雇佣关系。如果被解雇就要卷铺盖走人，因此随着时间的推移，“炒鱿鱼”就成了解雇的通俗说法了。

## 2 情景对话

### 对话一 病假

| 粤语 | 普通话 |
| --- | --- |
| 小敏：经理，我下昼要请半日假去睇医生。 | 小敏：经理，我下午要请半天假，去看医生。 |
| 经理：你身体唔舒服啊？ | 经理：你身体不舒服啊？ |
| 小敏：我牙痛，已经痛咗几日嘞，约咗医生下昼去睇。 | 小敏：我牙痛，已经痛了好几天了，约了医生下午去看。 |
| 经理：好，照顾好自己。 | 经理：好，照顾好自己。 |

### 对话二 谈论休假

| 粤语 | 普通话 |
| --- | --- |
| 子维：你有几多日年假啊？ | 子维：你有几天年假啊？ |
| 小林：我有10日啊。 | 小林：我有10天。 |
| 子维：噉你谂住几时休啊？ | 子维：那你打算什么时候休啊？ |
| 小林：谂住连埋国庆休息半个月去西藏玩。 | 小林：打算连着国庆休息半个月，去西藏玩。 |

### 对话三 失业

| 粤语 | 普通话 |
| --- | --- |
| 小敏：我失咗业，好难过。 | 小敏：我失业了，好难过。 |
| 小林：啊？点解好哋哋咁突然嘅？ | 小林：啊？为什么好端端的这么突然啊？ |
| 小敏：公司裁员，噉又因为我係新嚟嘅就优先炒我咯。 | 小敏：公司裁员，然后又因为我是新来的，就先炒掉我了。 |
| 小林：唔好难过啦，你咁优秀，再揾都好易揾到好嘅。 | 小林：别难过啦，你这么优秀，再找也很容易找到好的。 |

# 十三 休闲娱乐

## （一）约会

5-47

### 1 常用单句

1 星期六有乜嘢节目[①]啊？
周六你有什么活动吗？

2 呢个星期六我想约你去睇电影。
这个星期六我想约你去看电影。

3 唔好意思，我唔得闲[②]啊。
不好意思，我没空啊。

4 后晚我哋可以一齐食饭。
后天晚上我们可以一起吃饭。

5 我突然要加班，去唔到嘞。
我突然要加班，去不了了。

6 我哋去边度玩呢？
我们去哪里玩呢？

7 我想去睇演唱会啊。
我想去看演唱会呢。

8 我有 2 张音乐会嘅票。
我有 2 张音乐会的票。

9 要唔要[③]一齐去踢波啊？
要不要一起去踢球啊？

10 听晚不见不散。
明晚不见不散。

**词汇**

① 节目：活动
② 唔得闲：没空
③ 要唔要：要不要

**说明**

★ 节目：通常指“活动”。在我们询问对方今晚有什么节目的时候，指的都是有什么活动，而非电视上播放的节目。

★ 踢波：踢球，“波”是英文ball的音译。

## 2 情景对话

### 对话一 音乐会

| | |
|---|---|
| **家明：** 你呢个星期六得唔得闲啊？ | **家明：** 你这个星期六有空吗？ |
| **小敏：** 得闲啊，有乜嘢节目啊？ | **小敏：** 有空啊，有什么安排呀？ |
| **家明：** 我有两张音乐会嘅票，想同你一齐去。 | **家明：** 我有两张音乐会的票，想和你一起去。 |
| **小敏：** 好啊，噉到时见啦。 | **小敏：** 好啊，那到时见吧。 |

### 对话二 看电影

| | |
|---|---|
| **子维：** 我今晚要去睇电影，唔去聚餐啦。 | **子维：** 我今晚要去看电影，不去聚餐啦。 |
| **家明：** 你同女朋友去啊？睇乜嘢电影啊？ | **家明：** 你和女朋友去吗？看什么电影啊？ |
| **子维：** 新出嘅《变形金刚》，我走啦，拜拜。 | **子维：** 新出的《变形金刚》，我走啦，再见。 |
| **家明：** 好啦，约会愉快啊。 | **家明：** 好的，约会愉快啊。 |

### 对话三 演唱会

| | |
|---|---|
| **小敏：** 下个月我嘅偶像要嚟中国开演唱会，要唔要一齐啊？ | **小敏：** 下个月我的偶像来中国开演唱会，要不要一起去？ |
| **小林：** 好啊好啊，我好中意佢嘅，但係会唔会好难买票啊？ | **小林：** 好啊好啊，我很喜欢她的，但是会不会很难买票啊？ |
| **小敏：** 而家应该唔会，我哋网上睇下先。 | **小敏：** 现在应该不会，我们网上先看看。 |
| **小林：** 嗯，噉你睇好话俾我知，一齐买啦。 | **小林：** 嗯，那你看好告诉我，一起买吧。 |

# （二）重要日子

5-48

## 1 常用单句

1 后日係我生日啦。

后天就是我生日了。

2 下个礼拜係我父母结婚 30 周年。

下个礼拜是我父母结婚 30 周年纪念日。

3 千祈冇唔记得出席我嘅生日派对啊。

千万不要忘记出席我的生日派对啊。

4 真诚邀请你参加我哋嘅婚礼。

真诚邀请你参加我们的婚礼。

5 几时摆酒①啊?

什么时候喝你的喜酒啊?

6 我哋摆酒嘅日子定落嚟②啦。

我们摆喜宴的日子定下来啦。

7 唔好意思，我忘记咗今日係你嘅生日。

不好意思，我忘记了今天是你的生日。

8 今日係个非常重要嘅日子。

今天是个非常重要的日子。

9 前几日学校啱③啱庆祝咗 80 周年庆。

前几天学校才庆祝了 80 周年校庆。

10 今日我入职公司一周年啦。

今天我入职公司一周年啦。

### 词汇

① 摆酒：摆喜宴

② 定落嚟：定下来

③ 啱：刚刚

### 说明

★ 粤语翻译，不应逐字翻译，不改变意思都可以替换词语。如第7句里的“忘记”，也可以用“唔记得”来表达。如：唔好意思，我唔记得咗今日係你嘅生日。（不好意思，我忘记了今天是你的生日。）

## 2 情景对话

### 对话一 婚礼

| | |
|---|---|
| **丽莎：** 你哋摆酒喺几时啊？有冇定落嚟呢？ | **丽莎：** 你们什么时候摆喜宴啊？有没有定下来呢？ |
| **俞婷：** 有啊，啱啱想同你哋讲，呢个係我哋嘅请帖。 | **俞婷：** 有啊，正想和你们说，这是我们的请帖。 |
| **丽莎：** 真係戥你开心，恭喜你。 | **丽莎：** 真是替你高兴，恭喜你。 |
| **俞婷：** 你一定要嚟参加我嘅婚礼啊。 | **俞婷：** 你一定要来参加我的婚礼啊。 |

### 对话二 庆功宴

| | |
|---|---|
| **小林：** 真係恭喜晒啊，升职啦。 | **小林：** 真是恭喜你啊，升职啦。 |
| **丽莎：** 多谢你，其实真係好开心。 | **丽莎：** 谢谢你，其实真的很开心。 |
| **小林：** 呢个项目你花咗太多心血入去，而家你升职加薪係最好嘅回报。 | **小林：** 这个项目你花了太多的心血，现在升职加薪是最好的回报。 |
| **丽莎：** 都算值得，我会继续加油，做到最好。 | **丽莎：** 也算值得，我会继续加油，做到最好。 |

### 对话三 生日

| | |
|---|---|
| **子维：** 过几日係我爸爸嘅生日，我要俾佢个惊喜。 | **子维：** 过几天是我爸爸的生日，我要给他一个惊喜。 |
| **家明：** 想点俾惊喜法啊？ | **家明：** 想怎么给惊喜啊？ |
| **子维：** 上次同佢行街，睇啱一张按摩椅，嫌贵，我谂住今次送俾佢咯。 | **子维：** 上次和他逛街，看上一把按摩椅，他嫌贵，我打算这次送给他啰。 |
| **家明：** 嗯，呢个好啊，实用。 | **家明：** 嗯，这个好啊，实用。 |

# （三）运动休闲

5-49

## 1 常用单句

**1** 下昼你有冇兴趣去睇电影啊？
下午你有没有兴趣去看电影啊？

**2** 我想去冲浪。
我想去冲浪。

**3** 今晚去睇排球赛，点啊①？
今晚去看排球比赛，怎么样？

**4** 我中意瑜伽，但係②我唔中意跑步。
我喜欢瑜伽，但是不喜欢跑步。

**5** 溜冰係我最中意嘅运动之一。
溜冰是我最喜欢的运动之一。

**6** 我中意唱歌，但係我唔中意酒吧。
我喜欢唱歌，但是不喜欢去酒吧。

**7** 呢个星期六我哋去行山咧？
这个星期六我们去爬山吧？

**8** 徒步我都好中意咯。
我也很喜欢徒步呢。

**9** 赛马好受香港人欢迎。
赛马很招香港人欢迎。

**10** 平时都係③中意约啲朋友饮下茶。
平时还是喜欢约些朋友喝喝茶。

### 词汇

① 点啊：怎么样
② 但係：但是
③ 都係：也是

### 说明

★ 行山：多指在山路上步行、徒步，也可以指爬山。

★ 咧：句末语气词，在询问对方意见时使用。如：今晚出去食饭咧？（今晚出去吃饭吧？）

## 2 情景对话

### 对话一 体育运动

| 粤语 | 普通话 |
|---|---|
| 家明：我好中意篮球，你呢？ | 家明：我很喜欢打篮球，你呢？ |
| 李娜：我爱好好多㗎。譬如溜冰、排球、游水等等。 | 李娜：我的爱好有很多，比如溜冰、打排球、游泳等。 |
| 家明：游水我都中意，但係未学识。 | 家明：游泳我也喜欢，但是没学会。 |
| 李娜：听日带你去啊，我教你。 | 李娜：明天带你去吧，我教你。 |

### 对话二 运动爱好

| 粤语 | 普通话 |
|---|---|
| 丽莎：我好想去爬山，好耐冇嘟过嘞。 | 丽莎：我很想去爬山，好久没运动了。 |
| 小敏：我就唔中意爬山了，太攰嘞。爬完周身骨痛。 | 小敏：我就不喜欢爬山，太累了。爬完全身都酸痛。 |
| 丽莎：嗰係因为你冇习惯咯，我开始爬都係咁嘅，后尾一个月去两次就觉得好轻松嘞。 | 丽莎：那是因为你没有习惯，我开始爬的时候也是这样，后来一个月去两次就觉得很轻松了。 |
| 小敏：可能係咯，我都係中意瑜伽多啲。 | 小敏：可能是吧，我还是更喜欢瑜伽。 |

### 对话三 唱歌娱乐

| 粤语 | 普通话 |
|---|---|
| 丽莎：好耐冇去唱歌了，我哋几时约埋啲朋友一齐去K下啊？ | 丽莎：好久没去唱歌了，我们什么时候约上朋友一起去唱歌啊？ |
| 小敏：好啊，我都好中意唱歌。 | 小敏：好啊，我也很喜欢唱歌。 |
| 丽莎：不如就今晚？快啲约佢哋，睇下得唔得闲。 | 丽莎：不如就今晚？快点约他们，看一下有没有空。 |
| 小敏：好啊，咁啱我今晚又得闲啫。 | 小敏：好啊，刚好我今晚也有空。 |

# （四）业余生活

5-50

## 1 常用单句

**1** 平时你唔上班中意做啲乜嘢呢？

平时你不上班时喜欢做些什么呢？

**2** 平时你会以乜嘢方式解压呢？

平时你以什么方式缓解压力呢？

**3** 我中意约啲朋友打波①咯。

我喜欢约些朋友打球。

**4** 我一到周末就会去游水。

我一到周末就去游泳。

**5** 去健身房健身，因为日日②坐办公室需要锻炼。

去健身房健身，因为天天坐办公室需要锻炼。

**6** 唔上班嘅时候我中意喺屋企饮茶③睇书④。

不上班的时候我喜欢在家里喝茶看书。

**7** 有啲人⑤就会疯狂购物。

有些人就会疯狂购物。

**8** 我想利用周末时间去学跳舞。

我想利用周末时间去学跳舞。

**9** 难得休息，梗係⑥瞓足⑦一日啦。

难得休息，当然睡足一天啦。

**10** 我报咗⑧兴趣班学习英文。

我报了兴趣班，学习英语。

### 词汇

① 打波：打球

② 日日：天天

③ 饮茶：喝茶

④ 睇书：看书

⑤ 有啲人：有些人

⑥ 梗係：当然

⑦ 瞓足：睡足，睡够

⑧ 报咗：报了

### 说明

★ 游水：是“游泳”的意思，口语表达。但是“游泳池”则不能翻译为“游水池”，这是名词，应翻译为“游泳池”。

## 2 情景对话

### 对话一 图书馆借书

| | |
|---|---|
| 丽　莎：唔该，我想揾《似水年华》个本书，请问喺边度？ | 丽　莎：麻烦你，我想找《似水年华》这本书，请问在哪里？ |
| 管理员：喺前便右转，第二个书架上便。 | 管理员：前面右转，第二个书架上面。 |
| 丽　莎：噉想租书点操作呢？ | 丽　莎：那想借书怎么操作呢？ |
| 管理员：噉要麻烦你去服务台咨询办理手续啦。 | 管理员：那要麻烦您去服务台咨询办理手续了。 |

### 对话二 学习舞蹈

| | |
|---|---|
| 小林：我报咗个舞蹈班学习跳舞，你想唔想去体验下？ | 小林：我报了个舞蹈班学习跳舞，你想不想去体验一下？ |
| 丽莎：乜嘢舞蹈啊？我都想学啊，平时上班太忙，需要运动下。 | 丽莎：什么舞蹈啊？我也想学啊，平时上班太忙，需要运动一下。 |
| 小林：我学嘅係民族舞，落班后一齐去啊？ | 小林：我学的是民族舞，下班后一起去啊？ |
| 丽莎：好啊，噉快啲将啲嘢做完走咯。 | 丽莎：好啊，那快点把事情做完走吧。 |

### 对话三 游泳

| | |
|---|---|
| 家明：游水对身体好好，而家好多人颈椎都有问题，就係缺乏锻炼。 | 家明：游泳对身体很好，现在很多人颈椎都有问题，就是缺乏锻炼。 |
| 子维：嗯，我哋成日对住电脑手机，颈椎都唔好，游水对颈椎康复帮助好大。 | 子维：嗯，我们整天对着电脑、手机，颈椎都不好，游泳对颈椎康复帮助很大。 |

# 十四 谈天说地

## （一）当下状态

5-51

### 1 常用单句

1 今年经济发展势头良好。
今年经济发展势头良好。

2 公司拖欠人工好多个月了。
公司拖欠工资好几个月了。

3 想劈炮唔捞[①]又冇更加好嘅选择。
想辞职不干又没有更好的选择。

4 间公司执[②]咗，我都失埋业。
公司倒闭，我也失业了。

5 生活压力大，人嘅身心健康好重要。
生活压力大，人的身心健康很重要。

6 消费降级导致生意唔好做。
消费降级导致生意不好做。

7 多啲[③]出去亲近下大自然，可以缓解压力。
多出去亲近大自然，可以缓解压力。

8 压力大就睇短视频，睇亲就捱夜，恶性循环啊。压力大就看短视频，一看就熬夜，恶性循环啊。

9 收工[④]后要唔要一齐去学跳舞啊？
下班后要不要一起去学跳舞啊？

10 而家咁嘅[⑤]环境，你仲想辞职？
现在这样的环境，你还想辞职？

**词汇**

① 劈炮唔捞：指因为不满上司或者工作而选择离职
② 执：倒闭，关门
③ 多啲：多点
④ 收工：下班
⑤ 咁嘅：这样的

**说明**

★ 睇亲：只要怎么样就会怎么样。

## 2 情景对话

### 对话一 被裁员

| | |
|---|---|
| 小敏：我哋部门裁员，我係其中一个。 | 小敏：我们部门要裁员，我是其中一个。 |
| 小林：冇唔开心喔，咪当放假咯。 | 小林：别不开心哦，就当放假咯。 |
| 小敏：虽然係咁话，但係都会有焦虑。 | 小敏：话虽这样说，但是也会焦虑。 |
| 小林：讲真啊，我哋公司都有传裁员消息了…… | 小林：说真的，我们公司也有传裁员的消息…… |

### 对话二 福利多多

| | |
|---|---|
| 晓琳：有冇发觉而家好多“夜校”风啊？ | 晓琳：有没有发现现在有好多“夜校”啊？ |
| 小敏：乜嘢意思啊？ | 小敏：什么意思啊？ |
| 晓琳：即係而家啲人压力大，好多机构对外开设课程班，等大家喺放工之后可以学啲嘢嘅解。 | 晓琳：就是现在的人压力大，好多机构对外开设培训班，让大家在下班后可以学点东西。 |
| 小敏：咁好啊？有啲乜嘢学㗎？ | 小敏：这么好？有什么可以学的？ |
| 晓琳：有瑜伽、舞蹈、粤语……都几多下㗎。 | 晓琳：有瑜伽、舞蹈、粤语……挺多的。 |

### 对话三 缓解压力

| | |
|---|---|
| 小敏：你上次话夜校啲课程，我想去学粤语，你要唔要一齐啊？ | 小敏：你上次说夜校的课程，我想去学粤语，你要一起吗？ |
| 晓琳：好啊，不过我哋住喺唔同区，落班去学完都好夜啦。 | 晓琳：好啊，不过我们住在不同的区，下班去学完都很晚啦。 |
| 小敏：噉你睇下你嗰个区有冇公益学习？ | 小敏：那你看看你那个区有没有公益课程？ |
| 晓琳：有啊，深圳好多区都有开㗎。 | 晓琳：有啊，深圳很多区都有开设。 |

5-52

# （二）粤语杂谈

## 1 常用单句

1 粤语竟然成咗[①]选修课进入深圳啲中学喔。粤语竟然作为选修课进入深圳的中学了。

2 真係太好啦。而家啲学生都唔识讲粤语。真是太好啦。现在的学生都不会讲粤语。

3 好多学生屋企讲粤语，但係[②]自己完全唔识[③]讲。很多学生家里人说粤语，但是自己完全不会说。

4 粤语虽然係方言，但係佢有独特嘅魅力。粤语虽然是方言，但是它有独特的魅力。

5 目前全球使用粤语嘅人超1.2亿。目前全球使用粤语的人超过1.2亿。

6 深圳各区夜校都有开设粤语课程。深圳各区夜校都开设了粤语课程。

7 尽管我爸爸妈妈係广东人，但係我唔识讲粤语。尽管我爸爸妈妈是广东人，但是我不会说粤语。

8 我中意粤语歌，所以我想学粤语。我喜欢粤语歌，所以想学粤语。

9 突然之间身边朋友开始学粤语啦。突然间身边朋友开始学粤语啦。

10 因为好多机构有开对外公益粤语课程嘛。因为好多机构开设有公益的粤语课程啊。

### 词汇

① 成咗：成了
② 但係：但是
③ 唔识：不懂，不会

### 说明

★ 真係：真是。除此也有“真的”的意思。粤语中“真的”都用“真係”来表达。如：真係㗎？（真的啊？）我真係好忙。（我真的很忙。）

## 2 情景对话

### 对话一 粤语选修课

| | |
|---|---|
| 小敏：我个女间学校竟然有粤语选修课喔。 | 小敏：我女儿的学校竟然有粤语选修课。 |
| 小林：係？我支持啊，噉你个女有冇报名啊？ | 小林：是吗？我支持啊，那你女儿报名了吗？ |
| 小敏：有。你话啊，我哋两夫妇都係广东人，个女竟然唔识讲粤语。 | 小敏：报了，你说，我们夫妻俩是广东人，女儿却不会说粤语。 |
| 小林：所以而家学校都有推广，真係好开心。 | 小林：所以学校也正在推广，真的很开心。 |

### 对话二 粤语电影

| | |
|---|---|
| 子维：有冇发觉最近好多电影都係粤语版本？ | 子维：有没有发现最近很多电影都是粤语版？ |
| 小明：係咯，嗰几部我都睇晒了。 | 小明：是啊，那几部我都看完了。 |
| 子维：以前就算係港星演，都係普通话嘅。 | 子维：以前就算是港星出演，都是普通话的。 |
| 小明：原汁原味，越睇越过瘾啊。 | 小明：原汁原味，越看越过瘾啊。 |

### 对话三 粤语公益课程

| | |
|---|---|
| 小敏：你呢排收工后好急住走，有乜嘢事呢？ | 小敏：你这段时间下班后很着急走，有什么事吗？ |
| 晓琳：我报咗个公益嘅粤语课程，唔走快啲惊迟到啊。 | 晓琳：我报了个公益的粤语课程，不走快点怕迟到啊。 |
| 小敏：有咁嘅好嘢都唔预埋我？ | 小敏：有这么好的事情都不叫上我？ |
| 晓琳：我都係抢名额㗎。 | 晓琳：我也是抢的名额。 |

# 附录 A 粤语高频词一览表



| 粤语 | 粤拼 | 普通话 |
|---|---|---|
| 嘅 / 咗 | gé3/zo2 | 的 / 了 |
| 因为 | yen1 wei4 | 因为 |
| 唔好 / 冇 | m4 hou2/mou5 | 不要 / 别 |
| 唔使 | m4 sei2 | 不用，不需要 |
| 唔俾 | m4 béi2 | 不给，不允许，不让 |
| 但係 | dan6 hei6 | 但是 |
| 搞掂 | gao2 dim3 | 搞定 |
| 得 | deg1 | 可以 |
| 唔得 | m4 deg1 | 不可以 |
| 得唔得 | deg1 m4 deg1 | 可不可以 |
| 明 | ming4 | 明白 |
| 唔明 | m4 ming4 | 不明白 |
| 明唔明 | ming4 m4 ming4 | 明不明白 |
| 想 | sêng2 | 想 |
| 唔想 | m4 sêng2 | 不想 |
| 想唔想 | sêng2 m4 sêng2 | 想不想 |
| 係 | hei6 | 是 |
| 唔係 | m4 hei6 | 不是 |
| 係唔係 | hei6 m4 hei6 | 是不是 |

| 粤语 | 粤拼 | 普通话 |
|---|---|---|
| 喺 | hei2 | 在 |
| 唔喺 | m4 hei2 | 不在 |
| 喺唔喺 | hei2 m4 hei2 | 在不在 |
| 知道 | ji1 dou6 | 知道 |
| 唔知道 | m4 ji1 dou6 | 不知道 |
| 知唔知道 | ji1 m4 ji1 dou6 | 知不知道 |
| 中意 | zung1 yi3 | 喜欢 |
| 唔中意 | m4 zung1 yi3 | 不喜欢 |
| 中唔中意 | zung1 m4 zung1 yi3 | 喜不喜欢 |
| 可能 | ho2 neng4 | 可能 |
| 唔可能 | m4 ho2 neng4 | 不可能 |
| 可唔可能 | ho2 m4 ho2 neng4 | 可不可能 |
| 得闲 | deg1 han4 | 有空 |
| 唔得闲 | m4 deg1 han4 | 没空 |
| 得唔得闲 | deg1 m4 deg1 han4 | 有没有空 |
| 好 | hou2 | 好 |
| 唔好 | m4 hou2 | 不好 |
| 好唔好 | hou2 m4 hou2 | 好不好 |
| 冇可能 | mou5 ho2 neng4 | 不可能 |
| 真係 | zen1 hei6 | 真的 |
| 呢个 | ni1 go3 | 这个 |
| 呢啲 | ni1 did1 | 这些，这点 |

| 粤语 | 粤拼 | 普通话 |
|---|---|---|
| 呢度 | ni¹ dou⁶ | 这里 |
| 呢位 | ni¹ wei² | 这位 |
| 嗰个 | go² go³ | 那个 |
| 嗰啲 | go² did¹ | 那些，那点 |
| 嗰度 | go² dou⁶ | 那里 |
| 嗰位 | go² wei² | 那位 |
| 边个 | bin¹ go³ | 哪一个（指人或物体） |
| 边啲 | bin¹ did¹ | 哪些 |
| 边度 | bin¹ dou⁶ | 哪里 |
| 边位 | bin¹ wei² | 哪位，谁 |
| 我哋 | ngo⁵ déi⁶ | 我们 |
| 你哋 | néi⁵ déi⁶ | 你们 |
| 佢哋 | kêu⁵ déi⁶ | 他们 |
| 人哋 | yen⁴ déi⁶ | 别人，人家 |
| 谂 | nem² | 思考，考虑 |
| 谂住 | nem² ju⁶ | 打算 |
| 认为 | ying⁶ wei⁴ | 认为 |
| 觉得 | gog³ deg¹ | 觉得 |
| 应该 | ying¹ goi¹ | 应该 |
| 度 | dou⁶ | 位置 |
| 睇 | tei² | 看 |
| 跟住 | gen¹ ju⁶ | 接着，然后 |

| 粤语 | 粤拼 | 普通话 |
|---|---|---|
| 有 | yeo5 | 有 |
| 冇 | mou5 | 没有 |
| 有冇 | yeo5 mou5 | 有没有 |
| 啱 | ngam1 | 对 |
| 唔啱 | m4 ngam1 | 不对 |
| 就 | zeo6 | 就 |
| 又 | yeo6 | 也，都 |
| 噉 | gem2 | 那么，那样 |
| 咁 | gem3 | 这么，这样 |
| 点 | dim2 | 怎么，怎么样 |
| 点解 | dim2 gai2 | 为什么 |
| 几多 | géi2 do1 | 多少 |
| 正 | zéng3 | 赞，很不错 |
| 点算 | dim2 xun3 | 怎么办 |
| 几好 | géi2 hou2 | 挺好 |
| 麻麻哋 | ma4 ma2 déi2 | 一般般 |
| 好好 | hou2 hou2 | 很好 |
| 乜嘢 | med1 yé2 | 什么 |
| 而家 | yi4 ga1 | 现在 |
| 家阵 | ga1 zen2 | 现在 |
| 嚟 | lei4 | 来 |
| 去 | hêu3 | 去 |

| 粤语 | 粤拼 | 普通话 |
|---|---|---|
| 过嚟 | guo$^{3}$ lei$^{4}$ | 过来 |
| 过去 | guo$^{3}$ hêu$^{3}$ | 过去 |
| 返嚟 | fan$^{1}$ lei$^{4}$ | 回来 |
| 返去 | fan$^{1}$ hêu$^{3}$ | 回去 |
| 仲有 | zung$^{6}$ yeo$^{5}$ | 还有 |
| 仲係 | zung$^{6}$ hei$^{6}$ | 还是 |
| 仲喺 | zung$^{6}$ hei$^{2}$ | 还在 |
| 仲未 | zung$^{6}$ méi$^{6}$ | 还没有 |
| 定係 | ding$^{6}$ hei$^{6}$ | 还是（表选择） |
| 同 / 同埋 | tung$^{4}$/tung$^{4}$ mai$^{4}$ | 和，跟 |
| 千祈 | qin$^{1}$ kéi$^{4}$ | 千万 |
| 一係 / 一味 / 不如 | yed$^{1}$ hei$^{6}$/yed$^{1}$ mei$^{4}$/ bed$^{1}$ yu$^{4}$ | 要不，要么，不然 |
| 好叻 | hou$^{2}$ lég$^{1}$ | 很棒 |
| 犀利 / 劲 | sei$^{1}$ léi$^{6}$/ging$^{6}$ | 厉害 |
| 不过 | bed$^{1}$ guo$^{3}$ | 不过 |
| 唔通 | m$^{4}$ tung$^{1}$ | 难道 |
| 醒目 | xing$^{2}$ mug$^{6}$ | 机灵，聪明 |
| 离晒谱 | léi$^{4}$ sai$^{3}$ pou$^{2}$ | 离谱 |
| 搅搅震 | gao$^{2}$ gao$^{2}$ zen$^{3}$ | 瞎捣乱 |
| 讲笑啫 | gong$^{2}$ xiu$^{3}$ zé$^{1}$ | 开玩笑而已 |
| 有冇搞错 | you$^{5}$ mou$^{5}$ gao$^{2}$ co$^{3}$ | 有没有搞错 |

# 附录 B 粤语俗语

附录 B

**1** 一天都光晒 yed$^1$ tin$^1$ dou$^1$ guong$^1$ sai$^3$

**解释** 形容形式好转，事情解决了，出现好的局面。

**例句** 呢一日终于都捱过嚟啦，真係一天都光晒。（这一天终于熬过来了，真好啊。）

**2** 一手一脚 yed$^1$ seo$^2$ yed$^1$ gêg$^3$

**解释** 形容自己完成一件事情。

**例句** 部风扇係我一手一脚整好㗎。（这部风扇，是我亲手修好的。）

**3** 一把火 yed$^1$ ba$^2$ fo$^2$

**解释** 形容一个人很生气、怒不可遏。

**例句** 讲起嚟就一把火了。（说起来就火大。）

**4** 一身蚁 yed$^1$ sen$^1$ ngei$^5$

**解释** 形容人惹了很多麻烦，就像蚂蚁爬满身上。

**例句** 都叫你冇理㗎啦，你睇惹到一身蚁。（都叫你不要管了，你看惹了一身麻烦。）

**5** 一镬熟 yed$^1$ wog$^6$ sug$^6$

**解释** 比喻大家一起完蛋、同归于尽。

**例句** 你唔放开佢就大家一镬熟㗎啦。（你不把他放了就一起死。）

**6** 一个荔枝三把火 yed$^1$ go$^3$ lei$^6$ ji$^1$ sam$^1$ ba$^2$ fo$^2$

**解释** 荔枝性热，吃多了上火。

**例句** 一个荔枝三把火，你冇食咁多啊。（荔枝上火，你别吃这么多啊。）

**7** 一嚿云 yed¹ geo⁶ wen⁴

**解释** 一团云。嚿：块、件、团。用来形容人迷迷糊糊，不知道情况。

**例句** 你讲咗咁耐，我听到都係一嚿云噉。（你说了这么久，还是听得云里雾里。）

**8** 一担担 yed¹ dam³ dam¹

**解释** 形容半斤八两，彼此一样。带有贬义色彩。

**例句** 你哋两个成个周末净係打机，作业又唔做，真係一担担啊！（你们两个整个周末光顾着打游戏，作业也不做，真是半斤八两。）

**9** 二五仔 yi⁶ ng⁵ zei²

**解释** 指内奸、告密者，背叛组织的人。

**例句** 你千祈冇做二五仔啊。（你千万别当叛徒啊。）

**10** 二打六 yi⁶ da² lug⁶

**解释** 不够资格，不够水平。指小人物，小角色。

**例句** 边有人睇得起我哋啲二打六啊。（哪有人看得起我们这些小人物啊。）

**11** 二世祖 yi⁶ sei³ zou²

**解释** 富二代、纨绔子弟。形容不思进取，只懂得贪图享乐的败家子。

**例句** 正一二世祖嚟嘅，乜都唔做，就识得日日打机。（真是败家子，啥都不做，就只会天天打游戏。）

**12** 二跳四 yi⁶ tiu³ séi³

**解释** 原为赌博用语，常用来形容人蹦跳的样子，多指小孩子被打的时候到处乱蹦的样子。

**例句** 你咁曳，一阵我就打到你二跳四。（你这么调皮，一会儿我就揍你。）

**13** 三个女人一个墟 sam1 go3 nêu5 yen2 yed1 go3 hêu1

**解释** 墟：指集市。三个女人凑一起话多，就像一个集市那样热闹。如普通话“三个女人一台戏”的意思。

**例句** 三个女人一个墟，真係冇讲错。（三个女人一台戏，真的没说错。）

**14** 七国咁乱 ced1 guog3 gam3 lün6

**解释** 形容乱七八糟，一塌糊涂的状态。

**例句** 间房俾佢搞到七国咁乱。（房间被他弄得乱七八糟的。）

**15** 十月芥菜——起心 seb6 yud6 gai3 coi3，héi2 sem1（歇后语）

**解释** 芥菜到了十月，就老了，变菜心了。这是一个双关语，有“动情”“动心”的含义。形容少女情窦初开，春心荡漾。

**例句** 我睇你见到佢就十月芥菜，起心喔。（我看你见到他就春心荡漾。）

**16** 十月茭笋——黑心 seb6 yud6 gao1 sên2，heg1 sem1（歇后语）

**解释** 茭笋，就是茭白。到了十月，茭白熟了里面有黑点。比喻人心地坏。

**例句** 佢份人，十月茭笋，黑心啊。（她这人啊，心地很坏的。）

**17** 土地灯笼——夜不收 tou2 déi6 deng1 lung4，yé6 bed1 seo1（歇后语）

**解释** 土地：指土地神。以前逢初一十五祭拜土地神的时候，晚上都会点亮灯笼，到天亮才收。现在指夜不归宿、沉迷于夜生活的人。

**例句** 小明每晚都蒲吧到天光，真係土地灯笼，夜不收啊。（小明每晚都去酒吧喝酒到天亮，真的是太沉迷夜生活了。）

**18** 三夹板上雕花——刻薄 sam1 gab6 ban2 sêng6 diu1 fa1，hag1 bog6（歇后语）

**解释** 三夹板，是指三合板。“刻薄”是双关语。三合板很薄，这里指在薄板上雕刻，也指人很刻薄。

**例句** 你啲对人，真係三夹板上雕花，刻薄啊。（你这样对人家，真的是刻薄呀。）

**19** 三斤猪头——得把嘴 sam1 gen1 ju1 teo4，deg1 ba2 zêu2（歇后语）

**解释** 猪头很大，如果就三斤的话，就只有猪嘴巴了。形容人只会说，不会做事。

**例句** 你就係三斤猪头，得把嘴啫。（你就只会说说而已，也不做事。）

**20** 千拣万拣，拣个烂灯盏 qin1 gan2 man6 gan2，gan2 go3 lan6 deng1 zan2

**解释** 烂灯盏：比喻次品，不值钱的东西。

**例句** 你咁高要求，冇最后尾千拣万拣，拣个烂灯盏啊。（你这么高要求，不要挑来挑去，最后挑个破灯盏啊。）

**21** 砌生猪肉 cei3 sang1 ju1 yug6

**解释** 指诬陷人。

**例句** 你咪想嚟砌生猪肉啊。（你别想来诬陷我啊。）

**22** 掂过碌蔗 dim3 guo6 lug1 zé3

**解释** 掂：指很好，比喻事情很顺利。

**例句** 呢件事掂过碌蔗啊。（这件事非常顺利啊。）

**23** 未见过大蛇屙屎 méi6 gin3 guo3 dai6 sé4 ngo1 xi2

**解释** 指人没见过世面，孤陋寡闻。

**例句** 呢啲都唔知道，真係未见过大蛇屙屎。（这些都不知道，真是孤陋寡闻。）

**24** 棉胎当地毡——唔踏实 min4 toi1 dong3 déi6 jin1，m4 dab6 sed6（歇后语）

**解释** 棉胎：棉被。地毡：地毯。唔踏实：不结实、不踏实。整句话意思就是，用棉被当地毯，踩上去不踏实。用来形容人浮躁，不够稳重，做事不靠谱。

**例句** 佢份人做嘢好急躁，好似棉胎当地毡，唔踏实。（她这人做事急躁，不靠谱。）

**25** 立定心水 $leb^6 ding^6 sem^1 s\hat{e}u^2$

解释 下定决心。

例句 我已经立定心水学粤语㗎啦。（我已经下定决心学粤语啦。）

**26** 揦手唔成势 $la^2 seo^2 m^4 xing^4 sei^3$

解释 揦手：棘手、用手来抓。唔成势：不成一个样子。比喻遇到突发事件不知所措。

例句 上次嗰件事真係搞到我揦手唔成势。（上次那件事真叫我措手不及。）

**27** 箍头揽颈 $ku^1 teo^4 lam^2 g\acute{e}ng^2$

解释 指两个人勾肩搭背。

例句 你冇箍头揽颈啦，唔好睇啊。（你别勾肩搭背的，不好看。）

**28** 鬼杀咁嘈 $guei^2 sad^3 gem^3 cou^4$

解释 咁：这么，这样。嘈：吵，形容人大声吵闹。

例句 楼上鬼杀咁嘈，成晚冇瞓。（楼上吵死了，一晚没睡。）

**29** 滚水淥脚 $guen^2 s\hat{e}u^2 lug^6 g\hat{e}g^3$

解释 滚水：开水。淥：开水烫物。比喻人走路急匆匆的样子。

例句 睇你滚水淥脚噉，赶住佢边啊？（看你急匆匆的样子，赶着去哪里啊？）

**30** 滚水淥猪肠——两头缩 $guen^2 s\hat{e}u^2 lug^6 ju^1 c\hat{e}ng^2$，$l\hat{e}ng^5 teo^4 sug^1$（歇后语）

解释 缩：缩水的意思。粤语用“缩水”戏称钱包扁了，钱少了。猪肠放进开水里就会两头收缩。比喻人的钱从两个方面都变少了。

例句 我呢份粮，又要交房租又要交保险，正一滚水淥猪肠，两头缩。（我这份工资又要交房租又要交保险，钱包扁了。）

**31** 观音坐轿——靠人抬举 gun¹ yem¹ co⁵ kiu², kao⁴ yen⁴ toi⁴ gêu²（歇后语）

解释 比喻一些人的成名靠别人抬举、吹捧。

例句 你有乜嘢咁巴闭，你都係观音坐轿，靠人抬举啫。（你有什么了不起，不也是靠别人捧起来的。）

**32** 过桥抽板 guo³ kiu⁴ ceo¹ ban²

解释 过了桥就把木板抽了。比喻成功了就忘记曾帮助过自己的人，可以理解为忘恩负义。相当于普通话的“过河拆桥”。

例句 过桥抽板，冇良心。（忘恩负义，没良心的人。）

**33** 光棍唔蚀眼前亏 guong¹ guen³ m⁴ xid³ ngan⁵ qin⁴ kuei¹

解释 光棍：这里指无业游民。蚀：亏损、吃亏。劝人不要吃眼前亏，相当于普通话的“好汉不吃眼前亏”。

例句 光棍唔蚀眼前亏，冇同佢计较啦。（好汉不吃眼前亏，不要跟他计较。）

**34** 棺材里面伸手——死要钱 gun¹ coi⁴ lêu⁵ min⁶ sen¹ seo¹, séi² yiu³ qin²（歇后语）

解释 人都死了，在棺材里面还伸手要钱。形容人贪得无厌、爱财如命。

例句 佢棺材里面伸手，死要钱，边会借钱俾我啊。（他这人爱财如命，怎么会借钱给我啊。）

**35** 公不离婆，秤不离砣 gung¹ bed¹ léi⁴ po⁴, qing³ bed¹ léi⁴ to⁴

解释 形容夫妻形影不离，很恩爱。

例句 你哋两公婆好似糖黏豆噉，真係公不离婆，秤不离砣。（你们夫妻俩形影不离，好恩爱啊。）